荀子在沂蒙

李凤军 主编

山东城市出版传媒集团·济南出版社

图书在版编目（CIP）数据

荀子在沂蒙／李凤军主编. —济南：济南出版社，2018.12（2021.7 重印）

ISBN 978-7-5488-3500-4

Ⅰ.①荀… Ⅱ.①李… Ⅲ.①荀况（前313-前238）—哲学思想—研究②文化史—研究—临沂 Ⅳ.①B222.65 ②K295.23

中国版本图书馆CIP数据核字（2018）第286443号

荀子在沂蒙

责任编辑 张智慧
装帧设计 王 宁
出版发行 济南出版社
地 址 山东省济南市二环南路1号（250002）
印 刷 阳信龙跃印务有限公司
版 次 2019年1月第1版
印 次 2021年7月第2次印刷
成品尺寸 170毫米 × 240毫米 16开
印 张 19.25
字 数 200千
印 数 1—3000册
定 价 58.00元

荀子思想与沂蒙文化研究与传承
项目编委会

荀子思想的光芒

荀子入齐，三为祭酒，见识了百家争鸣的场面，了解了百家之优劣，乃作《非十二子》。入楚两为兰陵令，亲自行政化民教育学生，乃有了《荀子》中的大部分篇章。

易中天认为，荀子是先秦倒数第二位重要的思想家，第一位是孔子，最后一位是韩非，孔子是儒家的祖师爷，韩非是法家的集大成者，从儒家到法家，中转站是荀子。荀子强调君主是核心，道德是力量，国家是归宿。

毋庸置疑，荀子是先秦时期的一代大儒，他是儒家思想的集大成者，也是诸子百家的总结者和评定人。

宋代大儒张载说："为天地立心，为生民立命，为往圣继绝学，为万世开太平。"这句经典用在荀子身上，似乎非常准确恰当。

研究荀子的生平，我们无法不注意到，荀子的大半生都是在齐鲁大地度过的。齐鲁也是他思想的形成地、发源地和传播地。

思想的光芒能够穿越时空，普照心灵。

孔、孟、荀儒家思想对齐鲁的影响至广至深。而荀子对兰陵对临沂乃至沂蒙的影响也是具有非常的广度和深度。

兰陵在荀子生命中有着独特而重要的意义。荀子的那些对后世产生巨大影响的成就，差不多都是在兰陵时取得的。荀子人生中的最后二十年是在兰陵度过的，死后葬于兰陵。正是在这一时期，荀子系统地总结了自己的思想，撰写了自己的著作，对前代所传的典籍进行了整理，并且培养出了一大批通经致用的人才。兰陵多善为学，莫不是荀子影响的结果。他的这些弟子，在西汉初年的政治界、学术界都成为颇具影响的人物，成为后世儒家经典传承谱系发端处最重要的组成部分。

“为往圣继绝学”，据说《鲁诗》《毛诗》《春秋谷梁传》《春秋左氏传》，五经中《诗》、《礼》、《春秋》、《书》、《易》等等都与荀子的传授传承有关。清人汪中说：“周公作之，孔子述之，荀卿子传之。”假如没有荀子，这些经典就会江水为竭了。

荀子一生怀抱救世的热忱，一直在寻找兼济天下的机会，然而“世终莫能用”，致使荀子“功立不得见于世”（刘向语）。晚年的著书立说、编订经籍、教书育人，正是他身不得行道于天下而寄希望于后世君子的表现。可以说，这是荀子生命热情最后一次尽情挥洒，是荀子德慧之花彻底绽放。而在这个历史的关节点上，兰陵，这个据传说曾经遍地兰草、充满“王者之香”的地方，成为荀子最后的舞台。

荀子之后，真正意义上的兰陵文化才正式地开端。荀子用他的生命实践给兰陵文化奠定了一个基调，塑造了一种精神：深沉而又热情，高洁而又谦和，文雅而又朴实。正是以这种精神为底色，才有了后世兰陵文化延续千年的辉煌。所以，要研究兰陵文化，荀子及其与兰陵的关系，是无论如何不可绕过的一项中心内容。我们的任务不仅仅是要弄清历史上兰陵文化已有的内容，更重要的是将兰陵文化所标示的这种精神，引入到我们现实的生活之中，让它安顿我们的心灵，激发我们的勇气，引导我们过上无愧于人性尊严的生活。这种精神虽自兰陵孕育而出，却不应仅仅属于兰陵，而应该在更为广阔的神州大地乃至世界文明的舞台上发光发热！

荀子治理兰陵十八年，不辱使命，不忘初心，隆礼重法，巩固了边防，更重要的是实现了物阜民丰，社会比较安定，某种程度上实现了儒家的部分理想。

祥瑞初现，荀子作赋五章，托物言志，表达对圣君贤相的期盼，对美好社会的向往。

“圣人共手，时几将矣！”

目　录

第一章　脚步匆匆

荀子来处，赵也；赵之何处？未知也。荀子归处，楚也；楚之何地？兰陵也。

走出太岳太行

荀子的出生地，2000多年来被人争论不休。临猗？安泽？新绛？邯郸？都有可能。我们从俗说他是安泽人，反对的人肯定不少，但他们也不能证明不是这里人。

山西临汾地区东北方向，太岳山东南麓有个小县叫安泽，位于临汾、晋城、长治三市交界处，沁河是境内一条大河，再往东有太行山、王屋山的包围。荀子出生在这样一个山地为主的小县，最能说明人杰地灵的道理。因其伟大，亦为其故乡争得无限荣光。

战国时期，王官失守，学术下移。官学式微，私学兴起。

从当时受教育的群体来看，能够接受启蒙教育的，如果不是贵族子弟，那么一定是自由平民家的孩子，至于平民以下阶层，是没有受教育权利的。孔子提倡有教无类，因此教育的对象就有所扩大，这是非常了不起的。当然，即使有教无类，自由平民也必须具备一定的财富才能够入学。

战国时期入学的年龄大概是七八岁，这在《大戴礼记》中有记载，贾谊文章也有记述。荀子所受教育无从所知，但以常理推测，当时学习的内容，主要以礼、乐、射、御、书、数为主，即所谓的“六艺”。孔子之后，强调阅读经典，有《诗》《书》《礼》《乐》《易》《春秋》。学习上，古人也分为小学和大学阶段，小学阶段主要学习“书”，这是识字书写训练，二是“数”，相当于现在小学阶段的算术，到了大学，礼乐射御则要反复练习。我们从《论语》来看，每一项内容也不是那么简单，要学思并重，反复思考体会，学而时习之；要因材施教，启发问答，举一反三，才能达到应有的效果。

等到学有所成，有了大目标，一般就去游学，这是战国时期的潮流。因其优秀，荀子踏上了游学之路。

当时赵国的首都，已经迁移到邯郸，这里是太行山的东侧，东面是平原。而其南面的安阳，则是商的旧都。

荀子从太岳山东行，要翻过无数的山岭沟壑，跋山涉水，道途艰难；而走过太行山，山高路险，举步维艰。从太岳到太行，饱经风霜磨砺，抵达平原君、廉颇、蔺相如、毛遂等杰出人物英名传扬的首都邯郸，跬步千里，他对大地山河、草木虫鱼、天象物候的认识，对风云际会、历史政治的感受，也必定极为深刻。

荀子在邯郸待了多久，我们无从考证，但是我们知道荀子追求学术的心思很重，而当时的学术高地在东方的齐国，于是他毅然走出太行，再次奔向齐国。

“泰山岩岩，鲁邦所詹。奄有龟蒙，遂荒大东。至于海邦，淮夷来同，莫不率从……”

一路行走，与山川对话，荀子触景生情，反复吟诵“诗三百”，胸中常常涌出无限的感慨。

三为祭酒

齐国有个天下闻名的稷下学宫，荀子就是奔着它来的。

稷下，又作棘下，大概是因为稷、棘二字古代相通的缘故。“稷下学宫”的由来，有两个说法：一说齐有稷门，为城之西门，门外侧有系水，侧、稷古音近，在此设有学堂，故名；二说稷下为山名，山下立其馆，故名。

古代学宫往往建置在水边。鲁之泮宫如此，燕之武阳黄金台学馆也如此。稷下学宫建于系水边上，附近又有申池，水“柔而不弱”“利万物而不争”，必定能给予流连于此的学者们更多的哲学思考。

稷下学宫存在的历史很长，历时一百多年，几经兴衰。大体与田齐政权相始终，可分为三个时期：齐宣王之前的兴衰可称之为第一时期；宣、滑王执政期间为第二个时期，齐威王励精图治，政治开明，经济繁荣，至齐宣王时，给稷下先生以极高的政治地位和丰厚的生活待遇；齐襄王时，稷下学宫又一度复兴，是为第三时期。

司马迁在《史记》中说，来稷下学宫的有七十六人，但可考者不多，因为大多没有记载。有记载的有孟子、荀况、邹衍、邹爽、淳于髡、田骈、接予、慎到、环渊等九人。颜师古引《汉书·艺文志》刘向说，还有尹文、宋钘二人。

这些人分别属于儒、道、墨、黄老、阴阳、名辩、纵横、兵等诸家，互相辩论，公开争鸣。他们非常善于识别和抓住对方的弱点，驳诘对方，个个都是雄辩高手——淳于髡“时有得善言”；孟子好辩，自称“予岂好辩哉？予不得已也”。

稷下先生们所“议”的范围很广泛，张秉楠《稷下钩沉》划分为十五个议题，现移录如下，以见一斑：（1）论世界本原；（2）论天与人；（3）论形和神；（4）论知；（5）论人性；（6）论养生；（7）论分工与分货；（8）论农工商；（9）论政治；（10）论贤才；（11）论大一统；（12）论国家政治体制；（13）议兵；（14）名辩；（15）五行说。

百家争鸣，学术自由。各学派自由招生，自由讲学，来去自由。不要说外国学者，即使齐人邹衍，也数次离齐去燕赵。这可能是中国历史上最为人称道的学术自由氛围，也是齐国的最大气派。

孟子来到稷下学宫的时间，应该是公元前327年。此时齐威王执政，稷下学宫这个时期尊崇黄老之术，儒家思想没有得到应有的重视。

荀子发声的时候，战国已快近尾声了。荀子的师友是谁，我们不清楚，但是他见证了百家争鸣各说各话，宣扬自家的观点，兜售自己的治世方案。

荀子到底是15岁来齐游学，还是50岁来齐游学，历来争论不休。我们在此不论。在齐国的学习考察论辩，让荀子学问大增，对各家的观点都有过考察思考，而且能够俯察百家短长。他针对各家的“短处”写出《非十二子》，指出它嚣、魏牟，毛病是放纵性情；陈仲、史鳅，毛病是压抑性情；墨翟、宋研不讲差别。即使对儒家，他也提出了严厉的批评。除了辩论，他还劝说过相国如何治理国家，分析齐国面临的危险。

荀子年尊，行辈也长，是先生当中的佼佼者，被称“最为老师”，三为祭酒。祭酒即学宫之领导，主持学宫的事务。据说荀子是因为听说孟子讲过性善论，提出异议，写出《性恶》。

易中天认为，荀子是先秦时期倒数第二位重要的思想家，第一位是孔子，最后一位是韩非。孔子是儒家的祖师爷，韩非是法家的集大成者，从儒家到法家，中转站是荀子。荀子强调君主是核心，道德是力量，国家是归宿。

荀子在齐国，也应该是有学生的，比如李斯、韩非可能是从这里就跟随他学习。

作为有理想的大儒，他提出的性恶论、礼义法度、法后王和天道观，都闪烁着耀眼的光芒，照耀古今。

居齐多年，荀子对齐国的风土人情了如指掌，对《诗经》中的《齐风》体会很深，包括爱情诗《鸡鸣》《著》《东方之日》《甫田》，狩猎诗《还》《卢令》，还有反映尚武精神的《猗嗟》等。讽谏诗《东方未明》反映了奴隶主对奴隶的残酷奴役以及奴隶对繁重劳役的强烈不满，《南山》《敝笱》《载驱》则是揭露齐襄公的荒淫无耻。这些诗歌表现出了很强的思想性和艺术性，对荀子的文学创作大有裨益，更为其思想的形成提供了有益补充。

游秦行道

人有没有使命感是不一样的。有了使命感，其言也达，其行也远，其志也坚。

荀子是有使命感的大儒，和孔子、孟子等人一样，也有过周游列国的经历，他的脚步曾经到过燕国、齐国、秦国、赵国、楚国。有没有到过鲁国，猜测应该有，但是没有记录。他的游历，终极目的是推销儒家的价值观。

先秦诸子，游学游宦是一个传统，人才的流动趋向主要是大国和公侯。

从齐国到秦国，这条路一千多公里，好长好长。行走的路线我们不清楚，应该不会再重走太行山吧，太行古时只有八径，道路特难走。

荀子游秦，见到了范雎。范雎本是魏国人，身上充满传奇色彩，他到处推介自己，最后在秦国找到了工作，秦昭王四十一年拜为秦相，被封为应侯。

范雎曾经出使过齐国，也许见过荀子，至少知道荀子这位鼎鼎大名的祭酒。

在秦国，两位的对话自然不是家长里短，都是国家大事，并且都是关系国计民生的大事。

范雎开门见山地问："入秦何见？"

荀况很坦荡地说："秦关塞险要，地形有利，山川秀美，自然资源丰富，这是得自上天的优越条件。各地民风淳厚，百姓朴实，音乐动听而不下流庸俗，服饰朴素而不妖艳，百姓敬畏官府而又顺服，都是些古朴的百姓。县邑官府，所有官吏严肃认真，办事毫不马虎，犹如古代的官吏。都城咸阳，看到那些士大夫，走出家门进入公门，走出公门又回到家里，奉公守法，不结党营私，人人通情达理，真像是古时候的士大夫。秦国的朝廷处理各项政事毫不拖沓滞留，效率极高，似乎安逸得像没有事情处理一样，就好像是古时候的朝廷。所以，秦国连续几代长盛不衰，并不是侥幸，而是必然的结果。"

范雎接过荀况的话茬，详细道出自己的治国理念："法制礼籍，所以立公义也。"有了法度，朝廷、官吏、百姓，都有了遵循的标准，违反的则给予及时的处理，以警示那些想要仿效的人。遵循商君（商鞅）的治国之道，以法治国，奖励耕战，选贤任能，树信立威；对商君所制定的制度，根据实际情况，适当地给予调整，严格地推行……

两个人的高层次对话，肯定不止一次两次，后来范雎把荀子推荐给秦昭王。

秦昭王不喜欢泛泛而论，无论什么流派，他关注的是有什么用处，所以劈头一句话："儒无益于人之国？"

荀子对答道："儒者法先王，隆礼义，谨乎臣子而致贵其上者也。人主用之，则势在本朝而宜；不用，则退编百姓而悫，必为顺下矣。虽穷困冻馁，必不以邪道为贪。无置锥之地而明于持社稷之大义。叫呼而莫之能应，然而通乎财万物、养百姓之经纪。势在人上则王公之材也，在人下则社稷之臣、国君之宝也。虽隐于穷阎漏屋，人莫不贵之，道诚存也。仲尼将为司寇，沈犹氏不敢朝饮其羊，公慎氏出其妻，慎溃氏踰境而徙，鲁之鬻牛马者不豫贾，必蚤正以待之也。居于阙党，阙党之子弟罔不分，有亲者取多，孝弟以化之也。儒者在本朝则美政，在下位则美俗。儒之为人下如是矣。”

秦昭王又问：“然则其为人上何如？”

荀子说：“其为人上也广大矣：志意定乎内，礼节修乎朝，法则度量正乎官，忠信爱利形乎下。行一不义、杀一无罪而得天下，不为也。此君义信乎人矣，通于四海，则天下应之如讙。是何也？则贵名白而天下治也。故近者歌讴而乐之，远者竭蹶而趋之，四海之内若一家，通达之属莫不从服。夫是之谓人师。诗曰：‘自西自东，自南自北，无思不服。’此之谓也。夫其为人下也如彼，其为人上也如此，何谓其无益于人之国也！”

秦昭王听了，回了一个字：“善。”

虽然说善，但是秦昭王并不打算施行儒家的方案。他的国家，已经走在法制的大道上，车轮滚滚，要想转轨调整，不是那么简单的。

一个政治家与一个思想家的对话，两种不同理念的碰撞，演绎出一场思想的盛宴。荀子在《儒效》里记录的这些对话，给我们打开了思维的空间。

从话语来看，荀子当时对秦国并无特别的恶感，或许还怀有出仕于秦以实现自己政治抱负的想法。

可以假设，如果秦昭王听从荀子的理论，施行儒家的治国理念，历史将不会是我们知道的这个样子吧？

往依春申君

荀子曾多次去过楚国。

第一次是齐国大乱，没有办法待了，稷下学宫也散了摊子，荀子只好带着学生去楚国找春申君，投在门下做了门客。

战国之时，养士之风盛行。诸侯国贵族为了对付秦国的入侵、挽救本国的灭亡，或者为了装潢门面，竭力网罗人才。魏国的信陵君魏无忌、赵国的平原君赵胜、楚国的春申君黄歇、齐国的孟尝君田文就是著名的四君子。

齐孟尝君，养“食客数千人”；赵平原君，“宾客盖至数千人”；魏信陵君，“士无贤不肖皆谦而礼交之……士以北方数千里争往归之，致食客三千人”；楚春申君，“客三千人，其上客皆摄珠履”。正因为养士很多，又兼收各家，著名的学者往往带弟子就其门立教，比如荀子带弟子往依春申君，公孙龙带弟子依平原君。这些士人中，虽然也有知名学士，但更多的是如王安石所讥的“鸡鸣狗盗”之徒，并非纯粹的学术人物。

荀子是天下贤人，著名的儒家巨匠，春申君当然很高兴接纳这样一个人物。

第二次去楚国，荀子不再是门客的身份。公元前 256 年，楚考烈王八年，楚灭鲁，把鲁国东南方向的一块鲁国旧地看作战略要冲，设县管制。第二年，也就是公元前 255 年，荀子被任命为兰陵令。谁知干了一年多，遭遇谗言，荀子就离开楚国，回到了赵国。这件事，《孙卿书录》《战国策》《韩诗外传》篇中，都有相关记载：客言于春申君，乃云“汤以亳，武王以镐，皆不过百里以有天下。今孙子，天下贤人也，君藉之以百里势，臣窃以为不便于君”。春申君耳朵根子一软，“于是使人谢孙子”，结果荀子离楚赴赵。

吊诡的是，荀子离开不久，又有人向春申君进谏，说“孙子天下贤人也，君何辞之”，有贤人不用，恐怕要招致不祥吧。春申君耳朵根子又软了，“于是使人请孙子于赵”。荀子尽管不满，写信“刺楚国”，但在春申君的坚请之下，“复为兰陵令”。这是荀子第三次到楚国。

楚考烈王二十五年，春申君为李园所杀，荀子废职居兰陵。

荀子热爱兰陵，终老兰陵，结束了他漫游行走的一生。

在兰陵，荀子开辟了一片新天地。从兰陵辐射开来，他的思想早已渗透在中华大地上。

（王凌晓 / 撰文）

兰陵文化广场

第二章　巨人的目光

从任兰陵令到废职后寓居兰陵，荀子顺着历史发展的方向向前瞭望，他敏锐地看到一个新时代的到来。

思想者的时代

人类历史的发展，从来都不是按部就班、一帆风顺，总有一些时代，一些人物，在漫长的历史进程中，像一座座挺拔的高山，巍峨屹立，撑起人类文明的天空，撑起整个历史的高度。这样的时代可以称之为文明大爆炸的历史时段，在西方有古希腊时期，在中国则是春秋战国时期。

春秋战国时期，中华原生文明在经过漫长的积累后，迎来了大爆发。

这个时代里，各种学派像雨后春笋一样纷纷涌现出来，产生出了思想爆炸的绚烂景象。思想家们讨论着此前没有讨论过的问题，思考着关于自然、社会和人生的种种哲理。他们著书立说，广收门徒，高谈阔论，互相诘难，在交流和批判中，吸收其他学派、其他思想家的营养，完善自己的思想。

据《汉书·艺文志》记载，在春秋战国数百年中，数得上名字的学派一共有189家，各学派著作达到4324篇。其后的《隋书·经籍志》《四库全书总目》等书则记载"诸子百家"实有上千家。这其中比较著名的、流传最为广泛的是法家、道家、墨家、儒家、阴阳家、名家、杂家、农家、小说家、纵横家、兵家、医家等，其中尤以儒、墨、道、法四家名气最大，称为"显学"。

百家争鸣成果之丰硕，形势之繁荣，可谓前无古人，后无来者。那种原生文明蓬勃兴旺的生机与活力，直到两千年后的今天，仍使我们深深地受到感染，发出惊异的赞叹。

那是盛产思想者的年代。

大一统

春秋战国，礼崩乐坏，诸侯乱战，中国历史进入了有文明以来第一个焦躁不安的时代。

然而，正如钱币有着另一面，在中国历史上，这又是一个思想自由、先贤辈出的时代，"百家争鸣"的耀眼光芒给历史的来路洒下一片斑驳。面对社会的激烈动荡、混乱分裂，诸子百家在"相互碰撞"的同时，也纷纷开出自己"配制"的药方，用于治疗人心和改造社会。

站在道德高地上的儒家，选择把“大一统”思想确立为自己高扬的旗帜，极力向世人描绘着自己构建的“理想国”。

率先出场的孔老夫子，一心想着“礼乐”“仁义”“克己复礼”，他的“大一统”思想就是回到西周“圣王”时代，构建一个天下为公、选贤与能、讲信修睦的“大同世界”。

孔子之后的孟子，同样把“理想国”的建立选择在周代“礼乐”制度这块旧宅基上。他周游列国，走到哪里都是以蔑视的眼光审视同时代的诸侯，言语中充满尖锐的批评与十足的讽刺。他的内心强烈期待能有“圣王”出现，接受他的理想，通过推行“王权”与“仁义”结合的“王道”，实现“天下一统”。

可是，所谓“温文尔雅”的周礼时代毕竟是回不来了，孔孟对过往的眷恋并不能赢得历史的同情。历史车轮滚滚向前，从来不会为满足善良者的愿望而稍作停留，或者改变方向，这就注定两位老先生只会在历史的通道里留下响亮而疼痛的“碰壁”回响。

这个时候，荀子出现了。

荀子是有理想的人，但他绝不是一个空洞的理想家。荀子接过儒家的旗帜后，注定要走向不同于孔“仁”孟“义”的道路。

带着强烈的问题意识，荀子顺着历史发展的方向向前瞭望。他更相信未来，并且敏锐地看到，诸侯国的纷争其实已经进入谢幕阶段，“大一统”时代的到来，已经如同“在海边遥望的渐行渐近的航船桅杆的尖”。因此，他构建起的是一座以现实为基础、以“礼”“法”为框架的理论大厦。他相信按照自己提供的世界观和方法论，后世的“圣王”一定会实现天下一统，

"良俗之国"一定能够变成生动的现实。

果然，公元前221年秦灭六国，风烛残年的荀子在人生的最后时光，终于看到春秋以来长达500多年的割据纷争局面画上了句号。紧接着又过了19年，更加"一统天下"的西汉王朝建立。当与"荀子之儒"有着千丝万缕联系的汉儒董仲舒登上历史舞台，当他对"荀子之儒"做了进一步的"基因传承"和改造嫁接，"天下一、崇礼法"、以儒治国、推行"礼义之孝"，就成为西汉统治者的治国之道，也成为此后中国历代皇帝和儒家政治家的治国理念。

两千多年来，中华大地朝代更迭、习俗演化，但是"大一统"思想作为中华文化的精髓，却始终浸润着中华民族大家庭的每个成员，这是一种无论走出多远也要回归的力量。而在今天，在实现中华民族伟大复兴中国梦的指引下，祖国统一更是成为一种不可阻挡的强大向心力。

性本恶

无论是古代中国哲学、古希腊哲学，抑或是欧洲哲学，虽然千差万别，各富特色，但都关注人与社会，都绕不开"人性"的问题。

在诸子百家中，首先对"人性"问题进行深入研究并提出鲜明主张的，是大思想家孟子。

孟子那个年代，正是百家争鸣最热闹的时候。墨家、道家、农家、法家、兵家、阴阳家、儒家等各家学派的大师们，就像被打了鸡血，斗志昂扬、不知疲倦地投入到辩论和批驳之中。当时墨家学派有个思想家告子，到处宣扬“性无善恶”的学说。他说，人无所谓善恶，善恶都是后天的环境造成的。为了便于人们理解，告子还打了一个比方：“性好比流水，在东方挖个口子，就往东方流，在西方挖个口子，就往西方流。”告子的影响很大，让以抗击墨家为己任的孟子实在坐不住了，遂推出一整套“性善论”主张。

孟子的“性善论”，其中心任务是要证明，在面对充满疑惑的世界时，优良社会的实现取决于“好人”的内在道德意向。孟子为了驳倒告子，还“以水论水”，借着告子人性如水的比喻，攻击告子的“荒谬”。聪明的孟子也打了一个比喻：“水的确是不分东西，难道也不分上下吗？人性之善，就好比水往下流。你当然可以引水上山，但那是水的本性吗？是外力改变了水的本性，正如人行不善是环境使然，并非人性如此。”

在此基础上，孟子进一步论述说，人生来都有恻隐之心，这就是仁的发端；都有羞恶之心，这就是义的发端；都有辞让之心，这就是礼的发端；都有是非之心，这就是智的发端。

“四端”之说，正是孟子“性善论”的核心。

正当“性善论”的影响遍及天下，晚年孟子的学术地位如日中天之时，他没有料到，在黄河以北的赵国，有一个孩子呱呱降生。正是这个孩子，日后对孟子引以为傲的性善论，发起了严重挑战。

这个孩子，就是荀子。

荀子似乎就是为了与孟子作对而生。在很多方面，他都有着和孟子截然不同甚至针锋相对的看法。孟子不是说人性本善吗？于是荀子提出了“性恶”说。

在荀子看来，本性发乎情欲。人“饥而欲食，寒而欲暖，劳而欲息，好利而恶害”（《荀子·非相》），这就是人性。人的本性总是趋向安全、安逸和享乐的，并且永不知足。故荀子说：人生来就喜欢甜的、香的、悠扬的、美丽的事物，无不向往美色越多越好、身体越安逸越好、财富越丰厚越好，这是本性使然，是生来就具有的欲望，本没有善恶之分。

那么，说好的“性恶论”呢？

注意，下面才是重点。

荀子进一步论述道：“今人之性，生而有好利焉，顺是，故争夺生而辞让亡焉；生而有疾恶焉，顺是，故残贼生而忠信亡焉；生而有耳目之欲，有好声色焉，顺是，故淫乱生而礼义文理亡焉。然则从人之性，顺人之情，必出于争夺，合于犯分乱理而归于暴。”（《荀子·性恶》）这就是说，人性之中深深根植着利己的倾向，顺着这样的本性，争夺一定会取代辞让；人性本身就是自利的，顺着这样的本性，残害就会取代忠信；人性本身就是注重耳目声色之欲，顺着这样的本性，淫乱就会淹没礼义；顺着人的性情自由发展，天下一定会大乱。

荀子所说的人性，其实就是动物性。这有点类似近代某些生物学家的见解，主要是把人作为纯粹的动物来看。严格说来，动物性是“前道德”的生物属性，不在社会人文的评价范畴之内。但人之所以为人，正是由于人能对这种“前道德”的动物本性进行疏导和克制。

孔子不是说“克己复礼为仁”嘛，这正是荀子“性恶论”学说所要表达的要点。

对于人的本性，荀子用了一个词——“无待而然”来概括和说明，也就是说人的本性是天生的、自然而然的、生来如此的。好人、坏人，圣人、昏君，生来并无差别，都是只能见到眼前的好处而已。真正决定人生方向的，有三股力量：一是个人的巨大变故经历，二是师法，三是风俗。

正是这三股力量，产生了圣人、常人和小人的差别。正所谓圣人起于变故，常人受益于师法，而小人则沉沦于乱世陋俗。

既然人性会很自然地倾向于激发自私之恶，那么可不可以根除这种恶呢？

荀子认为，人性的欲望和自私，就像滔滔大河之水，是不

沂蒙老街

能阻挡和根除的，只能进行疏导和约束。也就是说，禁欲是必然失败的，但必须对欲望进行约束和合理引导，使之不能作恶。

荀子最担忧的，是不能对人性之恶进行有效约束和引导，那样的话，人群和狼群就没有什么区别了。因为顺着这样的本性发展，人们必定会去争夺，会去残害，会去纵欲。而社会人伦积累起来的辞让、忠信、礼义就都会随之崩塌，灰飞烟灭。从三代（夏、商、西周）到战国，走的正是这个路径。

荀子认为，必须从人的改造入手，从每个个体的改造入手，才能拯救这个社会，使人们在“善的规则”内相处。

李源澄在《诸子概论》中曾说：“荀卿论学，亦本于礼，重外形之学习，而不务内心之存养，与孔孟小异，盖性善则性为主因，而学养为增上之因；性恶则师法礼义为主因，性从而化之，其归同而途殊焉。”以礼的学习来化导人性之恶，可谓深得荀子之旨。

荀子认为，礼的教化离不开有效的途径和载体。“师”和“法”是改造人的两条必由之径。师者，正面教育之；法者，负面约束之，然主导者还是教育。人性之恶得自天性，不可更易，然而后天的礼义却是可以学而得到的。后天的礼义是人为的，也是必须的。

人人都想无拘无束、自由自在，但绝对的自由，必将导致绝对的混乱，进而损害所有人的利益。所谓的道德，所谓的“善”，永远都是根植于人的社会性。正如美食在前，看到有长辈，就不敢先吃；疲惫不堪，想到自己不做就得劳累他人，就不敢停手，这都是通过后天教育学来的。

通过持续不断的后天教育，用礼义廉耻将人性之恶进行约束和引导,使社会性的道德彻底地取代动物性的欲望,这便是“化性起伪”。

荀子的“性恶论”观点与“化性起伪”的主张，不仅是对当时儒家思想内部居于主导地位的“性善论”的反驳，开启了一条不同于理想主义的特色鲜明的现实主义理论大道，而且其散发的理性主义光芒，深刻影响了此后两千余年的中国政治模式，成为后世帝王“外儒内法”治理国家之张本。

礼法双面镜

不论哪个国家，不论哪种社会，都需要有约束全体社会成员的一套行为准则，这套准则，必须符合统治阶级整体利益，必须符合民族性格与文明传统。在中国，一般把这样的行为准则称之为礼。

礼起于何也？荀子说：“人生而有欲，欲而不得，则不能无求，求而无度量分界，则不能不争。争则乱，乱则穷。先王恶其乱也，故制礼义以分之，以养人之欲，给人之求。使欲必不穷乎物，物必不屈于欲，两者相持而长，是礼之所起也。”

这段论述记录在《荀子·礼论》中，精辟至极。

荀子把人的无尽欲望归因于“性恶”，即人的本性是恶的，但他同时认为本性的恶，可以通过后天的努力去除。这种战胜性恶的努力，在个人层面是学习，在社会层面就是无处不在、层次不一、形式各样的礼。

不同种类、不同层次的礼，构成一整套制度规范，便形成了礼制。将礼制运用到国家治理中所产生的政治制度与政治模式，便是礼治。

在我国乃至世界历史上，唯一完美实践礼治社会的时代，便是西周。

西周初年，在安定了天下乱局后，周政权迫切需要树立一种普遍价值观的政治需求，基于周人原本就具有的悠久的德化治民传统，大政治家周公很自然地选择了礼乐制度，自觉明确地建立了对社会文化的礼治管理方式。

虽然，周代礼制的确切细节，到春秋孔子的时代，已经很少为人所知晓了，对于今天的我们，更是已经模糊得像一团云雾，但是经春秋战国学者们的抢救，经西汉学者们的整理，现存的史料中，还是保留了可以大体恢复原貌的主要脉络。

根据现存的有关周代礼治的古籍，如《周礼》《仪礼》《礼记》等的记载，我们可以大体上还原周代礼治的社会风貌。

西周时代，整个社会都笼罩在礼治文明的大幕之下。

在乡下，每年种谷，必须五谷同时都种，以避免一种绝产而造成灾害；耕田中不得栽树，以免妨害五谷生长；耕耘收获时节，必须急如星火，如寇盗之至，以防成熟的庄稼因暴雨等灾害而流失；庐舍四周必须种桑树、果树、蔬菜，自家吃不了的可以相互交易。《诗经·小雅·信南山》中说的“中田有庐，疆埸有瓜”就是这种自种与交易的情景。猪、狗、牛、鸡等家畜的繁殖，也必须不失时效，不能荒疏。女子必须修习养蚕、纺织技艺。人到五十岁，才可以穿帛制衣服，到七十岁，才可以吃肉。

在城里，贵族们一板一眼地铺排着日常生活，铺排着精细的物质享受，铺排着往来宾客的酬酢唱和，铺排着隆重的权力运行。举凡出兵征战、战胜献俘、会盟诸侯、相互通婚、纳贡完赋这样的重大事件，都要在太庙举行，以示对祖先的尊重与敬意。所以，那时候对军事活动的运筹决策，叫“庙算”；男子娶亲的礼仪环节，叫“告庙”。这是“凡公行，告于宗庙”的礼制要求，是不能省俭程式的。

无论是郊野农事，还是城市社会，都是一片安宁平和的气象。

自进入早期国家时代，千年以来，中国大地上第一次普遍没有了频繁的混乱与动荡，出现了一幅恬静、肃穆、事事循礼的社会总图景。

周代礼治文明，缔造出如此一幅壮阔而又极具美感的社会画卷，对中国文明史的发展，产生了重大而深远的影响，形成了后来历史上极为深刻的周文明崇拜情结。即或在周政权消亡许久之后的西汉末期，全面复辟周文明的思潮，还是大规模地爆发了一次。此后，以“周”为国号的政权，在中国出现多次。

“郁郁乎文哉！吾从周。”这是孔子的由衷感叹，也是每一位儒者的毕生梦想。

作为孔子思想的重要继承者，荀子对周代礼制同样心向往之，如他在《非相》一文中说：“分莫大于礼，礼莫大于圣王；圣王有百，吾孰法焉？曰：文久而灭，节族久而绝，守法数之有司，极礼而褫。故曰：欲观圣王之迹，则于其粲然者矣，后王是也。彼后王者，天下之君也；舍后王而道上古，譬之是犹舍己之君，而事人之君也。故曰：欲观千岁，则数今日；欲知亿万，则审一二；欲知上世，则审周道；欲审周道，则审其人所贵君子。故曰：以近知远，以一知万，以微知明，此之谓也。”

荀子所谓“后王”，乃“近世之王也”（杨倞注），说白了，就是对当时理想人君的理想化描述，他关注的是未来。一句“法后王”，像一阵迅猛的旋风，卷走了自孔子开始不断加码的复古倾向，重新树立了对后世明君的期待。

荀子强调礼治应该用于实践，而不是停留在书本上和设想里。在《大略》篇里，他说：“夫行也者，行礼之谓也。礼也者，贵者敬焉，老者孝焉，长者弟焉，幼者慈焉，贱者惠焉。”

敬贵、孝老、尊长、慈幼和对普通人的惠爱，这是基本的伦理道德原则，是任何一个健康有序的社会所不可缺少的。但是荀子维护礼制的最终目的在于从根本上维护封建制度，为此，他的礼论的实质，仍在于从理论和实践上严格遵循上下伦理等级秩序，因为这种上下等级秩序一旦被破坏，便会引发整个社会大混乱。

为此，荀子特别强调礼对维护国家政权的意义。他在《富国》篇里说道：“无君以制臣，无上以制下，天下害生纵欲。欲恶同物，欲多而物寡，寡则必争矣。”

礼一旦上升到维护国家政权的高度，那么它的教化之中，就必然包含着强制。因此，荀子的引法入礼，就成为必然。

荀子心目中的礼治，强调赏罚作用，以礼作为强化国家政权的工具，认为必须以君制臣，以上制下，才可以制止人们泛滥的欲望，防止因欲望多、物质少而发生的争夺。

荀子常有“礼法之枢要”“礼法之大分”的提法，而以礼法并称。在荀子那里，礼是介于义和法之间的一个范畴。在义、礼并称时，礼多是指道德。在礼和法并称时，礼多指制度。荀子说礼是法之大分时，既是指礼为立法的原则，又是指礼作为立法原则的道德立场。

在荀子看来，法的制定和形式不纯属利益分配的问题，还有一个道义问题；法的一律化打破了贵族和平民的界限，使一切人平等，但是礼的持守却仍然使得有学养的人们不至于沉落。荀子可以说是顾及到了现实的利欲追求和必要性，而又坚持道德理想，力求在二者之间保持平衡的思想家。

礼与法的结合，是荀子对儒学和中国政治学的伟大贡献。因为有了法的参与，礼不仅成为社会行为的规范制度，而且具有了真理的意义。正因兼备理论性与可操作性，所以荀子的“隆礼重法”思想，显得十分切合实际，正如古希腊时以笃实研究著称的亚里士多德，满满都是务实求治的光芒。无怪乎冯友兰在《中国哲学史》中评论说：“荀子在中国历史之地位，如亚里士多德之在西洋历史，其气象之笃实沈博亦似之。”

知行合一

荀子很幸运。

他生在百家争鸣的战国后期，有机会对各家学说观点进行综合研究。学贯各家的荀子深知，认识分析问题必须客观全面，而不受个别局部现象的蒙蔽。以偏概全、自以为是，是人在认识问题时最易犯的错误。

“凡人之患，蔽于一曲而暗于大理……故为蔽？欲为蔽，恶为蔽，始为蔽，终为蔽，远为蔽，近为蔽，博为蔽，浅为蔽，古为蔽，今为蔽。凡万物异则莫不相为蔽，此心术之公患也。”（《荀子·解蔽》）

真理是唯一的，片面的认识、极端的观点，并不能反映真理。盲人摸象式的主观片面，会带来现实的严重后果。人一旦心智受到蒙蔽，行为便会失去理性，轻则举止失当，重则乱国乱家，更有甚者，会危害天下。古时候因片面认识而受蒙蔽的例子，最著名的莫过于春秋宋康王时的唐鞅和晋献公的庶子奚齐了。两个人的蒙昧不明都给国家带来了巨大的灾难。

在兰陵时，为了帮助身边学生加深对“蔽”这一问题的认识，荀子给他们讲了两个故事——

第一个故事，春秋宋康王时的唐鞅，被权力的欲望蒙蔽，通过巧使奸计，赶走了贤能的太宰戴罐，自己做了相国。唐鞅以为有了权力就可以为所欲为，于是就怂恿着宋康王利用王权实施淫威。有一次，宋康王问唐鞅：“我杀了不少人，可群臣依旧不惧怕我，这是什么原因呢？”唐鞅马上迎合宋康王说：“您所杀的都是有罪的人，若只杀有罪的人，没罪的人自然不必害怕。您如果想让群臣惧怕，就不管有罪没罪，只要不顺心，想杀谁就杀谁，臣民人人自危，自然会对您非常害怕了。”没脑子的宋康王竟然觉得他说得非常有道理。后来，宋康王厌倦了唐鞅，也找个借口把他给杀了。宋康王蔽于唐鞅之说，不以仁道治国，引起了早就对宋国土地垂涎三尺的齐国的注意。没有多久，齐国的军队就荡平了宋国。

第二个故事，晋国的奚齐是晋献公的庶子，为篡国的欲望所蒙蔽，就与母亲骊姬一起陷害颇有孝名的太子申生。骊姬深得晋献公的宠幸，两人买通诸臣告太子申生有弑君篡位的阴谋，并迫害献公的其他儿子，逼献公立奚齐为太子。献公死，荀息立奚齐为国君。奚齐在主持献公的丧礼时被申生的师傅里克杀死。荀息又立卓子为君，没过几天，卓子又被里克杀死。骊姬见大势已去，投井自杀，里克吩咐捞出尸体砍成肉泥。此后，晋国内乱，没有宁日。避骊姬之难出奔国外 19 年的重耳在秦穆公协助下才得以归国即位，重振晋国雄风，在短时间内完成了晋国的霸业。

通过上面的两个小故事，荀子认为，人认识上的通病是被事物的某一片面所蒙蔽而不能完全明白其中的道理。唐鞅和奚齐只看到了权力可以威慑人心的一面，却忘记了一味膨胀自己权力欲望进而不择手段地去获取，只能给自己带来杀身之祸。

既然蒙蔽是认识的大敌，那么人可不可以不受蒙蔽正确地认识事物呢？当然可以！

荀子又说，人的本性是可以认识事物的，而事物的规律也是可以被认识的。然而万事万物的道理非常繁杂，一个人不可能完全掌握，如果事无巨细，面面俱到，只会成为无知妄人。因此，在认识事物时，要抓住重点，有针对性地运用智慧。只要保持清醒的头脑，积蓄道德，依礼行事，名利与福禄自然不会衰减。

在荀子的认识论中，如何正确地认识事物、通晓道理，固然重要，但在知晓道理后去践行道理，则更为重要。“行”不仅是检验认识的必由之路，更是获得新认识的实践基础。“不登高山，不知天之高也；不临深溪，不知地之厚也。”（《荀子·劝学》）

荀子认为，只有将“闻”“见”“知”“行”四者统一，才能获得真知。而在四者之中，“行”居于最为重要的地位。“不闻不若闻之，闻之不若见之，见之不若知之，知之不若行之，学至于行而止矣……故闻之而不见，虽博必谬；见之而不知，虽失必妄；知之而不行，虽敦必困。”（《荀子·儒效》）

荀子认识到知识来源于实践，而且最重要的不在于学到多少东西、知道多少道理，而在于把学到的知识和道理运用到实际中去。如果一个理论经不起实践检验，则等同于妄言。

在荀子之前，包括庄子在内的很多思想家都主张唯心主义的“不可知论”，他们认为事物的差异不是来自客观事物本身，而是来自人的主观认识。而荀子则独辟蹊径，大胆创新，认为求知是人的本性、万事万物都可被认知，这种对人的认识能力的高度自信，直到今天，仍然闪烁着夺目的光辉。

认识论中大写的“人”，在荀子这里，第一次站立起来了。

（郇恒 / 撰文）

第三章　摁在兰陵大地上的手印

因为一个人，兰陵这个本应默默无闻的地方，像沂蒙大地盛开的兰花，芬芳了两千多年。

兰陵令

公元前256年，楚国的军队连续向北攻击，大军长驱直入，攻关夺隘，次年攻陷鲁国国都曲阜，鲁国毫无招架之力，国破家亡。

楚考烈王毫不犹豫地将正部级国君鲁顷公撵到卞邑（今平邑县卞桥镇），再封鲁君于莒。七年后鲁顷公死于柯（今山东东阿），鲁国绝祀。

鲁国的灭亡令人深思。

封国之初，鲁国、齐国、晋国都是侯国的爵位，姬姓。而秦国低一级，是个伯爵，嬴姓。楚国要低两级，是个子爵，芈姓。

但是随着时代的推进，从春秋开始，各国争相扩大自己的势力范围，此消彼长，封国一千，灭国七百，大部分封国被强国干掉吞并了。

颟顸的鲁国虽然也曾兼并了莒国、项国（河南沈丘）、须句国（山东东平西须句城）、戎国、邾国、颛臾国等，但却没有成长为大国。什么原因？大概是因为鲁国的兴奋点一直在建设“周礼尽在”的礼仪之邦上，抱定了以德服人、“修文德以来之”的信条。如此一来，在争于气力的年代，春秋五霸，战国七雄，都没有鲁国的份儿，自身的灭亡也就注定了。

传国二十五世、三十四位君主、历时 790 年的周朝最重要的同姓国鲁国灭亡了，但鲁国的文化却没有消亡。再过去若干年，到汉代，兴起于鲁国的儒家文化大行其道，直至今天仍然散发着光芒。

楚灭鲁后，这次灭国行动的总指挥楚国令尹春申君黄歇，春风得意，踌躇满志，早已忘却之前陪楚太子在秦国为人质时的种种屈辱，意气风发的他想到了昔日曾投在门下的荀子，向他发出邀请，给他留出一个兰陵令的位置。

说起兰陵，它可是今天山东历史上最早的一个县。西周时期，兰陵为缯国属地，名为次室邑。春秋时为鲁国所辖。公元前 487 年为吴国属地，19 年以后为越国所有。公元前 380 年左右，楚越争霸，又成为楚国新开辟的东北边疆。楚国是最早实行县邑制的国家之一，楚国取得此地后，便将政治统治中心南移 15 公里至原鲁邑次室，因近郊丘陵兰草繁茂、郁金芳香，遂更名兰陵，初置兰陵县邑。

一个方圆百里的小地方，历史如此复杂，加上文化上多元、习俗上多样，造成这里的人们思想多变，如何实施有效管理，想想都让人头疼。

选个贤人能成事，选个颟顸人会坏事。让谁去当县令合适，曾一度困扰着春申君黄歇。

推荐的人不少，莫衷一是，都让黄歇一口拒绝了。

“甚矣，汝之不惠！”他愤愤地念叨着这句话。

春申君的脑子比电脑还快，搜寻着楚国和天下有名的人才名单。

“弃贤者不用，衡之以理，齐国灭国也不会太远了。天赐楚国，幸甚至哉！”春申君自言自语道，渐渐有了自己的打算。

春申君想到的这个人就是当世大儒荀子。其实，黄歇之所以想任用荀子，是有私心的——让一个闻名于世的儒学大师担任县令，无疑会起到稳定人心、维护安定的效果，能够让这方土地上的人们从心理认同到风俗习惯都更快、更彻底地融入楚国。

楚考烈王八年（公元前 255 年），春申君将一枚铜印交给了荀子，上面刻有“兰陵令印”的字样。

这枚印章我们找不到了，但是 1995 年的秋天，我们却看到了“兰陵丞印”。1995 年的秋天，在江苏徐州的狮子山上，西汉楚王墓出土了几个球形的陶罐，里面装的是兰陵酒，坛子的泥封上盖有“兰陵丞印”的字样。

兰陵丞印

持印赴任，来到兰陵，荀子对这片

土地才真正有了了解。

它的北部是连绵起伏的泰沂山脉，西北是尼山山脉，地势自西北向东南依次降低，广阔的平原丰饶美丽，河流蜿蜒其间，那么多座山头星罗棋布。东边的沂河、沭河如两条飘带逶迤南流，当然也有不少湖泊点缀其间，错落有致，风景如画。这和荀子熟悉的燕赵秦齐大有不同，少了些粗犷荒芜，多了几分南方的秀丽滋润。

在欣赏风景的途中，怎么治理这块土地，这位新晋兰陵令已开始探讨新的路径。

蚁鼻钱

荀子一来到兰陵县治，就发现这是一处风水宝地——这里东边有一条大河，西边有一条小河，土地平旷，县邑就立在中间略微高出大地的阜丘上，邑外原野，树木葱茏，南望江淮。真是一个好地方！

兰陵县邑筑有土墙，开设东西南北四个大门，分别起了名字。邑内房舍俨然，为筒瓦盖顶土坯建筑风格。整体来看，体现着春秋时筑城设邑的一般原则，即首先是防御工事，然后是政治经济文化中心。

当时的兰陵商业还算发达，市面上流通的货币有鲁国的贝币、布币和齐国的刀币，尤其刀币流行很广，超过了鲁国的货币。荀子清楚，现在要想让人民认同楚国，有必要推行楚国货币了。

楚国毕竟是大国，货币制度比较完善，发展成熟。那时已

战国刀币　　　　鬼脸钱

经出现铜币、银币和金币三种金属货币形式——

铜币最为流行，主要是铜贝，椭圆形，背面平，正面凸起，有文字，字形像蚂蚁，两口像鼻孔，故称蚁鼻钱。又因它取象于贝，似古文“贝”字，像一人面，故又称“鬼脸钱”。

银币是楚国独创，形如铲子。1974 年在河南扶沟出土的 18 块铲状银币（银布）就是楚国制造银币的物证，是中原地区货币的特点，由此可见楚国与中原各国商业贸易的密切程度。

金币是贵重货币，史称楚金币为郢爰和卢金，又称印子金，既有特定铭文的扁平金版，还有无钤印字的金版、金饼等。郢爰当中的“爰”字为称量的意思，“爰”前一字为地名，郢爰的“郢”，即郢都。其形制有两种，一种是正方形或长方形的金版，另一种是扁圆体的金饼，以前者为多见。

从出土实物来看，整版的“郢爰”每件约重 250 克至 260 克，正面都刻有排列整齐的“郢爰”印记，印记多少不等。金饼上多无印记，有实心和空心两种，形状酷似龟。从文献中可以看出，黄金的流通限于上层社会，而且只在国际礼聘、游说诸侯、国君赠赏、大宗交易时才使用；使用时动辄百金、千金，至少为一镒。

1982 年 5 月在费县的许由城出土郢爰一枚，据考证是一种称量货币。使用时根据需要将金版或金饼切割成零星小块，然后通过特定的等臂天平称量，再行交换。因而出土的楚金币，大都是零星碎块，大小轻重相差悬殊，而且明显可看出曾被切割过的痕迹。它虽非等量货币，属初级铸币，但已充当了一切商品的一般等价物，反映了楚国商品流通领域的活跃，也说明楚地拥有丰富的黄金资源。

从现在的考古发现看，荀子在兰陵推行楚币，应该是成功的。据说几十年前，在兰陵邑旧址今兰陵镇，每次下雨后都有楚国蚁鼻钱被冲刷出来，群众叫它“印由”，推测可能是楚国金币“郢爰”的讹音。老百姓还在这种钱上钻眼系绳，拴在儿童的手脖上，认为可以辟邪。

大量楚国古钱币的出现，一方面说明这一时期兰陵商品经济的不断扩大，货币流通量较大，另一个方面也印证了荀子在兰陵的治理政绩。

青翠陌上桑

中国是个传统农耕国，农业是立国之本，粮食从来都是一个大问题。

荀子到兰陵，最初也是“以粮为纲”。除了督促粮食种植，他还提倡种桑织缟。

先说粮食。

战国时候的谷物主要是黍稷粟菽。黍生长在北方，习性与穇子相近，很耐干旱，叶子细长而尖，叶片有平行叶脉，为一年生单子叶禾本科植物，籽实也叫黍子，淡黄色，去皮后俗称黄米，黄米再磨成面俗称黄米面，性黏，常用来做黄糕、酿酒。此品临沂地区早已不种，据说目前雁北地区尚有。

关于稷，有人说是黏性较大的黍子，也有的叫小高粱。因为古代这种作物是主食，进而就引申为“谷神”。而当它与“土神”并列称作社稷，这就不得了了，因为国家社稷，已是存亡之大端。

粟是小米，自春秋战国以后日益占据主导地位，在汉代还成为口粮的代称。

菽就是大豆。据说之前人们是直接将大豆煮成豆饭吃，食用很不方便。直到发明了石磨，将大豆磨成粉和豆浆，才改变了大豆的食用方式。

荀子治理兰陵时，恰是战国末期农业种植养殖和铁器冶炼技术有了长足进步的时代。他因势利导，教导百姓把搞好粮食生产作为第一要务，很快使得这里成为丰沃之地。

说到春秋战国时期的畜牧业，当时的“六畜”是指马、牛、羊、鸡、犬、猪。牛、马主要作为农耕和交通的动力，肉食主要靠猪、羊、鸡、狗等小牲畜。但是吃肉，好像一般人也捞不着。这从“曹刿论战”故事中曹刿大骂“肉食者鄙”，就可看得出来。而“庖丁解牛”的故事，则说明那时已经有了杀牛的专职人员；聂政和荆轲以屠狗为职业，说明当时食狗肉之风已经比较盛行。

再说桑麻。

《史记》记载：“（黄帝）娶于西陵之女，是为嫘祖。嫘祖为黄帝正妃。”嫘祖发明了种桑养蚕和抽丝，织丝为绸，缝绸做衣，后人称她为“先蚕娘娘”，黄陵县城有嫘祖养蚕遗址。

春秋《谷粱》载：齐桓公十四年，“王后亲蚕，以共祭服”。“王后亲蚕”这一笔，说明齐国统治者很重视蚕桑。我们看《管子》，知道管仲曾建议政府要采纳百姓中熟悉蚕桑、有防治蚕病技术的人员的意见，给予黄金和粮食等实物奖赏，而且予以免除兵役的优待。

杜甫《忆昔》诗：“齐纨鲁缟车班班，男耕女桑不相失。”看来直到唐朝，齐纨鲁缟仍然是全国著名品牌，齐鲁是著名生产基地。

其实更早的桑种植地中，应该有兰陵。这里是周代缯国旧地，“缯”乃丝织品的总称，以缯立国，至少说明这里种植桑树，养殖桑蚕和丝织技术有很高的水平。据说直到战国时期，这里仍然是东方的丝织品加工中心。

我们猜想，在兰陵，荀子关注农桑，自是应有之义。他在《蚕赋》中写道：“冬伏而夏游，食桑而吐丝，前乱而后治。夏生而恶暑，喜湿而恶雨。蛹以为母，蛾以为父，三俯三起，事乃大已。”如此细腻的描写，仅仅从技术上看，荀子观察了解得不可谓不细致入微。

想想看，荀子时代的兰陵大地春有兰，夏有桑，河边青青草，庄稼皆茁壮，充满着无限的生机与希望，这是一幅多么美妙的历史画卷。

铲除盗贼出现的土壤

应该说，“盗贼”的出现是一种社会现象，尤其战乱年代，无论是军队还是百姓，都有可能成为盗贼，引发盗窃、作乱行为。

《尚书·费誓》（费，音 bi，古代地名，今山东境内，誓是誓师诰戒之词，费誓指的是鲁国国君率军征讨淮夷、徐戎的誓师词）就记载："无敢寇攘：逾垣墙，窃马牛，诱臣妾，汝则有常刑。"虽说这是警告军队的，但也说明这些行为在当时很容易发生。

到了春秋战国时期，私有制浪潮涌起，礼崩乐坏，社会财富差距拉大，"盗贼"现象更是同时出现在各国。

"（于是）鲁多盗。季孙谓藏武仲曰：子盍诘盗？武仲曰：不可诘也，纥又不能。季孙曰：我有四封而诘其盗，何故不可？子为司寇，将盗是务去，若之何不能？"（《左传》）

《论语》说鲁国季康子患盗，问于孔子。孔子答曰："苟子之不欲，虽赏之不窃。"意思是说，偷盗的发生是由于统治者贪得无厌，将社会财富搜刮一空，被剥削者为了生存，才不得不盗窃。

郑国也是个多盗的国家，聚集在"崔符之泽"。于是，"兴徒兵以攻崔符之盗，尽杀之，盗少止"。

《晋书》卷三十《刑法志》："（李）悝撰次诸国法，著《法经》。以为王者之政，莫急于盗贼，故其律始行于盗贼。"这表明《法经》的首要任务就是打击"盗贼"。

从秦简的片段规定中可以看出，窃盗罪所侵犯的直接客体既包括私有土地，也包括牛、马、猪、羊、金钱、珠玉、衣服和王室玉器等。秦律严格维护法定的地界，不允许擅自移动，否则即以盗论。

任何一个施政者，都要面对盗贼问题。

荀子在任兰陵令期间，肯定也不可避免。那么作为一个思想家，他怎么看待这一问题的呢？他一定做过不少思考，并且从根源上深入剖析过问题的实质。

荀子说，有人认为“古人薄葬，所以无人盗墓；今人厚葬，所以有人盗墓”，这种说法是不正确的。人们进行偷盗都是有目的的，不是因为贫穷，就是为了更加富有。古代风俗淳美，路不拾遗，财货充裕，即使随葬品再丰厚，也无人去盗掘，因为这是耻辱的事情。

荀子的思考是深邃的。他关于盗贼的看法，已经到了关于社会治理的层面，到了提升人的文明程度的层面。

事实上，老子也有类似的思想。老子说：“民之饥，以其上食税之多，是以饥；民之难治，以其上有为，是以难治；民之轻死，以其上求生之厚，是以轻死。”（《老子》七十五章）这段话让曾国藩来翻译，那就是：“民无粮，必从贼，贼无粮，必成流贼，则从此天下无宁日也。”

这些古圣先贤都说到了点子上，剖析到了铲除盗贼滋生土壤的根本。到了这个层面，这就是伟大思想家们的思考了。

兰陵千古酒香

兰陵的酿酒，可算是沂蒙造酒业的一个奇迹。

20 世纪 40 年代末的一天，在今兰陵镇道路修筑的现场，挖出了一尊商代酒器，酒器上赫然刻着“鬯”字。考古专家根据商代古卜中的“鬯其酒”以及《礼记·曲礼下》“天子，鬯”之句，认为这里商代就生产“鬯酒”，也就是“用郁金草酿黑黍而成的、重大活动节日宴饮用的酒”，由此印证兰陵美酒有着悠久而深远的历史。

1995年秋，在江苏省徐州市狮子山楚王墓发掘出土的陶制球形坛内，泥封上印有“兰陵贡酒”“兰陵丞印”“兰陵之印”戳记，再次印证兰陵美酒最少有3000年的酿造历史。

更有专家认为，商代的美酒鬯，是到了荀子任兰陵令的时候，才改称为“兰陵酒”的。

《尚书大传》：“祭之为言察也。察者，至也。言人事至于神也。”要把人间的事和神之间沟通起来，必须用酒。

我们知道，酒最初是重要的祭祀品，是为“酒礼”；但美酒又不仅仅是给神喝的，因为历代都有不少酒鬼，商纣王就是

兰陵美酒厂

沉湎酒色的荒唐典型，是为失“酒德”。

开元二十八年五月，李白来山东游历，经下邳过兰陵，闻酒香弥漫，见酒旗飞舞，于是痛饮之。李白是离不开酒的，也算著名酒徒。一番饱饮之后，灵感就来了，大发诗兴，留下了“兰陵美酒郁金香，玉碗盛来琥珀光；但使主人能醉客，不知何处是他乡”的千古绝句。诗仙就是诗仙，俗语出奇，咳唾成珠。

到了北宋，著名书画家米芾饮兰陵美酒后，挥毫泼墨，写下了“阳羡春茶瑶草碧，兰陵美酒郁金香”的诗句。

明代医学泰斗李时珍《本草纲目》中对兰陵美酒的认识，就更上了一个层次，他显然是在做了深入研究之后，才做出如下评价：“兰陵美酒，清香远达，色复金黄，饮之至醉，不头痛，不口干，不作泻。其水秤之重于他水，邻邑所造俱不然，皆水土之美也，常饮入药俱良。”

清代诗坛盟主王渔洋在品了兰陵美酒后，则兴奋地和自己的伙计分享，他在《寄任同年》一诗中写道：“阳羡六斑茶，兰陵十千酒。古来佳丽区，遥当五湖口……”诗中既赞美兰陵美酒的名贵，还赞美兰陵自古以来是美丽富饶的地方。

酒喝到这份儿上，是真会喝酒。

1914年，在“山东第一次物品展览会”上，兰陵美酒、兰陵郁金香分别获得“优等奖银牌”和“最优等褒奖金牌”。1915年，在美国旧金山召开的“巴拿马万国博览会”上，兰陵美酒荣获金质奖章。此后，这一传统名酒名播海外，誉满神州，跻身于国家名酒之列。1916年，在“首届中华国货展览会”上，兰陵美酒又获二等奖。1954年，国务院总理周恩来率团参加日内瓦会议，把兰陵美酒作为“国酒”带到宴会上招待与会各国首脑，再次提高了这一传统名酒的国际声誉。

1957 年，全国人民代表大会常务委员会委员长朱德召见城市服务部部长杨一辰时说：“你们山东出一种名酒，叫兰陵美酒，兰陵美酒是李白喝过的，他喝了酒还作了诗。兰陵酒还用原来的陶瓷瓶，把李白的诗句写在上面，加上中外文说明，就可以大量出口。”朱老总不光会带兵打仗，讲起生意经来也头头是道。

千百年来，爱兰陵酒的人真不在少数，有平民也有领袖，有中国人也有外国人。

正所谓千古飘香，美酒佳话。

祥瑞初现

荀子治理兰陵十八年，不辱使命，不忘初心，隆礼重法，巩固了边防，更重要的是实现了物阜民丰，社会比较安定，某种程度上实现了儒家的部分理想。

祥瑞初现，荀子作赋五章，托物言志，表达对圣君贤相的期盼和对美好社会的向往。

“圣人共手，时几将矣！”

（王建／撰文）

第四章　化人成俗

荀子不仅满腹经纶，更有一肚子改革社会、改造人心的强烈愿望。

移风易俗的“试验田”

荀子到兰陵任职兰陵令，心情是愉快的。

这个战国末期的大思想家、理论家，不仅满腹经纶，更有一肚子改革社会、改造人心，做一个社会实践者的强烈愿望。在去方圆仅百里的小地方兰陵就任的路上，他心潮澎湃，各种治民理政的想法如同熟透的棉桃连续爆开，又如热锅里炒的芝麻不停地炸响。他暗下决心：一定要让自己理想的种子，在这片得来不易的“试验田”上落地生根、开花结果。

兰陵是一方奇异的土地，这里民风淳朴，芝兰遍生于高岗、平地，空气中洋溢着一种令荀子振奋的气息，以至于后来老先生就把这里作为了自己的长眠之所。

在兰陵，荀子扑下身子，一心为政，不辞辛苦，巡遍治地，“论礼乐、正身行、广教化、美风俗”，大力推行他的“习俗移志，安久移质”“移风易俗”思想。

当年的兰陵，河网密布，丘陵低缓，山林茂盛，人们多以耕种、伐木、捕鱼为生，但“涸泽而渔，焚林而猎”的事情时常发生，这种“吃祖宗饭绝子孙路”的破坏性开发，显然不符合荀子的“人与自然和谐观”。在他看来，“强本而节用，则天不能贫；养备而动时，则天不能病”。于是，荀子就教化人们变革生产习俗，顺四时而耕。现在看来，这些思想和做法像极了今天我们所提倡的“处理好发展与环境保护的关系”，我们完全可以说，荀子的思想就是今天“可持续发展”理念的源头之一。

远古时代有“抢婚”的习俗，这种野蛮习俗太不符合礼法，深为荀子所痛恨。好在到了周代，抢婚的习俗逐渐得以改变，形成一套有礼仪约束的娶亲程式。而到了荀子时代，他更加强调礼俗在婚嫁中的作用。他在《富国》篇中说，男女的结合、夫妇的区别、娶妻出嫁、定亲送礼、送女迎亲等等，如果没有礼制规定，那么人们就会有失去配偶的忧虑，而有争夺女色的祸患。为了在兰陵推行“亲迎礼制”，荀子甚至还专门详细描绘了一个新郎迎接新娘的礼仪场景，让人们参考学习——

父亲面向南站着，儿子面向北跪着，父亲一边斟酒祭神一边嘱咐儿子：“去迎接你的贤内助，完成我家传宗接代以祭祀宗庙的大事，好好带领她去恭敬地做你亡母的继承人，你的行动也要遵照常规。”儿子说：“是，我只怕没有能力做到，决不敢忘记您的嘱咐。”

到汉代时，受儒家思想影响，婚礼仪式更加受到重视。汉宣帝认为婚姻礼仪是最重要的人伦，应该提倡官民在婚礼上设酒宴庆贺，为此还下诏废除了“禁酒令”。经过后世不断传承，婚礼成为民俗礼仪中最为隆重、热烈、喜庆的礼仪。

当然，荀子在沂蒙大地上留下的印记还有很多，它们一直改变着人们的习俗。与荀子相去时代不远的西汉史学家刘向，在《孙卿书录》中说：“兰陵多善为学，盖以孙卿也。长老至今称之曰：‘兰陵人喜字为卿’，盖已法孙卿也。”也就是说西汉时兰陵人做学问的多，学问做得好，都是因为受到荀子的影响；取名字喜欢用“卿”为字，为的就是表示对荀子的纪念和尊重。到南北朝时，南朝梁代文学批评家刘勰在《文心雕龙》里仍对荀子于兰陵的影响给予高度评价：“方是时也，唯齐楚两国，颇有文学，荀卿宰邑，故稷下扇其清风，兰陵郁其茂俗”，极力赞扬荀子对兰陵文化的贡献。

由此可见，圣人之所以是圣人，一个重要原因就是他能够跨越时空，具有历久弥新的影响力。

从“乡饮酒礼”到腊八节

荀子的“礼教”是有着巨大包容性的。在他的理想中，只有让人们在生活的方方面面都依礼而行，“治之至也”的“良俗”社会才会到来。

比如，虽然荀子认为天不是神明，凡事不用求助于天，但他在兰陵为政期间，乃至废职兰陵令以后，一直不反对甚至倡导举行祭天这类仪式。这当然不是自相矛盾，而是他认为祭天活动本身也是一种“礼”制，其中蕴涵的化人成风功用不可忽视，如果依“礼”而为，则可以起到变民风、化民俗的作用。

在兰陵，荀子老先生尤为重视推行“乡饮酒礼”。

“乡饮酒礼”是一个非常古老的礼仪，最初不过是乡人的一种聚会方式，到了重视“礼”的周代逐渐推行开来，又经过荀子等大儒的积极倡导，进一步明确了宾主之间的迎来送往、拜揖应酬、升降坐立、笙歌演奏等礼仪节数，这就在其中注入了尊贤养老的思想。于是，到秦汉之后，“乡饮酒礼”长期为历代士大夫所遵用，并且由朝廷拨付专款。直到道光二十三年，因需要扩充军饷，清政府才决定停拨“乡饮酒礼”的费用，前后沿袭约三千年之久的“乡饮酒礼”最终被废止。

但是直到今天，在兰陵及其周边地区的酒桌上，还保留着“三巡”的习惯，无论是待客还是朋友小聚，首先要通喝三杯，然后再行他事。晚辈在长辈面前饮酒不能先于长辈饮完；年过六旬的人才能坐着喝酒，其余人要“侍立”；要等老年人先离席出去，然后年轻人才出去。再者，在饮宴上，尊长者须居上座；斟酒时应先给尊长者斟酒；尊长者应该先提酒；晚辈须给长辈敬酒，并起立以示尊重；碰杯时，酒杯不能高于尊长者，等等。这些兰陵酒文化、酒习俗，很可能就是荀子时代“乡饮酒礼”的遗存。

至于“乡饮酒礼”的起源，史载是源于上古先民冬季祭祖敬神、祈福迎祥的“腊祭”。由此联想到我们今天的重要岁时

国槐

节庆腊八节，据说也源于古代先民的“腊祭”活动。这样看来，腊八节俗与“乡饮酒礼”有着同根同源的紧密关系。

在沂蒙大地，腊八粥无论在用材、做法还是功用上，都体现出很大的包容和严格的程序性，很有讲究：比如过去无论贫富，一般都要在腊月初七的晚上准备好做粥的材料，初八早五更就开始煮粥；煮粥时要先急火煮沸，再用细火慢炖；做好的粥要先祭祀天地、树木、田野；寺庙要向穷人舍粥，每年腊八节这天，各大寺庙如汤头的灵泉寺、汤河禹屋的龙兴院、相公的石佛寺、白塔街的白塔寺、葛沟的普明禅院等，都会向平民百姓施粥，寺院门外往往挤满了前来讨粥吃的人。此外，旧时在临沂，谁家遇到不顺心的事，或者遭遇了不幸，也会在这天煮粥施舍，寄希望于通过积攒功德消免灾祸，以此来获得内心的安慰，民间称作“舍饭”。由此可见，腊八粥除了节庆、驱寒作用，还已拓展出维护社会和谐、调解人们内心和谐的功效。

这样推论起来，想必在战国末期，腊八节也一定受到过荀子的推崇。荀子曾提出过这样一个观点：“一个人只有充满爱心，真心爱护他人、包容他人，才能使贤者敬重他，不贤的人亲近他，和谐健康稳定的社会人际关系才能得以建立。”可以想象，荀子极力把“礼”融入人们的衣食住行、生老病死，并赋予其教化意义，不就是把各种“食材”按程序放进社会治理的“大锅”里熬煮吗？其目的也无外乎是想熬出一锅“保暖防寒”、确保社会和谐的“浓粥”来。

那么，今天我们过腊八节的时候，在喝腊八粥的过程中，如果能够想到荀子老先生，想到他的“重礼”“变俗”思想，则无异于在腊八粥里品尝到了另外一种味道。

骂“天”的勇气

天，高高在上，变化莫测。

在荀子生活的时代，国家做任何大事都要占卜一番，看看上天的意思，拂逆了上天的意愿是万万不可以的。《左传》里面就有“违天不祥”的说法。

公元前238年，彗星出现过两次。第一次，人们甚至整天都能看到它拖着长长的尾巴、闪着耀眼的光芒滑行在天际。这一奇异现象，令当时绝大多数人充满恐惧和担忧，人们议论纷纷，都说天神将要降下灾祸和悖乱。

放眼公元前238年，也确实是多事之秋：在秦国，嫪毐作乱，罪获车裂；在楚国，楚考烈王病逝，春申君黄歇被杀。

当兰陵的人们惊慌失措，把彗星出现之事告诉荀子老先生时，老先生却是满脸平静、波澜不惊。

面对充满恐惧的众人，荀子说：“星坠，木鸣，国人皆恐。

是何也？无何也，是天地之变，阴阳之化，物之罕至者也。怪之，可也；而畏也，非也。”

此后，荀子还专门写了《天论篇》进一步阐述自己的观点，他说：“天行有常，不为尧存，不为桀亡……故明于天人之分，则可谓至人矣。”

“明于天人之分”，用今天的话说，就是天有天要做的事，人有人要做的事。荀子是想以此告诉人们，天和人各有自己的“轨道”，人在遇到问题时不必去向上天求助，求助也没有用。

在做兰陵令期间，某年大旱，百姓都希望荀子带头敬天求雨，让老天施恩。荀子却去周边考察地形地理，之后组织人们开挖水渠，兴修水利，最终解决了一方水土的灌溉问题，留下了“人定胜天”的美谈。

可是，在中国漫长的封建社会里，统治者反复强调君权神授，皇帝是上天的儿子，甚至皇帝诏书的开头也要有“奉天承运”四个字。统治者和上天有了这层关系，臣民们又怎么能或者敢去“胜天”呢？

受统治者的教化，千百年来老百姓信仰天神或老天爷，老天爷成为民俗中最大的神。当人们遇到好事、喜事时，要通过敬天神来表示感谢和崇敬；当人们遇到困难、苦难或者不幸时，就要向老天爷祈求帮助或者控诉不公。直到现在，在临沂地区的农村，一些年纪大的妇女哭诉时，有的还习惯扯着长腔喊道：俺那个黄天神（俺那个老天爷）啊，你说俺可怎么办啊。俨然，老天爷就在发挥着主心骨的作用。

但是，当老天爷责任履行得不好，不能“尽职尽责”时，却也会受到抱怨甚至责骂。翻开历史典籍，骂得最过瘾而又最委婉的当属关汉卿了，他在以东汉时临沂郯城“东海孝妇”为素材改编的《窦娥冤》里，借窦娥之口骂道：“天也，你错勘贤愚枉做天！”而平常老百姓，由于缺少文化，在遇到不公对待、老天不能给予帮助时，则会直接张口开骂：“老天爷，你瞎了眼啊！”

其实遭遇这种“又敬又辱”待遇的何止老天爷呢，其他的比如城隍和龙王，平时都是人们敬重而且畏惧的神明，但当到了不能满足人们意愿的时候，同样也会受到抱怨甚至“侮辱”。比如旧时在临沂，每逢久旱无雨，人们就会把城隍或龙王的神像抬出来，放在太阳底下暴晒，以此来惩罚城隍或龙王的履职不力。

这种民俗信仰的糅杂性、矛盾性，倘若顺着历史的脉络顺藤摸瓜，是不是可以从荀子老先生那里找到根源呢？或许就是因为荀子朴素的“天人相分观”潜移默化，给了旧时代老百姓敢于质疑甚至咒骂老天爷的勇气和底气。

孝的“难题”

在中国传统的道德理念中，如果要找出其中最具代表性的，那肯定非“孝”莫属。

在中国的民俗文化中，如果要找出其中最具代表性的，那肯定也非“孝”莫属。

儒家思想是非常重视“孝道”的，《孝经·开宗明义》篇讲：

“夫孝，德之本也。”打开历代儒学大师们厚厚的典籍，里面侃侃而谈的无不是以孝立论。

临沂是孝悌之乡，这里的人们引以为傲的是古代“二十四孝”中临沂人占了“七孝”，小孩子都是听着“子路负米养亲”“闵子骞单衣顺母”“曾参啮指心痛”“王祥卧冰求鲤”之类的故事长大的。据说连新中国成立前杀人放火、无恶不作的临沂汉奸、土匪刘黑七都是个大孝子。在民间，老百姓甚至有“父母无错天无错”的说法，把对父母之孝放在了和“尊敬上天”相同的位置。

但是，如果能够穿越时空隧道回到先秦时期，你会发现那时候儒家思想还没有一统天下，你甚至还会遇到一些人，因为他们对儒家学派高声宣扬“孝道”深感聒噪、心烦，于是给儒家学派的代表人物开出了难题。

第一场考试。有个楚国人，请孔子谈谈对“老爸偷羊，正直儿子要出来揭发”的看法。这个明显的“两难”问题，好像无论怎么回答，都会让推行孝道而又重视礼法的儒家陷入自相矛盾的泥潭。

孔子给出的意见是：“儿子揭发老子不是正直，儿子替父亲隐瞒才是正直。”是啊，毕竟父亲只是偷了一只羊，不是什么重罪，父子关系肯定比一只羊重要得多，儿子举报了父亲，那么儒家所重视的血缘亲情、家庭伦理岂不就被打翻在地了吗？而在此事上如果“子为父隐”，一个小小的个例，对国家来说也并不会造成多么大的损害。

圣人的智商毕竟高人一等。面对这个不怀好意的楚国人挖下的陷阱，孔子没有迎着走过去，而是另辟蹊径绕开了。

第二场考试。孟子以承继孔子思想自居，接下来“两难”的“拷问”自然也必须面对。

有人问孟子，舜做天子，如果他老爹杀了人，舜该怎么办?

好尖锐的问题！舜可是儒家尊崇的大孝子，是儒家孝道观点的“支撑性论据”，是绝不允许被质疑的。而这个问题分明是想给儒家的人伦道德大厦挖掉墙角甚至支柱啊。

孟子不急不躁，说：“执法者把他抓起来就是了。”

“难道不去制止吗?难道眼看着老爸去蹲监狱吗?”

孟子还是一脸平静，接着说：“舜怎么能去制止呢?执法者抓人是有依据的。”

“那么舜该怎么办?”

“舜会像扔掉破鞋一样抛弃天子之位，然后背上父亲偷偷逃跑，到遥远的海边住下来，快乐地度过一生。”

到底不愧被称作“亚圣”，这也是一个绝顶聪明的回答。难道说亲情人伦不远比做“天子”重要吗?如果整个社会的血缘亲情垮塌，做这个国家的天子也确实没有什么意义！

当然，“拷问”还会继续，第三场考试来了。这次必答题摆到了荀子老先生面前——有人上门“求教”，父亲做出不合于“义”的要求之事，做儿子的是“从义”还是“从父”?

战国末期，荀子儒学的“孝”，已经不同于“孔孟之孝”。“荀子之孝”不仅是发自内在的“伦理道德”，更是受到外在礼法约束和引导的“礼义”。

荀子没有直接回答，而是侧面说道：圣人、君主制定好了

“礼”，做儿子的遵守好礼义，“以礼义事亲”，那才是对父亲的孝。那么这句话“正”过来看，可以这么理解：如果做父亲的不尊崇礼义，当儿子的因此而不遵从父亲，那儿子并不是不孝。

这也就是说，在“从义”还是“从父”的问题上，荀子给出的答案是“从义不从父”。

战国末期，国家之间“争于气力”，孔孟鼓吹重“孝”轻“忠”、强调家庭伦理高于国家法规，这些观点，在靠拳头说话的时代，显得苍白无力，只会引发统治者的反感。这种情况下，荀子提出“礼义之孝”，强调“义重于父”“君权大于父权”，无疑是摸准了统治者的脉搏，这才是统治者最需要，也最迫切想解决的问题。

所以我们说荀子是一个紧随时代的人，是个讲究“实用”的思想家。这也难怪到了汉代，统治者给荀子打了“满分”——“罢黜百家，独尊儒术”，“荀子之儒”成了治国之道。

事实也确实是这样，当后世出现“忠孝不能两全”的艰难选择时，只有那些选择“忠在孝前”、为国尽忠的人，才能成为正史所歌颂的忠臣良将，被历代敬仰。

死，事之以礼

有生就有死。

从个体的人来看，一个人出生之后就面临着死亡，因而人生简单而乏味。但是，从社会的人来看，一个人从出生到死亡，自始至终又贯穿着各种仪式，生儿育女、婚丧嫁娶等等，每个环节都充满神圣的仪式感，人生由此就增加了宽度与厚度，死亡也变成人生中极其具有意义的最后一环。

有一天，孔子的学生宰我问孔子为何要行“三年之丧礼”。孔子说，子女对父母行三年的丧礼，是因为子女出生后“三年免于父母之怀”，因此在父母去世后，行三年的丧礼才能做到心安理得。孔子给出的答案，显然是一种依据内心情感的解释。但宰我不以为然，认为守孝一年足够了，这引得孔子很不高兴。

而到了荀子，在别人询问“人子为什么要为父母服丧三年”时则说，服丧三年不能增减，这是根据哀情轻重而制定的丧礼规定，是用以区分亲疏贵贱的礼节。可见在荀子那里，丧葬也被赋予了浓重的礼制教化功能。

战国末期，盗墓之风盛行，墨家认为这是厚葬引起，对厚葬之风提出了猛烈批判。荀子却给予了尖锐的反驳。荀子认为，盗墓的根源在于礼法崩毁导致社会混乱，和厚葬又有什么关系呢？也正是因为荀子的这一观点，他被后人认为是支持厚葬的，厚葬之风熏习千年，他要负起相关的责任来。那么，我们今天站在时代的道德高台，把历史的账码算到荀子老先生头上，是合适的吗？这显然有失公允。

某一天，在荀子管理下的兰陵，有个下等人死了，家人和庄邻只是简单将他埋掉，草草了事。荀子知道后非常生气，责令重新举行丧葬仪式。在荀子的监督下，家人给死者洗头、洗身体，把头发给束起来，为其修剪指甲，将稻米放在死者的嘴里，之后才进行安葬。

下等人的死无论如何是谈不上厚葬的。从这件事情上，我们可以认为，因为荀子的主要思想是“隆礼”，那么他重视的“厚葬”，其实是“厚礼之葬”，是在强调“死，事之以礼”的意义。

厚葬之风兴起，如果要追溯源头的话，要从战国说起。那时候周礼崩溃，各阶层都觉得受到的约束少了，什么事情都敢大着胆子做了。同时，随着铁器等先进生产工具开始使用，人们改造自然的能力有了很大提升，得到的财富回报也大大增多。有钱了，诸侯及卿大夫就想把奢华的生活带到死后，因而墓葬及陪葬品就开始“大手大脚”起来。

当然，这期间，声音喊得越来越响亮的儒家思想，其“事死如生”“生，事之以礼；死，事之以礼，祭之以礼”等孝道观，也为厚葬风气提供了理论依据，以至于到了汉代，厚葬之风更加盛行，荀子所提倡的“厚礼之葬”显然已经变成了“厚财之葬”，比如下面这场葬礼——

距今两千年前的一天，在今临沂市北城新区洪家店，一场盛大的葬礼在隆重举行，死者刘疵静静地躺在木棺里，身穿“金缕玉衣”，身边堆放着漆木器、玉璧、铜弩和铁剑等随葬品，极尽荣耀奢华。随着石椁盖上盖子，墓室关闭，从此便走上了其生前所期望的“永生之路”。

但是世易时移，两千年后，把人民利益写在党性旗帜上的中国共产党走上历史舞台，自觉引领社会掀起了一次次变革旧俗、革除鄙俗的高潮。1946年6月23日，临沂举行了另一场葬礼。新四军副军长兼山东军区副司令员罗炳辉在临沂殉职，葬礼当天整个临沂下半旗志哀，十万军民送葬，行列长达数里。而此时，正是抗战后大规模的内战一触即发之际，不顾国民党全面进攻山东之势如黑云压城，举行这场隆重的葬礼，当然不是为了厚葬烈士，而是对罗炳辉“死，事之以礼”，这恰恰是为了荀子所说的“明死生之义”，或者说是“厚礼之葬”的一次回归。

今天，在党的领导下，整个社会继续大力倡导移风易俗，摒除“厚葬为孝”和丧葬大操大办、互相攀比的陋习，目的当然也不是为了取消一切丧葬礼仪，而是在继续引领“厚礼之葬”回归，即变革几千年来最重要的民俗之一丧礼中那些不符合时代精神的部分，而其中所蕴含的礼制教化、成风化俗等功能，仍需要批判地传承。

那些历经岁月、传承不息的民俗，都是中华优秀传统文化的重要组成部分，其中就包括那些经过荀子思想引领和变革的内容，它们将在中华历史的长河中，继续闪耀珍珠般的光芒。

化无止境

公元前238年，荀子因黄歇“倒台”而去职，连小小的兰陵令也做不成了。

好在先秦的儒者不钻牛角尖，得志有得志的过法，不得志有不得志的活法，正如荀子所自嘲的“通则一天下，穷则独立贵名”。当“在朝则美政”的理想成为泡影，荀子就把“在下位美俗”确立为自觉行动，为构建一个“良俗”社会而不懈努力。

在寓居兰陵的时光里，荀子一边传授儒学，一边奋笔疾书，《劝学》《修身》《不苟》《荣辱》《非像》《仲尼》……很多文章里都谈到了“化性起伪”“移风易俗”“扬善成俗”，他坚信总有一天后人会读懂这些文字，实现他理想中的“良俗之国”。

但是，“良俗之国”建起来又谈何容易。

中国向来以“文明古国”“礼仪之邦”著称于世，传统婚丧等各种仪式都被赋予了尊老敬贤、劝人向善的教化意义。然而，随着历史的演进，仪式越来越烦琐复杂的问题也一直非常突出，甚至衍生出铺张浪费、奢靡攀比的陋习。

就临沂而言，历史上受儒家孝道观影响深远，一个人被称为孝子，会倍感荣耀；倘若被认为不孝，就会被人们猛戳“脊梁骨”，人们对他敬而远之。所以过去临沂人不管穷富，对丧事都以厚葬为孝，“大操大办”，互相攀比，往往有人还会为此拉下沉重的“饥荒”，甚至要卖粮食卖地。临沂有句俗话叫作“喇叭一响，粮食往外淌”，就十分形象地反映了丧事大操大办给人们带来的巨大负担。

而在今天，一个时期以来，随着经济发展、生活改善，人们在婚丧嫁娶中讲排场、比阔气的陋习大有抬头之势，比如丧礼中的抬大棺、破大孝、行大祭，比如婚礼中的天价彩礼、“万紫千红一片绿”等等现象，更是暴露了婚丧等礼俗中的非理性状态，给人们造成了不可承受之重。

风俗随着时代的发展而变化，反映着政治社会、生产生活的各个方面。从一定意义上说，那些与时代脱节，变了味、走了样的习俗风气，既不符合现代文明规范，也并非人们内心真正向往的，而是对人们的一种世俗“绑架”。大多数人其实是希望被“松绑”的。

为改变这一现状，近年来，临沂大力推进喜事新办、丧事简办、厚养薄葬，在农村普遍建立红白理事会，取缔“二次装棺”、庸俗表演和吹鼓手，一些吹鼓手转而加入或组织庄户剧团，丰富农村文化生活去了。特别是沂水探索推行的居民死亡从遗体运输、火化安置、骨灰盒配套用品以及公益墓葬全免费等举措，取得了令人始料不及的积极社会效果，虽然当地政府为此花了2000万元，但每件丧事的花销却由过去的平均3万元左右下降到目前的几千元水平，带来的减负效益高达上亿元，“比原来节约90%的耕地，节约木材1万立方米”，成为媒体所赞誉的“沂水样本”。这说明改革陈旧习俗、树立起符合时代价值观的良俗，乃是人心所向；习俗随着社会的发展被不断地革新，也是人心所向。

此正可谓“化无止境”。两千年前荀子老先生提出的“移风易俗”，仍将是永恒的课题。

（李登春 / 撰文）

第五章　灵魂塑造工程

“人仅有知识和技能是不够的，最重要的是灵魂塑造。”这是在兰陵的日子里，荀子反复思考的问题。

推崇礼义信

有人分析，人有三种需求，也是三种境界，即谋生、谋智和谋道。谋生，就是养活自己；谋智，就是认知世界；谋道，就是认同价值。

人类在童年时期，就有了知识经验的传授传承，钻木取火，教民以渔，大概这就是原始教育。但是，人类仅有知识和技能是不够的，最重要的是灵魂塑造。没有灵魂的升华，很多问题无从谈起。

春秋战国时期，儒家的追求之所以“超凡脱俗”，就是因为儒家有社会理想，追求的是社会伦理的重塑，说到底是想改造人性，改造国民性。

为此，孔子学而不厌，诲人不倦。孟子如是，荀子也如是。他们都曾是那个时代的教育家，都曾兴学建塾，培养学生，以塑造、修正与升华人的灵魂为己任。

孔子教学，大多和学生讨论仁礼孝信和事君事父问题。他不喜欢讨论专业技术性的、知识性的东西，所以当学生樊迟请学稼，孔子说，我不如老农；请为学圃，孔子说，吾不如老圃。樊迟离开后，孔子骂樊迟是小人，说："小人哉，樊须也。上好礼，则民莫敢不敬；上好义，则民莫敢不服；上好信，则民莫敢不用情。"孔子坚信人不能仅靠大米活着，礼义信才是他所推崇的价值观。

高，实在是高！

这个高度后来从来没有人达到，却一直是后世思想家们眺望的目标——即依靠教育塑造人的灵魂，得到后世思想家们的一致认同。

荀子说："故圣人化性而起伪，伪起而生礼义，礼义生而制法度。"

梁启超说："苟有新民，何患无新制度，无新国家？"

鲁迅更是号召进行国民性改造的旗手，写了大量的小说、散文、杂文，像投枪、匕首、大刀，连续不断地揭露、总结、批判国民性中的"劣点"，希望教育、唤醒熟睡在铁屋子里的人。

到了今天，国家已经把教育提升到战略高度，而且对教育的投入也越来越多，但是大家对教育的埋怨与指责、失望与悲观好像也越来越多，特别是当那些杀害老师、谋害同窗等骇人听闻的事情不断被媒体曝光后。回视当下人们对教育的指责，仔细想想，是不是教育的基本方针出了问题呢？如果教育忘记了对人格的改变，忘记了对灵魂的塑造，那么掌握知识技能，考研考博，考公务员，找好职业，凡此种种，和仁义礼智信只能是相隔愈远。

不关灵魂塑造的教育，又怎能化性起伪？

荀子的教育观

荀子一生，为政、著述和教学是他倾心倾力的三件大事，特别是在传道授业上，荀子一度培养出多个改变中国命运的学生，比如韩非和李斯。

韩非是法家的代表人物，《韩非子》一书共二十卷、五十五篇，总字数达十多万言。体裁上，有论说体、辩难体、问答体、经传体、故事体、解注体、上书体等七种。辩难体与经传体为韩非首创。在内容方面，则重点论述“法”“术”“势”“君道”等，文裁条理清楚，思想深刻，达到了先秦法家理论的最高峰，为秦统一六国提供了理论武器，当然也为以后的封建专制制度提供了理论根据。

李斯是政治家，年轻时师从荀子学帝王之术，学成入秦，在秦王嬴政灭六国的事业中起了巨大作用。秦统一天下后，李斯被任为丞相，与王绾、冯劫议定尊秦王政为皇帝，并制定有关的礼仪制度。他建议拆除郡县城墙，销毁民间兵器；反对分封制，坚持郡县制；又主张焚烧民间收藏的《诗》《书》等百家语，禁止私学，以加强中央集权的统治。他还参与制定法律，统一度量衡，推行“车同轨书同文”。他的政治主张对中国和世界产生了深远的影响，奠定了中国两千多年政治制度的基本格局。

荀子的徒弟在历史上影响如此之大，难怪千年之后，谭嗣同曾经感慨地说：“两千年之学，荀学也。”

荀子的教育观，是荀子思想的延伸，更是荀子思想的具体践行。荀子认为“人之性恶，其善者伪也”，强调的就是通过教育改变“恶性”，塑造崭新灵魂，“长迁而不反其初”“其义则始乎为士，终乎为圣人”，从而成为君子乃至圣人。对学而优则仕，他不以为然，“学者非必为仕，而仕者必如学”，治学并非一定要做官，但做官必须先治学。

荀子的教育观的另一个方面，是他认为无论是学习知识还是道德修养，都是由积累而成的：“可以为尧禹，可以为桀跖，可以为工匠，可以为农贾，在势注错习俗之所积耳。”“注错习俗”即指客观环境对人的影响与教育。他还说：“积土成山，风雨兴焉；积水成渊，蛟龙生焉；积善成德，而神明自得，圣心备焉。”这说明知识和道德都是一个不断积累和提高的过程。

当然，荀子的教育思想还涉及其他很多方面，至今仍然具有很强的生命力，没有过时。比如荀子说：“不闻不若闻之，闻之不若见之，见之不若知之，知之不若行之，学至于行而止矣。”这是强调学习过程中阶段与过程的统一，学习初级阶段必然向高级阶段发展的思想。他还提出了解蔽救偏、兼陈中衡的原则，不要片面性，要对事物作全面、广泛的比较、分析、综合。

《儒效》篇中说，“不知无害为君子，知之无损为小人”。他反对那些鸡零狗碎的知识，强调要学通弄明白。《荀子·礼论》称礼有三本：“天地者，生之本也；先祖者，类之本也；君师者，治之本也。”后世将天、地、君、亲、师并列，即由此而出。

做教师要有什么条件呢？他说：“师术有四，而博习不与焉。尊严而惮，可以为师；耆艾而信，可以为师；诵说而不陵不犯，可以为师；知微而论，可以为师。”即当教师有四个条件，一般的传习学问，不在其列。一是有尊严，使人敬畏；二是年纪五六十岁，有崇高的威信；三是讲授解说准确适当，不违背师道；四是能体会精微之理且能加以阐发。荀子对教师提出这么高的标准，是与教师这一崇高的称谓相匹配的，因为教师就是塑造灵魂的工程师。

“人非生而知之，孰能无惑，惑而不从师，其为惑也，终不解矣。”韩愈的慨叹过去了千余年，仍然能够振聋发聩，“师道之不传亦久矣，欲人之无惑亦难矣”，因而“其下圣人亦远矣”！

荀子的私塾

中国的教育起源很早，狭义的教育，应该是学校教育。从各种典籍来看，古代的教育有庠、序、校，学在官府，有政府编制，基本教育内容主要有礼、乐、射、御、书、数，即“六艺”。

周平王东迁以后，官学发生了很大变化，乡学教育在扩大，原来王朝垄断的教育开始解体，私人办学兴起。

孔子就是一个成功举办私学的人。

孔子办学的一个特点，就是有教无类，不同的阶级，不同的年龄，不同的身份，都可以走进他的课堂；生源地不分鲁、齐、卫、陈、宋、晋、吴、越、楚、秦，“弟子徒属，充满天下”；教学内容，诗书礼乐、射御书数、文行忠信，无所不教；教学方法，因材施教，注意个人自学和互相研讨为主。孔子开创了 2000 多年私学长盛不衰的局面，可谓功莫大焉！

从地理上说，兰陵地区离孔、孟之乡的曲阜、邹城较近，传统上受儒家思想的影响较大。孔子七二贤徒中的曾参、高柴等都曾在兰陵讲学，他们为儒家思想在兰陵地区的传播和弘扬做出了贡献，使儒学文化在早期兰陵文化中逐渐渗透和深入。正是他们筚路蓝缕的文化耕耘，为兰陵乃至沂蒙地区的文化繁荣，奠定了深厚的基础。

到了战国时期，随着科学技术的进步与区域文化交流的频繁，以兰陵文化为代表的沂蒙文化发展到了一个丰富且逐渐趋于成熟的阶段，在这一过程中，大思想家荀子发挥了至关重要的作用。荀子长期在兰陵从政，罢官后寓居兰陵，著述讲学，直到去世。相传他在今兰陵境内文峰山杏坛、鄫城里、学子汪等地都设过学堂。

荀子在兰陵收徒授业，传《五经》之义，授“帝王之术”，论“修身、治国、平天下”之道。他把《诗》学传给弟子毛亨和浮丘伯，把《易》学传给楚人陆贾和兰陵人缪和，把《春秋》《左传》传给弟子张苍。荀子的弟子或再传弟子，比如李斯、韩非、浮丘伯、张苍、贾谊、萧望之、匡衡等人，在秦汉时期，有的成为治世能臣，有的成为经学大家。他们秉承荀子学风，传授荀子的六经，以兰陵为中心的沂蒙地区在两汉时期形成了一个庞大的经师群，如孟卿、孟喜、后苍、王良、褚大、疏广、疏受、萧望之、匡衡等，其后世亦攻读经学，借此入仕为官，成为汉时著名的经学世家，在汉时学术界、政界颇有影响。

想想看，如果没有荀子的继承创新与发扬光大，儒家也有可能被淹没在历史的长河中。

后世对荀子在兰陵兴学传道给予了很高的评价。东汉史学

古银杏

家班固云："汉兴以来，鲁东海多至卿相。"清代著名学者汪中也评价道："自七十子之徒即殁，汉诸儒未兴，中更战国暴秦之战，六艺之传赖以不绝者，荀卿也。"这说明《春秋》《诗经》等儒家今文经典都是通过荀子和他的弟子传下来的。

作为儒学大师，荀子上承孔子，下启汉儒，被一些学者看作是中国思想史从先秦到汉代的一个关键。所以李泽厚说，没有荀子，就没有汉儒；没有汉儒，就很难想象中国文化会是什么样子。

两千多年间沂蒙地区官学与私学

西周时期，教育制度比较完备，有国学有乡学，有大学有小学。国学是贵族子弟学习的场所，乡学是平民子弟学习的场所。从学习内容掌握程度上看，有大学有小学，官制不同，学生和学习内容也自不同。《学记》载："家有塾有序。"塾是私塾，庠和序都是政府所办的学校。

山东地区古国不少，大者如齐、鲁、莒，小者如郯、鄫、邹、郿等，按照当时的制度，国应该有国学。周制乡村区划500家为一党，2500家为州，也应该有乡学。实际上当时的学校不可能这样普遍。

春秋时期，私人讲学的风气逐渐浓厚起来，其中孔子影响较大，这时本区有许多人纷纷拜孔子为师，其中著名的就有曾点曾参父子、闵子骞、澹台灭明、仲由、高柴，等等。到了战国时期，荀子在兰陵开办私塾，求学之人来自五湖四海。

官学与私学并存，一直延续到20世纪中叶。除了启蒙识字，读经是最重要的，唐代以后，读书的目的只有求官，进入科举时期，士人科举是正当途径。

秦朝建立后，不重视文教事业，朝廷虽设博士官70人，但其主要任务是备政府顾问而非教育。在县、乡虽设“三老”掌教化，但也不是专职的教育官员，而是属于现在的分管县长、乡长。随后“禁私学，以吏为师”的政策，几乎取消了学校教育。尽管如此，由于教育是一种社会力量，行政命令是无法完全禁止的。国家虽无完整的教育系统，但民间的私学仍然存在和发展着，沂蒙地区还有孔子再传弟子多人，他们转相授徒，尤其荀子在本区广授门徒，民间私学教育之光并未完全熄灭，因而为两汉时期本地区儒家人才辈出打下了基础。

西汉建立之后，经前期几十年的发展变化，逐渐形成了一定系统的教育体制。在汉武帝“独尊儒术”之后，各地区出现了兴办官学和私学的热潮。从此之后，按照皇帝意志，用儒家思想武装读书人的头脑，塑造为帝国服务的人才。

汉武帝时令“天下郡国皆立学校官”。至西汉后期，平帝复立天下之官学，郡国曰学，县道邑侯国曰校，乡曰庠，聚曰序。学和校中置经师1人，庠、序置孝经师1人，另外还有一些教育工作人员。地方学校以学习儒家经典为主。至东汉时，郡国学校更加普遍。

沂蒙地区当时所在的郡县乡一般都设立了学校，讲习儒家经典，推广礼乐教化，但是影响最大的还是本地区的私学。

汉代的私学并非只有初等程度的蒙学书馆，而是有相当数量的私学与中央太学属同一层次。当时一些经学大师都自立私学。

三国时期，战争频繁，教育不发达。魏国虽设太学，但师资水平低，一些博士连五经也搞不通，学生学习积极性不高，好多是为避役而来。曹操本人对教育比较重视，曾于建安八年（公元203年）下令郡国各修文学，凡满五百户皆置校官，主持办学事宜。因此，当时沂蒙地区仍有一批官立乡学，也有一批私学。这些学校主要以儒家经典为主要教材。如魏东莞（今沂水县人）王裒，因痛恨其父为司马昭所杀，隐居不仕，而以教授为业，他诲人不倦，甘于清贫，深得乡人爱戴。

西晋统一全国后，教育事业一度有所振兴，沂蒙地区的琅琊国在封国中属大国，当时曾置学官令1人，主持封国的学校事务。除官办学校外，各县乡还有为数不少的私学。

晋室南渡后，统治北方的少数民族政权为巩固其统治一般都重视兴办官学。北魏统一北方后，曾于公元466年（献文帝天安六年）下令各郡普遍设立乡学，并规定每郡置博士2人，助教2人，学生60人。后来又根据郡的大、次、中、下作了新的规定，此时沂蒙地区亦当设立了乡学，发展教育。但在此之前，太武帝在位时，曾于公元444年（太平真君五年）下令禁止私立学校，这种错误政策，对沂蒙地区的教育也造成了不良影响。

唐代前期中央建立了完备的教育体系，地方教育体制亦比较完备。唐初，李渊即位不久，即下令在中央和全国各地恢复学校。当时规定郡县学分为三等，上郡学置生员60人，中下郡各50人；上县学生40人，中县30人，下县20人。贞观元年，太宗又诏令各州设置医学。此后地方学校亦有所发展。唐玄宗前期，尤其重视地方教育的发展。公元719年（开元七年），规定各州县学生中优秀者可到中央四门学学习，后又下诏允许百姓立私学。公元738年（开元二十六年），下诏令天下各州县每乡每里都要设置学校，使地方学校得到了进一步发展。

学校教育的内容主要是儒家经典，以孔颖达的《五经正义》为教材，少数学校学习医学等专业。各级各类学校的教师（博士、助教直讲）和学生都有一定的定额。县以上的地方学校都有比较周密的教学计划。学校教育是与科举考试紧密联系在一起的。

北宋时，有两个人两次推动了地方学校的兴办。第一次是庆历新政时，范仲淹改革科举制度，兴办学校，除改进大学及国子学外，又令州县皆立学校，士人须在学三百日，方可参加科举考试。但这次新政为时很短，州县学校的兴办未能全面展开。第二次是王安石变法（1069年）时，改革学校制度，改革科举，改革教学内容。命州郡设立学校，学习王安石的《三经新义》，为变法培育人才，各州设立学校官管理其事，这次改革最终也以失败告终。但在这两次改革中，皆在地方设学，对地方教育的发展都起到了推动作用。

除公立学校外，宋代有大量的私学，有的甚至发展成为一方的教育中心，即书院，而大量的私学则是州县以下乡村中的私塾。

欧阳修曾言："教学之法，本于人性，磨揉迁革，使趋于善。"可见他在担任地方官期间，曾经长期关注过学校教育。当时沂蒙地区所属州县都设立了学校，如临沂城东南隅建有学宫一座，宋末靖康中毁于兵火。金朝统治北方后，金守臣高召重建于西门之内，元末又遭兵火。乡村中有大量的私学。如宋代莒人傅尧俞、傅察，金代日照人张行简、张行信等，都是经过家乡学校教育之后参加科举考试的。元朝统一全国后，令各路府、州、县设立学校，并设专官管理，又在乡村中设立社学。元代莒人邹维新，5 岁丧父，长而就村塾读书，后终登第为状元。从这些都可看出当时地方学校和私学的兴办情况。

明朝在各州、府、县都设立了学校，又在乡村中设立社学，各卫亦有学校，在地方政府中设专官管理。明太祖朱元璋于公元 1369 年（洪武二年）颁诏"令天下郡县并建学校，延师儒，招生徒，讲德论道以复先王之旧"。学校课程除儒家经典外，还分科学习其他知识。当时沂州知州罗希孟曾遵旨重建元末毁于兵火的临沂学宫，立为州学，延师招生，培养人才。当时本区所在的其他州县亦设立学校，乡村私学亦有一定的发展。

社学系启蒙性质的学校，读《三字经》《百家姓》《千字文》等，主要解决识字问题。除官办学校外，乡村中有大量的私学。明初，日照人王磁以清廉闻名，早年即举办私学，教授乡村弟子。

清代地方教育基本承袭前代，各州府县设立学校，乡村中设立私学。康熙九年令"凡府州县每乡置社学，选择文艺通晓，行事宜谨厚者，充社师”。清雍正年间将临沂学宫改为沂州府学，兰山县学亦附其中。至清朝末年，废科举共办学校，在沂州府备县设立了劝学所，成立了高等小学堂，另外还建立了县立乙种农业学校、工业学校等。封建教育逐渐向近代教育转变。

两千多年的封建教育走向终结，是西方坚船利炮的逼迫，也是时代发展的必然。

教育的大转轨是全方位的，从思想到内容，但更多地倾向于科学技术。

两千年教育的终极目标是为帝国塑造人才，一以贯之的办法是用儒家思想给人换脑。

中国近代教育的发展与整个政治经济形势的变化基本上是同步的。从1840年至1911年辛亥革命、民国建立，由封建教育到近代资产阶级教育的改良和改革，再到1905年清廷宣布废科举、兴学校。

1906年学部明确规定教育宗旨为“忠君尊孔尚武尚实”，这个宗旨一方面仍带有浓厚的封建性，另一方面也表现出重视实际，教育为现实服务的精神，这是一个进步的表现。

在行政管理方面，1905年10月，清廷设“学部”管理全国各类各级学校，其中普通司主管师范、中学和小学教育，实业司管理工、商各类学校及艺术学校。1906年，在各省设提学使管理各省教育，下设学务公所，处理各方面事务。

清廷颁布学部奏定的“劝学所章程”，在各县成立劝学所，作为一县教育行政主管机关。劝学所又把全县分为若干学区，各学区设劝学员1人。当时沂蒙地区各县在1906年都设立了劝学所，并派定劝学员。在学制方面，清末有所谓“壬寅学制”（1902年干支纪年为壬寅），分学校教育为初等、中等、高等三个阶段，但这个学制并未完全实行。1903年又有所谓“癸卯学制”，对学制做了进一步修正，规定初小5年，高小4年，另设蒙养院以发蒙，中学5年，大学三级共14年。与中学及高小相当的还有师范及其他实业学校。1907年又颁布“女子小学堂章程”及“女子师范学堂章程”，把女子教育正式列为国家法规，显示了中国教育近代化的发展。

沂州府于1903年4月设沂州中学堂，有学生417名。这是临沂一中的前身，其地位作用巨大，是临沂人才哺育的摇篮。

临沂县于是年设立临沂县立第一高等小学堂。1904年莒州城阳书院改为高等小学堂，1905年沂水设立高等小学堂，并设师范传习所，培养小学师资。沂州府属各州县派20余人去省师范学堂参加高等小学师资班学习。1908年沂州知府李玉锴创办府立初级师范学校，李光仪任教务长，有学生50余人。另外本年沂州府还开办了中等农业学堂，郯城、费县、莒州、蒙阴、沂水、日照等州县相继开办了初等农校。

这种局面，彻底开启了一个新时代。

教育从来都是制度、社会、经济和文化问题，从不孤立。对于劳苦大众来说，更多的是经济上无法承受负担。在小农经济时代，靠手工吃饭，教育确是一种奢侈的行为。

毕竟，时代在进步，受教育的人群在渐渐扩大，教育内容逐渐与世界接轨，民智开启，新思想、新技术、新思潮改变了旧中国。

临沂私人办学传统

大约是受了荀子在临沂地区办学的深远影响，临沂有着悠久的私人办学传统，代有传承。

先说一个女子办学的故事。

这个女子是个寡妇，是清末临沂籍官员于腾（1832 年—1890 年）的夫人。

于腾是兰山县的农家子弟，清同治元年（1862 年）中进士，取得二甲第 53 名的成绩，被选任为四川宜宾知县，后调任铜梁知县。清光绪十五年（1889 年），于腾被提升为代理（署）成都知府，翌年（1890 年）病逝，时年 59 岁。

于腾善诗赋，工书法，尤善笔札，是清代著名的学者和收藏家，主持整理刻印了宋本《昭明文选》《盛宋文选》《皮子文薮》等古籍。所藏字画以宋画册页最为珍贵，如王原祁《仿大痴山水图轴》，宋扇面画《碧桃图》，马远的《梅石溪凫图》《海棠蛱蝶图》《白蔷薇图》，林椿的《梅竹寒禽图》，赵佶的《蜡梅双禽图》，米芾的《研山铭》等，皆为稀世珍宝。现存其藏书、藏画印章有“东海郯人”“飞卿”“飞卿珍秘”“于腾私印”“于腾之印”等，多藏于上海、成都等市博物馆。

于腾任铜梁知县时，原配孟氏因病去世，续娶铜梁当地王氏。王氏出身书香门第，知书达理。丈夫去世后，她携带幼子扶柩回籍，也带回了于腾一生的书画藏品及《盛宋文选》木刻板等。王氏移居兰山（临沂）县城，修建于家公馆（遗址在今王羲之故居东）。

王氏虽为小脚妇女，思想却并不保守，至少在办学普智方面踏出了大大的一步。

当时堂邑县人武训兴办义学，受朝廷表彰，社会效应很大，山东不少地方也相继办起义学。王氏捐出金镯一对和土地百亩作为学堂经费，利用临沂城内闲置的琅琊书院（在洗砚池以北右军祠内，原是王羲之故宅，清乾隆年间由沂州知府李希贤倡议创办），改办为王氏义学，这是临沂历史上第一个义学。沂州府奏报朝廷，慈禧太后降旨赏赐给她金凤冠一顶，并诰封她为“一品夫人”。山东巡抚杨士骧亲书“撤环办学”的牌匾予以褒扬，人们尊称她为“女武训”。光绪二十九年（1903 年），废科举，兴学堂，王氏义学改为兰山县立第一高等小学堂。

王氏办学是旧时临沂士绅阶层关心公益的事例之一。士绅是中国古代到近代乡村社会的一个特殊阶层，他们扮演的社会角色不容忽视。过去强调阶级斗争的年代对他们曾嗤之以鼻，说他们是神权、族权、政权等的化身，是恶的代表。但考察他们的历史，大多并不是恶霸，而是经济、文化、道德等诸方面的多重代表，是基层社会有效运转的重要管理者，传统社会政府意识的树立和政策的施行，主要是通过乡绅实现的。依靠他们，两千多年来历朝历代在基层社会管理上几乎都没有付出什么成本。同时，乡绅一般也参与乡村社会的土地买卖、婚姻契约、生意合同、乡村治安、丧葬仪式、求雨祭祀、集市管理、修桥修路、祠堂修缮、塾学设置、防火打更等事务，所以说到办学兴教，乡绅们更是主要角色。

除此之外，在乡村中还有大量的私塾，其主要任务是启蒙教育。

河东区独树头是沂河东岸的大村，也是千里沂河的一颗明珠，历来为河东经济文化教育重地，曾经是创办学校的模范村庄，独领临沂之风骚。《续修临沂县志》载："崔联景，字星桥，三区独树头村人。清末任保长，凡零星用款，悉自出，从未派诸村人。宣统三年，被推为县议会副会长。遇有地方派款，（联景）必力争减免，以轻民众负担。曾在该村创办振育两等小学校，令长子祖荫任校长，纯尽义务。而校舍建筑杂费开支，悉联景所自捐也。嗣学校虽筹有底款，联景每岁犹自捐百元，至其子辞去校长职务始已。县令王鸿陆以'桑梓蒙庥'匾额赠之。"

此类乡绅所办义学不为独树头独有，河东区当时的太平、三官庙、桃园、李石河等地，都有乡绅捐款捐地办学助学。他们开办教育，无一不是为了开启民智，哺育人才，没有一个是为了赚钱盈利，非今日办学者可比。为富须仁，当仁不让，是那个时代的风尚。

民国以来临沂地区的教育

民国时期，提出新的教育宗旨，那就是"中华民国之教育，根据三民主义，以充实人民生活，扶植社会生存，发展国民生计，延续民族生命为目的，务期民族独立，民权普通，民生发展，以促进世界大同"。这个教育宗旨对沂蒙地区的教育无疑具有重大影响。这一时期还提出了普及义务教育，建立半日制学校等问题。

原来的学部改为教育部，各省 1917 年才设教育厅专管一省教育。教育厅下辖三科分理庶务，又设视学四至六人，后改为督学。各省另设“省教育参议会”，为审议监督咨询机构。各县教育行政机构一度很不统一。1915 年后劝学所管理一县教育行政事务。1921 年改劝学所为教育局，逐渐走向规范。1930 年又明确规定各县政府之下，设公安、财政、建设、教育四局（有的称科），学制初中 3 年，高中 3 年或 4—2 分段，高中除通科外，可设农、工、商、师范、家事等科。大学取消预科，采用选科制 4 至 6 年。

1915 年沂州中学堂改为“山东省立第十中学校”，学制由 5 年改为 4 年，次年又改名为“山东省立第五中学”，到 1932 年定名为山东省立临沂中学，习惯上仍称“临沂五中”。

与此同时，各类职业学校和培训组织也相继出现，涌现出了不少新式学校。如临沂人夏侯先于任劝学所所长，曾创办乙种工业学校、女子师范讲习所、女子高等小学等。当时，县内创办小学 50 余处。至 30 年代，本区部分县相继设立初级中学，如 1924 年 2 月间，沂水、莒县两处初级中学建立，学制为三年；不久，日照县也建立初级中学。

1915 年沂水县建立乙种蚕业学校，学制三年，至 1924 年改称沂水乙种职业学校。1930 年 10 月，沂水建立民众教育馆，馆内设图书馆、武术馆和科学馆，并开设夜校，组织各种讲座，向民众普及文化科学知识。沂蒙部分县设立教育馆，推广社会教育，如 1927 年 5 月，费县设通俗教育馆，1931 年改为民众教育馆，馆内设总务、宣传、阅览、教学等部门，并在城中附设有半日学校、民众夜校、书词训练等。在多村中设阅报所 24 处，民众夜校 29 处。

师范教育在这一时期也有了新的发展。如 1930 年 9 月间，沂水建立师范讲习所，至抗日战争爆发，共招收 360 余人。是年 12 月间，省立第三乡师在临沂成立，当时有学生 358 名，另有工读生 25 名，1935 年改名为“山东省立临沂简易师范”。除此之外，蒙阴等县也建立了师范讲习所。

在学制方面，辛亥革命以后又进行了改革，规定初小四年，高小三年，中学四年，大学连预科共六至七年。另设蒙养园，收 6 岁以下儿童。又规定初小男女可同班，废止读经等。另外还设有各种实业学校和师范类学校。高小以上单设女子学校。以后又做了一些补充修正。第一次世界大战后，学制进一步改革，1922 年公布的新学制为：幼稚园招收 4—6 岁儿童，初小 4 年，高小 2 年，中学 4 年。

近代教育家梁漱溟的“乡村建设”理论，也对本区产生了一定影响。1936 年春沂水县参加梁漱溟在邹平县创办的“乡村建设研究院”学习的一批学员，结业以后回到沂水，在 10 个区办了乡农学校。这些学校由当地区长任校长，下设教务主任、军事主任、指导员，开设课堂教育（党义、乡村建设、法令、史地、步兵、操典、射击教范等），操场训练（队列、劈刺、冲锋、演习等）等课。各乡农学校先后办了五期。是年 7 月间，临沂乡师三级应届毕业生 80 余人，根据省教育厅指示，分别去邹平、济宁接受“乡村建设理论”的训练，结业回来后，在临沂县进行“管、教、养、卫”联合体制试验，如在独树头村训练青壮农民 150 人，在高都村开办妇女学校 2 处。年底，全县办乡农学校 11 处，训练站 40 处。在南关、东高都、对河等办起农众国术团，训练 300 余人。

乡村建设理论，是资产阶级教育理论的组成部分，当时开办乡农学校，训练人才，除具有巩固国民党政权的功用外，在推广文化知识和军事知识，提高组织观念、能力等方面都具有一定的积极意义。

日军侵华，打破了中国的现代化进程。

硝烟弥漫中，学校教育与民众教育是各方争夺的一条战线。

抗战爆发，国民政府对战争的应急反应也有不少规定，部分大学、中学内迁。沦陷区的学生纷纷选择逃亡，流亡学生成为战争中的特殊群体，也成为各方争夺的目标。

为救济和安置流亡学生，国民政府出台了相应的救济法规，设置了战区教育指导委员会、战区学生指导处、战地失学失业青年招致委员会等救济机构。与此同时，国民政府采取了开办国立中学、设立学生营、实行贷金制等措施。

总体来说，国民政府救济和安置流亡学生的举措，对流亡学生救济、战时教育的发展以及抗战建国具有一定的积极意义。

兰陵籍作家王鼎钧 1942 年入读的国立第二十二中学，是鲁籍将军第二十八集团军总司令李仙洲率九十二军驻扎安徽阜阳时就地成立的“私立成城中学”，以后辗转内迁至汉中地区。《怒目少年》对此有详尽叙述。国民政府在云南、四川等地开办的大学、中学也有不少，其中著名者如西南联大、复旦大学等。

日本帝国主义在沦陷区推行奴化教育，开办伪学校。汪伪政权“以反共和平建国为教育方针，致力提高科学教育，一扫浮华盲目之学风”。这些纲领指向都非常明确。

在共产党领导的革命根据地和解放区内，教育事业有所发展。山东省战工会成立之后，于 1941 年初发布该年度“文教宣传工作计划大纲”，规定了根据地内办学的方针、学制、教学形式及领导机构等。其中指出“各个行政区要有一个公学，已有的要求健全、充实、正规化”，“每个专区要有一个中学，要有师范科，学生数要达到三百人以上”，要“统一学制，统一行政管理，统一教材内容”。根据战争需要，当时各学校对学制和办学形式作了相应的改革。农村中除举办四、二分段的正规小学外，还举办各种形式的识字班、冬学等。中学、师范的学制比战争前大大缩短，一般为半年至一年。

山东抗日军政干部学校从 1938 年 6 月创立至 1939 年 9 月停办，共招收 5 期学员，培养军政干部 3000 余人，为山东抗日民主根据地输送了大批人才。滨海中学于 1941 年春建立，设有中学部和师范部，是一所在共产党直接领导下，适应民族解放战争的需要，既培养中学和小学师资，又培训一般抗日干部的综合性学校。在 1941—1945 年期间，它采取灵活的办学方式，活跃在滨海地区，为抗日根据地巩固与发展，为培养大批文教干部和抗日军政干部做出了重要贡献。1945 年 8 月底，滨海中学改为滨海建国学院，设 8 个专业并附有研究班；1949 年后改为临沂师范，成为今临沂大学的前身。

这一时期农村举办了大量的冬学和夜校。如 1940 年沂水县有冬学 382 处，学生 12323 人，其中女生 6095 人；沂南县有夜校 325 处，学生 8260 人，识字班 81 处，学生 923 人；沂临边有夜校 100 余处；1941 年莒南有冬学 127 处，学员 4665 人；识字班 23 个，学员 827 人。蒙阴县有冬学 89 处；其中男校 77 处，学生 2008 人；女校 12 处，学员 328 人。

解放战争时期，沂蒙地区成为山东解放区的政治中心，中共山东分局、山东人民政府驻在此地，教育事业有了新的发展。1946 年 1 月间，山东大学在临沂开学招生，当时一次招生 600 余人。同年 4 月，华中建国学院并入山大。山大设有政治系、经济系、文艺系、教育系、医学系，李澄之任校长，在校生达 200 多人。老区中小学也有了进一步发展，当时鲁中、鲁南、滨海三大区共有高小 155 处，学生 7852 人；初小（不含半日制小学）6364 处，学生 311630 人，小学教师 10392 人；中等学校 194 处，学生 6099 人，教职员 453 人。

抗日根据地和解放区教育事业的发展，对于普及科学文化知识，振奋民族精神，推动革命事业的胜利都起到了重要作用。

新中国成立以后，教育事业不断发展，至 1985 年底，全区已有普通高校 2 所，在校生 2523 人；成人高校 2 所，在校生 3971 人；中专学校 14 所，在校生 7571 人；普通高中 87 所，在校生 45600 人；初中学校 1323 所，小学 10837 所，初中、小学共有在校生 166 万余人。通过兴办教育事业，全区人民的文化素质有了很大提高。

1949 年时，全区青壮年中文盲占 77% 以上。1982 年时，这种状况已有了很大改变，全区具有大专以上文化程度的有 13852 人，占总人口的 1.33‰；具有高中文化程度的 464041 人，占总人口的 44.6‰；具有初中文化程度的 1406324 人，占总人口的 13.52‰，具有小学文化程度的 3108111 人，占总人口的 29.87‰。文盲所占的比率大大下降。

1995 年前后，九年义务教育开始实施。截至 2014 年底，全区共有各级各类学校 1781 处，在校学生 151.3 万人，教职工 10.6 万人。其中小学 1370 处，在校学生 83.4 万人，教师 4.49 万人；初中 289 处，在校学生 32.2 万人，教师 3.41 万人；普通高中 50 处，在校学生 18.5 万人，教师 1.62 万人；中等职业学校 54 处，在校学生 10.5 万人，教师 6087 人；普通高等学校 3 处，在校学生 6.5 万人，教师 3962 人；特殊教育学校 15 处，在校学生 2484 人，教职工 720 人。全市幼儿园 3032 所，在园幼儿 36.4 万人，教师 2.3 万人，其中公办幼儿园 1343 所，占比 44%，比 2012 年增长 8 个百分点。小学、初中适龄人口入学率均保持在 100%，巩固率分别达到 99% 和 98% 以上，高中阶段教育毛入学率达到 90% 以上，高等教育毛入学率达到 32%。全市小学、初中、普通高中专任教师学历达标率达到 99.73%。1986 至 1990 年临沂人民打响了“普九”（普及九年义务教育）第一仗——校舍改造。五年时间，全区人民在农民人均收入低于全省100多元的情况下，先后投资5亿元，完成了农村小学校舍改造和乡镇中心初中建设。1990至1993年，全区又投资3亿元，完成了城镇校舍改造。至此，“黑屋子、土台子、里边坐着一群泥孩子”的农村学校成为历史，“最好的房子是学校”成为临沂地区的一大景观。1994年2月，临沂地区实现了普及初等义务教育。普及小学教育，看起来是件不难的事，但真正做起来却不容易，像临沂这样的贫困地区，困难更多。临沂地区普及小学教育是件了不起的大事，在临沂地区教育发展史上具有里程碑意义。

从1996年至2006年，临沂教育以巩固提高“普九”成果为重点，继续对中小学布局进行调整，同时大力发展普通高中和中等职业教育，老区人民群众子女受教育水平大大提高。

2006年至今，随着临沂经济发展水平的不断提高，临沂教育迈上了更高水平。从2007年1月起，义务教育经费保障新机制开始实施，全市义务教育阶段学生享受到了真正的免费教育。同时，全市大力实施了校舍安全工程、薄弱学校改造工程、校舍标准化建设工程及消除城镇中小学大班额等系列工程，全市中小学办学条件得到极大改善和提升。临沂市建成了全国单体校园面积最大的临沂大学，圆了临沂人民的大学梦。山东医专、青岛理工大学费县校区、临沂职业学院及临沂技师学院、鲁南技师学院、临沂交通技师学院等一批高等学校办学层次不断提高，为老区孩子更多地接受高等教育创设了良好条件，为建设人力资源大市做出了积极贡献。

截至2017年，全市共有各级各类学校1699处，其中，普通高校 3 处，高职院校 4 处，中小学 1692 处；各级各类学校教职工达 11 万人；在校学生总数达 170 余万人，其中高校在校生近 10 万人，中小学在校生 160 万人。

李克强总理说，让每个人都有机会通过教育改变自身命运，促进教育公平。

临沂教育正以崭新的姿态、饱满的精神跨入新时代。

（孙杰 / 撰文）

第六章　学不可以已

学不可以已。荀子一生都把“学习”的地位放得很高。

素质教育先驱

在人的成长过程中，起决定性作用的要素是什么？

这个问题，至今仍没有确切的答案。古往今来的许多大思想家、大教育家，对此各持己见，莫衷一是。有的说是先天的性格，有的主张是后天的教育。主张先天性格说的，或许会举出很多生长在同一家庭中，人生却截然不同的人当作例子；主张后天教育说的，又必会举出更多的环境改变命运的例子进行反驳。

世界如此广大，想要找出几个事例来佐证自己的观点，实在是太容易了。

我们现在可以确定的是，人生下来并不是完全相同的，而是存在着容貌、性格、智力以及身体素质等多方面的差异，这些差异会对以后的人生产生深刻的影响；我们同样可以确定地知道，即使是出生时各项条件高度接近的双胞胎，在不同的环境中成长，其人生之路也会渐行渐远，最终形同天壤。

也就是说，一个人的成长方向和人生高度，既有可能是由先天性格决定的，也有可能受后天教育的影响，更有可能是先天性格和后天教育共同作用的结果。

人的先天性格是怎样的？后天教育是怎样改变人的？先天性格与后天教育究竟是什么关系？二者又如何互动？怎样用后天教育弥补先天性格之不足？怎样立足先天性格制定有针对性的后天教育方案？

我们的大思想家荀子，早在两千多年前，就为这些问题开出了“药方”。这药方，就是开展“素质教育”。

素质教育与非素质教育的区别,在于教育的目的截然不同。

素质教育的目的，在于提高人的素质，这个“素质”，不仅包括知识才能层面，更包括心灵道德层面。才能固然重要，但道德更为必须。无才能或许会庸碌终生,无道德则会危害世界。所谓“才者德之资，德者才之帅”，因此荀子更注重提高人的道德素质。

提高人的道德素质，有一个前提，即人的道德素质普遍存在提高的空间。如果人人生而良善，还提高什么呢？

正是因为素质教育的主要目的在于提高人的道德素质，所以在素质教育下，学习是没有止境的。

荀子在《劝学》篇中说:“学至乎没而后止也……为之,人也;

舍之，禽兽也。”也就是说，人之所以为人，是因为其社会性道德的不断附加，否则与禽兽没有什么本质区别。

这就是一种终生学习的观念。在荀子看来，学习始终是一种“素质教育”。

在两千多年前那个风雷激荡的时代，百家诸子最大的理想就是希望各个诸侯国国君能够接受他们的学说，建立当世的功业，而并非谋求后世的声名。可以说，他们的学问固然关乎个人的能力与修养，但更多的还是着眼乱世，胸怀天下，思索着治国平天下的经世伟业。而荀子却把“学习”的地位放得更高，提倡“终身学习”“素质教育”等颇有现代意义的学习理论。与思想超前两千余年的荀子相比，西方学者引以为傲的杜威、苏霍姆林斯基等一众教育名家，简直弱爆了。

荀子，是当之无愧的“素质教育”先行者。

见识通明的妙诀

荀子在《劝学》中说：“故不登高山，不知天之高也；不临深溪，不知地之厚也；不闻先王之遗言，不知学问之大也。”言外之意，越是无知者，才越会无畏，所以学习的目的，还在于戒除骄傲自满的情绪。

在现实生活中，我们常常看到，年轻人往往难于沟通而易于理解，而老年人则易于沟通而难于理解。什么原因呢？大概人在一生的成长过程中，会不断地形成自己的思维模式，长成自己的思维之树，慢慢地封闭起来。尽管很多人对别人的意见采取一种谦虚的态度，但本质上还是听不进去。

圣人也不能避免。孔子当年去求见老子，老子给他指出了三条要害的误区。孔子恭恭敬敬地听了，还真心地赞美老子，但实践上依然故我。连他老人家都这样，至于那些无知无畏又不懂反省的常人，更是没有办法改变了。

这里有一个“三季时令”的小故事——

话说有天早上，子贡正在庭院里打扫卫生，有客忽然到来，问道：“你家先生呢？”子贡说：“有什么事先跟我说吧，何劳先生亲自出来？”来人说：“我要请教时令。”子贡说：“这我就知道啊！”来人说：“一年有几季？”子贡笑了，答道：“当然是四季。”来人说：“不对，是三季！”于是二人争论不止，过了晌午还没有停止。孔子闻声而出，子贡忙向孔子求救，孔子察言观色后说：“是三季！”来人高兴了，笑着辞别了孔子。子贡急了，说：“不对啊，先生，不是您告诉我关于四季的常识的吗？”孔子说：“我们的时令和他的不一样，你没看到吗？来人穿着碧绿的衣服，面色惨白，不过是像田间的一个蚂蚱而已。蚂蚱生于春而亡于秋，何曾见过冬啊？你再和他讨论下去，三天也不会有头儿的。”子贡不禁深深感慨。

那些固执己见的人，不正是这种“三季人”吗？

我们常常会觉得那些学问深、品行高的人太谦卑了，总是宽以待人，从不与人争一言之高下。这恰恰是因为他们看过了太多的“高深”，也见识了太多市井俗人的“无知”，因而时时处处懂得反省自我，从而内心如湖水般平静下来。

克制了欲望，解除了蒙蔽，只是使人不向恶的方向滑去，而学习的功用绝不仅仅止于此。它的最终目标，是要养成一种光辉俊伟的“君子”人格。

所以荀子又说：“君子博学而日参省乎己，则知明而行无过矣。”在荀子看来，学习的目的无非是为了增加智慧，少犯过错。人性本身是恶的，那就要用终生的学习来克制这种恶。

专注与积累

荀子不是唯心主义者，不喜欢坐而论道，所以相比重视思辨、追求思接千载的道家学派，荀子更看重积极主动地去实践，主张学习更为重要。荀子说：“吾尝终日而思矣，不如须臾之所学也。”有些事情暂时想不清楚，就不如通过学习去弄明白。

但学习是个复杂的过程，人不能孤立地学习，要善于利用外部环境。如同登高望远一定要有平台，横渡江河一定要有舟楫，学习必须遵循正确的途径与方法，将外在教育和内在积累相结合，才能避免成为学识粗浅而又自欺欺人的人。

荀子在《劝学》里讲了这样一个故事——南方有一种鸟叫蒙鸠，蒙鸠用发丝把羽毛编织起来做成巢，又把巢系结在芦苇秆顶尖上。风和日丽的天气，蒙鸠的巢安全、舒适。可是，风雨交加的天气一来，芦苇秆被大风吹断，蒙鸠的巢就被掀翻在地，雏鸟被摔死，蛋也被打破。蒙鸠之所以遭遇到这样的不幸，并不是它筑的巢不坚固，而是它的巢系结在既不牢靠又经不起大风吹刮的芦苇秆上。

“根基不牢，地动山摇。”蒙鸠结巢如此，学习又何尝不是这样?

正是由于学习是为人生高楼夯实地基，因此要勤勤恳恳，踏踏实实，需耐得住寂寞，受得了坚持，要日积月累才会进步。荀子特地通过举例子进行了说明：古时候，瓠巴弹瑟，游鱼都浮到水面来听；伯牙弹琴，驾车的马都仰头停食来听。所以声音无论多么微小，也没有不被听见；行为无论多么隐蔽，也没有不显露出来。宝玉藏在山上，草木就滋润；珍珠生在深渊里，崖岸就不会枯干。一个人如果声名不显，大概是没有不断地积累善行吧，如果积累了哪有不被人知道的呢？正所谓“积土而为山，积水而为海，旦暮积谓之岁”，“彼求之而后得，为之而后成，积之而后高，尽之而后圣；故圣人也者，人之所积也”（《荀子·儒效》）。

关于学习中的“积土成山”，历史上不乏这样的经典案例。当年孔子读《易》，穿竹简的牛皮绳子都翻断了多次。被看作天才的苏东坡也离不开日积月累的苦功夫。苏东坡因“乌台诗案”被贬到黄州后，与当地名士朱载上成了莫逆知己，朱载上常常登门拜访。有一日他拿了名帖来求见，管客门房已经通报了，但是东坡过了好一会儿还不出来接见。朱载上心里有点犹豫：留也不是，因为枯等了那么久，实在有点疲乏；走也不是，毕竟已经通报了姓名，于是就这样坐了好一段时间。

终于，苏东坡出来了，说：“我刚刚在赶今天的功课，错过了时间，不知道先生到来，实在太失礼了。万望见谅！”

等东坡说完了话，大家坐定之后，朱载上就问东坡道：“刚刚先生所讲的功课是什么？”东坡回答说：“抄《汉书》。”

朱载上就说："先生天资那么聪敏，书看过一遍，一辈子都忘不了，哪里用得着抄呢？"东坡说："话不是这样说。我从开始读《汉书》到现在，一共抄过三遍了。开始的时候，每段史事，我用三个字当题目，后来用两个字，到现在则用一个字。"

朱载上心里十分佩服，也十分感动，站起来再向东坡请教道："不晓得先生愿不愿意教我抄书呢？"东坡就命令在堂下服侍的老兵，从书架上拿过一册笔记来。朱载上看了之后，完全不知道写的是些什么。东坡说："老朋友，你不妨试着提一个字。"朱载上就按照他的话，随便说一个字。话还未停，东坡马上就背诵了好几百字，而且完全没有错漏一字。朱载上一共找了好几个字，结果都是这样，他不仅连连赞叹，十分佩服。

西方哲学家狄慈根在《辩证法的逻辑》中也说："我阅读关于我所不懂的题目之书籍时，所用的方法，是先求得该题目的肤表的见解，先浏览许多页和好多章，然后才从头重新读起，以求获得精密的智识。我读该书的终末，就懂得它的起因。这是我所能介绍给你唯一正解的方法。"这种注重积累的做法，正是荀子所主张的，和孔子、苏轼等人所采用的方法有异曲同工之妙。

荀子的想法不止于此，他在反复论证积累的重要性的同时，把积累的概念做了延展。"积微，月不胜日，时不胜月，岁不胜时。凡人好傲慢小事，大事至然后兴之务之，如是则常不胜夫敦比于小事者矣。是何也？则小事之至也数，其悬日也博，其为积也大。大事之至也希，其悬日也浅，其为积也小。"(《荀子·强国》)意思是说：要日复一日地慢慢积累学识，要注意小事上的不断考究，然后大事到来的时候才能有所作为，积累越多，成就越大。

在这里，荀子提出了“积微”的理念，也就是说，一切要从细节做起，从小事做起。《劝学》里说：“不积跬步，无以至千里；不积小流，无以成江海。骐骥一跃，不能十步；驽马十驾，功在不舍。锲而舍之，朽木不折；锲而不舍，金石可镂。”“锲而舍之”，连腐朽的木头都不会折断，而“锲而不舍”，即使是坚硬的金属和石头也能雕刻出花纹。

“积微”的功夫，都能做到积小流成江海、锲而不舍镂金石了，还有什么事情在顽强的毅力下做不到呢？

荀子还尤其重视学习的专注，他认为，学习是一个漫长的过程，不要怕暂时没有成果，把心志集中在一点上，专心致志才能成就功业。他引用《诗经》中的诗句说：“布谷鸟住在桑树上，一心哺养七只小鸟。美好的君子啊，仪表举止总是很专一。举止仪表专一啊，意志才能坚定不移。”水滴石穿，锲而不舍，才能获得成功。

近朱者赤

荀子在《劝学》中，用专门的篇幅剖析了两种人对学习采取的不同态度。小人对于学习，听进耳朵里，说在嘴巴上。口耳之间不过四寸罢了，怎能美化这七尺之躯呢？古代学者为自己而学，现在学者为给别人看而学。君子学习是为了完善自己，小人学习是为了卖弄、讨好别人。所以别人没有发问就去告诉他，这叫作急躁；别人问一个问题却告诉他两个问题这叫作啰唆。急躁不对，啰唆也不对，君子对答问题就像声音和回响相应一样。只有这样，才能达到修身寡过的目的。

荀子同许多先秦思想家一样，认为一个人要求学上进，选择好的环境和交往正直的伙伴，非常重要。“故君子居必择乡，游必就士，所以防邪僻而近中正也。”这样可以防止自己受到恶习的沾染，从而接近正道。

人类的发展与进化，其实是不断利用外力，努力提升效率的过程。学习不仅仅是提高自身的能力和修养，更要将善于利用外力作为重要技能来锻炼和掌握。荀子在两千多年前就认识到了这一点。

荀子在《劝学》中说：“君子生非异也，善假于物也。”假，就是凭借的意思；物，当然有多种含义，包括书籍，但最主要指老师。学习要善于借助良师益友的帮助。老师的帮助可以让学生“长迁而不反其初”，从内心深处不断坚定君子品格。若是没有师法，就危险了。“故人无师无法而知，则必为盗；勇，则必为贼；云能则必为乱；察，则必为怪；辩，则必为诞。人有师有法而知，则速通；勇，则速威；云能则速成；察，则速尽；辩，则速论。”（《荀子·儒效》）没有老师和法制，越是有本事，干的坏事就越多越大；有了老师和法制，人的能力才能有正确的发挥领域，越是有才华，取得的成就才越高。荀子总结上面两层意思说：“故有师法者，人之大宝也；无师无法者，人之大殃也。”

荀子讲政之道或治国之道在礼，然而这个礼，已经不同于孔孟所说的礼了，他将礼的范围扩大了很多。礼，已不仅是外面的仪式，也不仅是一种与其他人内在德行和合的道德；这个礼，在荀子来说，几乎可以包括人生的一切。隆礼重师，正是

古银杏

荀子首先要在社会上树立的文化意识。礼有多种含义，但在荀子这里，主要是指人生之道，这种人生之道首先要经过老师的引领。

事实上，没有比接近好的老师更合适的学习方法了。学习的途径没有比心悦诚服于良师收效更快的了。仿效良师而学习君子的学说，就可以达到品格尊贵、知识全面且通达事理的境地了。

正因如此，学校和教师的责任不可忽视。现在的大学人文通识教育，要么是与中学教育区别不大的常识教育，要么就是与国学研究割裂不大的学术昏说。其实，传统思想在当代社会文化中的认识价值和创新生发这一环节始终做得不好，以至于学生只是来课堂听个热闹，听听逸闻趣事罢了。

那么，作为老师该怎么提升自己呢?

荀子认为，作为一名教师，首先要懂得学习，但学得不全面、不精粹就不能算作完美，所以应该反复诵读，使之前后联系，用心思考，使之融会贯通，效法先哲，以达到身体力行，除掉有害的东西，来培养自己的品德，使眼睛除此之外什么也不想看，使耳朵除此之外什么也不想听，使嘴巴除此之外什么也不想说，使心里除此之外什么也不想考虑。等到对学问爱好到了极点时，就像眼睛爱看五色，耳朵爱听五音，口爱吃五味，心追求占有天下一样自然。这样，权势利禄不能动摇他，人多势众不能改变他，天下一切不能打动他。活着如此，到死时也是如此，这就叫作有德行操守。有德操然后才能坚定不移，坚定不移然后才能应付自如，这就叫作完美之人。天显示它的光明，地显示它的广阔，君子的可贵在于其学识的精粹和完备。

荀子是可敬的老师，这个老师不适合于启蒙教育，启蒙教育是需要哄的；但荀子适合于成人教育，在告知你的本性自私邪恶的基础上，要你求学免过。这样的老师，面冷心热。

匡衡的意义

小时候，匡衡是个不幸的孩子，因为他出生于贫苦人家，家里实在太穷，连去读书的钱都没有；匡衡又是个幸运的孩子，因为他出生在兰陵，这是荀子曾经任职、寓居和教徒的地方，在这里荀子的故事传了一代又一代，匡衡从小听着荀子的故事长大，心底里埋下了要读书的种子。后来，他跟一个亲戚学认字，终于有了看书的能力。

匡衡，字稚圭，西汉时期东海郡丞县（今兰陵县）人。少年匡衡买不起书，只好借书来读。那个时候，书都是写在竹简或绢帛上的，因而非常贵重，有书的人不肯轻易借给别人。匡衡就在农忙的时节，给有钱的人家打短工，不要工钱，只求人家借书给他看。

过了几年，匡衡长大了，成了家里的主要劳动力。他一天到晚在地里干活，只有中午歇晌的时候，才有工夫看一点书，所以一卷书常常要十天半月才能够读完。匡衡很着急，心里想：白天种庄稼，没有时间看书，我可以多利用一些晚上的时间来看书。可是匡衡家里很穷，买不起点灯的油，怎么办呢？

有一天晚上，匡衡躺在床上背白天读过的书。背着背着，他突然看到东边的墙壁上透过来一线亮光。他霍地站起来，走到墙壁边一看，啊！原来从壁缝里透过来的是邻居的灯光。于是，匡衡想了一个办法：他拿了一把小刀，把墙缝挖大了一些。这样，透过来的光亮也大了，他就凑着透进来的灯光，读起书来。

匡衡就是这样刻苦地学习，渐渐成为著名的经学家，汉元帝时还曾位至丞相。

好了，故事讲到这里，似乎功德圆满，皆大欢喜，在我们面前，树立起一个不朽的榜样，然而历史记载也给匡衡的品德记下了抹不去的不光彩一笔。匡衡既蒙汉元帝提拔，担任丞相，为百官之首，并封乐安侯，食邑六百户。汉制，凡是封侯者，都要赐予一定数量的土地作为其采邑。匡衡当时的封地有三千一百多顷，封地中的租税都归匡衡享用。对于昔日那个“凿壁借光”的穷孩子匡衡来说，这笔巨大的财富应该能让他知足了吧。

可当时工作人员因为土地丈量失误，偏偏给匡衡多圈出了四百顷封地。地方官员畏惧匡衡的权势，也不敢得罪他，竟曲承其意，让匡衡得以侵占这原本不属于他的土地。

考验匡衡人品的时刻到了。

四百顷地是什么概念？ 26 平方公里！超过许多小县城的面

积了。

多了这么大一块地，匡衡不可能不知道，况且下属也向他汇报了。可是，在巨大的利益面前，匡衡以前读的圣贤书全被他抛诸脑后，利令智昏的他居然将错就错，把这么大一块地昧下来了。

说实话，如果他能及时退还土地，以他和皇帝的关系，皇帝肯定会对他嘉奖，也会更信任他。可是，他没有。

据《汉书》记载，匡衡派仆人到这块地上收谷达千余石。

但是，纸终究是包不住火的。后来，有人向元帝举发匡衡侵占土地。元帝大怒，心想我给你小子的已经不少了，你怎么还这么贪？你是我的老师，又是丞相，不重重地罚你，天下人会怎么说我？我的面子往哪儿放？

元帝将匡衡撤职法办，他的爵位和封地都被剥夺，并且被贬为平民。不几年，匡衡病死于家乡。

因为贫穷而奋发，奋发而有名有位，有名有位而忘形，忘形而身败名裂。也许，这才是匡衡的真相。

小时候是先进典型，老了却成了反面教材。匡衡的悲剧，就是因为小小的贪欲，以为什么“光”都是可以借的。

想想那些落马的官员，何尝不是和匡衡一样。华丽地开场，尽情地挥洒，最后变成恣意地妄为，落得凄惨的下场。

由匡衡的故事，我们更能看出，荀子主张素质教育的先见之明。司马光曾说：“才者德之资，德者才之帅。”培养健全的道德素质，应该而且必须成为学习的核心目标与基础任务。学习的目的，绝不仅仅是为了成为一个有知识的人，更是应该为了成为一位有道德、有操守的人。

这个世界上，无德无才的无赖并不可怕，有才无德的无赖才真的可怕。德才俱备，才能管住贪欲，分得清公与私。这就是富贵时猜不到年老困窘结局的匡衡，给我们最大的警示。

（郇恒／撰文）

第七章　兰陵多善为学

“方是时也，唯齐楚两国，颇有文学”，“荀卿宰邑，故稷下扇其清风，兰陵郁其茂俗”。

经典的传承

“不登高山，不知天之高也，不临深溪，不知地之厚也，不闻先王之遗言，不知学问之大也。”

这是荀子在《劝学》里写下的一句话。在荀子眼中，知道学问有多大和知道天有多高、地有多厚，具有同等重要的地位。而决定学问眼界的根本因素，则在于是否充分学习理解“先王之遗言”。

何谓“先王之遗言”？

自中华文明产生那一刻起，我们民族便开始了文化积累的过程。不论是伏羲创立八卦，还是仓颉造出文字，不论是夏、商两代草创刑律，还是周公礼乐治国，这些丰富的文化积累，历经世世代代中华先民的薪火相传，到了春秋晚期，又经过一代宗师孔子划时代的整理，被精选、浓缩为《诗》《书》《礼》《乐》《易》《春秋》“六经”。

“六经”的成书，是上古中华文化第一次系统的、划时代的总结，是一座当之无愧的学问宝藏。她已经超越了儒家文化的范畴，成为全体中国人的精神依归与文明源泉，成为中华原生文明得以延绵不断的存在基础，其在中华文明中的地位，类似《旧约圣经》之于西方文明，甚或过之。

从一定层面上说，“六经”经典就是浓缩了的“先王之遗言”。

荀子在《儒效》篇中，把这些经典总结为“圣人之道”，他说：“《诗》言是，其志也；《书》言是，其事也；《礼》言是，其行也；《乐》言是，其和也；《春秋》言是，其微也。”

作为儒家文化和中华文明经典的“六经”，正是荀子心目中“圣人之道”的代表。

在“六经”中，荀子对《易》《书》《春秋》都曾提及，但引证最多的还是《诗》。《荀子》32篇，引用《诗》达59处之多。

孔子的教学本来很重视《诗》教，他还认为《诗》可以陶冶情感，培养讲话能力，还可以“多识鸟兽草木之名”，而荀子把学《诗》的意义更扩大了。他在谈论学习、政治、伦理、道德等问题时，都要引用《诗经》来加以论证。这对后来长期封建时代儒家引经据典的学风产生了重要影响。

和《诗》有密切联系的是《乐》。荀子继承了孔、孟的音乐观，对音乐的教育意义作了更详细而深刻的阐述。他专门写了《乐论》，强调音乐对人生、国家均有重要意义，在他看来，音乐的感化作用，不仅深刻而且迅速。他说：“夫声乐之入人也，深；其化人也，速。故先王谨为之文。”（《荀子·乐论》）

在荀子对经典的继承和发扬中，《礼》也是重中之重。荀子说：“学恶乎始？恶乎终？曰：其数则始乎诵经，终乎读礼。”（《劝学》）

《礼》本就是一门以行为活动为主，不是以文字学习为主的学问，这很对荀子讲求实用的胃口。因此，荀子把礼作为学问的最终目的和归宿，作为其教学、研究的重点，居于其理论主张的核心地位，实现了“礼”，就是“王道”。

荀子正是怀揣着“王道”梦想，激扬着经典的力量，在兰陵施行许多惠民善政，对兰陵、沂蒙乃至中华文化产生了深远影响。与荀子相去时代不远的西汉史学家刘向，在《孙卿书录》中说：“兰陵多善为学，盖以孙卿也。”就是说西汉时兰陵人做学问的多，学问做得好，都是因为受到荀子的影响。到南北朝时，南朝梁代文学批评家刘勰在《文心雕龙》里仍对荀子对兰陵的影响给予高度评价，极力赞扬荀子对兰陵文化的贡献：“方是时也，唯齐楚两国，颇有文学”，“荀卿宰邑，故稷下扇其清风，兰陵郁其茂俗”。

大汉文化高地

荀子晚年在沂蒙大地播下的文化种子，经历秦代文化专制的凛冬，到了汉代，终于迎来了盛开的时节，一大批文化大咖在沂蒙大地崛起，像一朵朵艳丽的鲜花，将汉代文化的大花园点缀得五彩缤纷。

精研《易经》的孟喜，无疑是其中的佼佼者。

孟喜，字长卿，东海兰陵（今山东省兰陵县兰陵镇）人。孟喜的父亲孟卿因研究《礼记》《春秋》而成名。孟卿由于长期研究属于儒家礼节规范的《礼记》，感到《礼记》中的礼节太繁了，生活中应用不方便、不实用；孟卿又认为《春秋》中的内容太多，不方便记忆，所以没有让儿子孟喜学习《礼记》《春秋》，而是让孟喜跟从大学问家田王孙学习《周易》。

西汉今文易学的创始人是田何，他的弟子田王孙是《易》学的第二代博士，继承的是正统的儒学。田王孙的弟子有孟喜、梁丘贺和施雠，三人后来学成后各成一家学说。从此以后，西汉时期研究《易》学的有孟喜、施雠、梁丘贺三大学派。

孟喜创立的易学学派，喜欢用符号、形象和数字来推测宇宙万物的变化，因此被后人称为“象数之学”。他们以此来解释《周易》，用八卦与阴阳之数来预测灾难变化，其中又探讨了天文、历法、乐律方面的知识，其中有许多合理的成分。

孟喜创造的《孟氏易》，不仅巧妙地把《周易》和年、月、日等联系起来，而且还把当时的天文知识、自然现象等有机结合，于是各科的知识就相互联系贯通了。可以说，在汉代，《孟氏易》这部书是综合了各科知识的全书，不仅对后来的哲学影响极大，而且还对后来的天文学等自然科学的发展起了不可估量的作用。

孟喜学派传承有序，影响深远。

东汉时，虞光世传《孟氏易》，五传至三国虞翻，作《周易注》《易律历》《周易集林》《周易日月变异》等书。

到了唐代，天文学家僧一行根据《孟氏易》来推算黄道的度数，准确地预测到了黄道的角度，这是世界历史上人类第一次预测黄道。

宋代时，道学家陈抟对《孟氏易》进行了深入的研究，把它纳入道家，后来影响了朱熹理学的形成。

直到清代，易学家惠栋还著《易汉学》，阐发了孟氏学派的特点以及后来衍变为预测学的原因。

总之，孟喜流传下来的《孟氏易》，对中国哲学思想的演变，起到了重要的作用，同时，它还促进和推动了自然科学的发展，其影响是巨大的。

中国自西汉董仲舒罢黜百家、独尊儒术之后，一个命脉性的文化线条就在此扎下了根——儒家学说。两汉时代经学空前发达，许多经师以专学著称于世。孟喜的易学研究影响深远，而另一位经师王良，也因其《尚书》学研究及清廉的操守，名冠天下，彪炳青史。

王良是兰陵人，年少时爱好学习，专攻《小夏侯尚书》。因当时正是改朝换代的多事之秋，于是他就在自己的老家开办了学班授课。因为当地学风良好，其本人学识不凡，不长的时间，教授弟子数千人，很快声名远扬。

当时篡权的王莽正值用人之际，对四方贤德之人可谓求贤若渴，王莽多次派人前去请王良出山，但是王良丝毫不为所动，装病留在家中。

光武帝刘秀建立东汉政权后，十分注重寻访隐逸贤者。声名在外的王良，很快就引起了刘秀的注意。在刘秀的诚挚邀请下，王良入朝，担任大司徒司直，主管“监察”。

当官后的王良，真乃仕林中的一朵奇葩。他没有府邸，没有奴婢，一人在京城当官，却把一家大小都留在老家务农。他的家人，完全没有“一人得道，鸡犬升天”的机会。这种现象，在东汉豪强世族不断扩充实力的大环境下，显得十分少见，难能可贵。

作为一个老实敦厚的学者，王良与尔虞我诈、钩心斗角的官场，实在难以合拍，于是在入仕几年后，递上了辞呈，再次归隐。

后来，光武帝到山东巡察，听说王良病重，立刻派特使前往探望。也就是这一次重病，王良没有缓过来，在自己的老家病故。

王良是典型的儒家学者，一直恪守着自己的原则。官居高位，妻子仍留家中，没有府邸、侍妾；一方名士，却没有丝毫傲气。他靠着自己的学识与人格，照亮了临沂文化的天空，照亮了漫漫青史，照亮了民族精神。

正是因为有了孟喜、王良等一批德才兼备的学者，沂蒙大地产生了世所罕见的文化繁荣，成为盛世大汉当之无愧的“文化高地”。

东门有“二疏”

自战国以降，受荀子影响，兰陵形成了浓厚的学风，由此带来的就是人才辈出，萧望之、孟卿、孟喜、王良、匡衡、王臧……正如东汉班固所说："汉兴以来，鲁东海多至卿相。"刘向也说："兰陵多学。""二疏"生活在这样一个"多学"的环境中，又有孟卿（孟轲第九代孙）这样的大学者做老师（《儒林传》云："东海兰陵孟卿善为《礼》《春秋》，授后苍、疏广。"），加上勤奋好学，不久便成了远近闻名的大学者。

> 大象转四时，功成者自去。借问衰周来，几人得其趣？
> 游目汉廷中，二疏复此举。高啸返旧居，长揖储君傅；
> 饯送倾皇朝，华轩盈道路。离别情所悲，余荣何足顾。

在这首《咏二疏》的诗中，大诗人陶渊明无限感慨地赞颂"二疏"不贪图功名利禄、急流勇退的作风，将其当作功成身退的贤大夫的典型。

那么"二疏"是究竟谁？他究竟做了什么，能够让诗人如此不惜笔墨，衷心敬佩？

"二疏"不是一个人的名字，而是指叔侄俩，即疏广和疏受。疏广，字仲翁，西汉东海兰陵人，其侄疏受，字公子。叔侄二人皆善学淹博，世称"二疏"。

当世时，"二疏"主治《春秋》，不仅熟记于心，而且讲解起来头头是道，见解精辟，出语惊人，一时名声大噪。"二疏"家居教授，远方的人慕名前来就学；他们又谦恭有礼，循循善诱，诲人不倦，很受人们的尊敬，数年后桃李遍东海。

"二疏"声名日盛，不久便闻于朝廷，又经在朝做官的兰陵人萧望之的举荐，于是朝廷下诏召疏广进京。

疏广奉诏来到长安，担任博士太中大夫。汉宣帝地节三年（公元前 67 年）四月，宣帝立长子刘奭为太子，以太中大夫疏广为太子少傅。两月后，因教授有方，疏广被提拔为太子太傅。其侄疏受也以贤良举荐为太子家令，进而拜为太子少傅，共为辅助太子刘奭读书。太子每次外出拜访或入朝觐见时，疏广在前引导，疏受在后陪同，彬彬有礼，举止有度。文武百官认为，有这叔侄俩同为太子的老师，这在朝廷是一件值得庆幸而自豪的事。

疏广、疏受除了给太子讲授《论语》《孝经》外，还时不时地教导他将来做了国君要以民为贵，缓刑轻徭，推行开明政治。太子长到十二岁，早已通晓了《论语》《孝经》，学业飞长。

光阴似箭，日月如梭，疏广、疏受不觉任职五年了。叔侄俩凭着敏锐的洞察力，细细观察着朝廷中所发生的一幕幕、一桩桩、一件件惊心动魄的斗争。伴君如伴虎，冷静地思考之后，叔侄俩便做出了明智的抉择，决定功成身退。叔侄二人以年老体弱、身体有疾为由，上疏汉宣帝，要求辞官告老还乡。汉宣帝接辞呈虽还想挽留，但因“二疏”年事已高是实情，便恩准了。

元康三年（公元前 63 年）四月的一个早晨，云淡风轻，杨柳依依，在朝野上下的钦佩与称赞中，疏广、疏受叔侄俩离开了长安。

老子的一句“功遂身退”，说来容易，但纵观上下五千年，又有多少人能够做到呢？

疏广、疏受叔侄，做到了。

疏广、疏受回到家乡，仗义疏财，急人所难，深受家乡人民爱戴。在淡泊宁静中，他们度过了余生。

“二疏”死后，乡亲们怀念他们散金济困的恩德，在“二疏”的故居修了一座“散金台”，后人又在“散金台”上增筑了祠堂，以志纪念。

多少年过去了，“二疏”的佳话在天下广为流传。多少文人墨客来二疏城凭吊，并写下了许多诗词歌赋颂表达敬仰歆慕之情。除晋代大诗人陶渊明外，唐代诗仙李白也留下了“达士遗天地，东门有二疏”的佳句；而宋代大诗人苏东坡更是在《二疏图赞》中，发出了“千载于今，我观画图，涕下沾襟”的浩叹；明代启蒙思想家李贽也认为，疏广、疏受的事迹“人人可读，宜置座右”。

两千多年的风雨过去了，沂蒙人民并没有因时光的流逝而忘记这两位贤达。疏广、疏受叔侄俩那孜孜苦学、诲人不倦、乐于助人、急流勇退的美好品行，将世世代代流传下去，激励一代又一代沂蒙儿女。

世间已无萧望之

儒家很看重“骨气”二字。

孟子讲浩然正气，提出富贵不能淫，威武不能屈，贫贱不能移。

另一位儒家的主要代表人物荀子，在《儒效篇》里则说，“用百里之地而不能以调一天下，制强暴，则非大儒也”，强调一个真正的儒家必须有制止强暴的能力！

西汉晚期东海郡兰陵县人萧望之，就是一个很有骨气的儒者。

“石显深持两世枢，尚书何苦恋中书。九原若遇韩延寿，祗共咨嗟叹两疏。”这首《咏史·萧望之》，将一代名臣萧望之与“二疏”进行对比，对萧望之的悲剧人生充满了同情，发出沉重而悠远的感叹。

萧望之，字长倩，他的六世祖即为大名鼎鼎的萧何。

萧望之出身于书香门第，受家庭熏陶和教育，从小就刻苦好学。先从经学家后苍研究《齐诗》，复从学博士白奇（亦曾受业于后苍），又从经学家夏侯胜求问《论语》《礼服》等，由于苦心钻研、博览古今，因而赢得了当时京城诸儒的赞赏，为以后走上社会、进入仕途奠定了基础。

萧望之性耿介，素高节，不屈辱，早年曾因刚正不阿得罪权臣霍光，长期不得重用。霍光死后，其后代横行不法，专擅朝政，被汉宣帝所废。因学识渊博、为人正直，萧望之深得宣帝信任，先任平原太守，不久又被任命为少府，成为九卿之一。

宣帝知道萧望之明经持政，议论有余，材堪宰相，打算进一步考察其才能，便派他去担任左冯翊，也就是西汉京师长安的太守一职。萧望之担任左冯翊三年间，尽心尽力，尽职尽责，受到了京师官民的称颂，又被升迁为大鸿胪，负责掌管国内少数民族来朝事务及外交。

宣帝神爵四年（公元前58年），匈奴人争夺单于的位子，引起内乱。汉廷多数人认为，他们侵害中原已久，现在内乱，正好趁此机会把他们灭掉，免除后患。大鸿胪萧望之独持异议，认为威服海内不能乘人之危，主张遣使吊唁匈奴，并以大国胸怀，帮助他们度过危难。宣帝依其建议，直接造成后来呼韩邪单于归顺大汉之盛举。萧望之作为一位优秀的外交家，在处理边境民族事务上也表现出了卓越的才能，体现了汉王朝泱泱大国之风，因此后来被升迁为御史大夫。

萧望之任御史大夫后，位列三公，自以为担子更重了。他对当时朝廷官员的情况很不满意，为加强吏治，就向皇帝启奏："百姓困乏不堪，四处盗贼不止，而朝廷玉食俸两千石者为数不少，包括三公在内多数都不称职，大臣们都有责任。"宣帝听了甚为不悦，认为他是出言不逊，轻薄丞相，于是免去他御史大夫一职，让他去做太子太傅，专管辅导太子读书。虽为太子太傅是一闲职，但萧望之心为社稷，不计个人得失，又发表如何对待匈奴的意见，并以《论语》《礼服》授皇太子。

黄龙三年（公元前 49 年），宣帝病重，诏乐陵侯史高、太子太傅萧望之、太子少傅周堪三人到宫中，拜史高为大司马骑将军，拜萧望之为前将军光禄勋，拜周堪为光禄大夫。三人一起接受宣帝的遗诏辅政，领尚书事，成为托孤大臣。皇帝驾崩，皇太子刘奭登基，是为汉元帝。

元帝即位后，非常器重他的师傅萧望之，数宴接见，谈论治乱，陈述王事。议谋之事，帝皆纳用，言听计从，萧望之也实心辅政。

元帝新立，朝廷内人事变化多端，相互倾轧。而萧望之又为人刚直，从不调和，同僚间关系日趋紧张。萧望之为元帝师傅，又受先帝遗诏辅政，所以元帝刘奭即位，更是信任倍加。当时萧望之推荐了博学多才的大儒刘向和匡衡，元帝均委以重任，并加官给事中，即特赐随便出入禁中，参与机密。因此，萧望之的权势自然就受到石显一伙奸佞小人的妒忌。

石显是一个饱览宦海沉浮、老于世故、投机钻营的老手，由于他巧舌如簧，内心歹毒，不但精通朝务，且能左右逢源，并能用心计和言语推测出元帝尚未明讲或难于启齿的心意。因此在元帝即位后，他很快就赢得了元帝的欢心和宠信，中书的势力就越来越大。

萧望之一心为社稷，多次向元帝进谏，直指石显等一班佞臣，同时为进一步铲除石显、弘恭等一伙奸佞势力，与周堪联名向元帝上疏，废除中书机构。

史高、弘恭、石显等对萧望之十分仇视。他们串通一气，趁萧望之休息离朝时，向元帝诬告萧望之交结朋党，专弄权势，

萧望之墓

为臣不忠，诬上不道，建议元帝将其“应令谒者招致廷尉”。汉元帝未能识破石显等人的文字诡计，萧望之遂入狱。后来虽然真相大白，但复经石显一党联合外戚史高不断向元帝进谗言，萧望之还是被贬为庶民，并在石显等奸佞的构害下，饮鸩自杀，时为汉元帝初元二年（公元前 47 年）十二月。

萧望之死后，元帝赐予重金，派大臣扶柩送归兰陵予以厚葬，并命其长子萧伋承父爵，嗣为关内侯，后每岁周年时，都特派使者至陵前祭祀。

萧望之学识渊博，才智过人，历尽波折，位至三公，辅佐朝廷，尽职尽责，敢于进谏，刚正不阿，不仅为一代学问大家，更是千古为政楷模。

江水滔滔，往事如烟。《汉书》犹在，只是世间再无萧望之！

一本家训铸就的文化传奇

南北朝时期，深受荀子思想影响的代表人物是颜之推。他曾说：“自子游、子夏、荀况、孟轲、枚乘、贾谊、苏武、张衡、左思之俦，有盛名而免过者……”这里先荀后孟，表明颜之推对荀子更为偏重。颜之推曾赞扬荀子道：“荀卿五十，始来游学，犹为硕儒。”荀子著有《劝学篇》，颜之推《颜氏家训》中也有《勉学》，可见受荀子影响之大。

颜之推是南北朝时期的人，琅琊颜氏家族的代表性人物。

颜氏家族是孔子最喜欢的弟子颜回的后代，汉末以后逐渐发展成为一个大士族。在曹魏时，颜家就出了几个俸禄两千石的大官，东晋时的颜含做到了侍中、国子祭酒，封西平靖侯。颜之推是颜含的九世孙。

颜之推一生经历了南梁、北齐、北周、隋四个朝代，在四个朝代都做过官。其中，以在北齐做官的时间最长（二十年），为黄门侍郎，官位也最清显，所以《颜氏家训》一书他自署“北齐黄门侍郎颜之推撰”。

这本举世闻名的家训，其主要内容分为四个方面：第一，如何教育子女；第二，如何处理兄弟、妯娌、继母与子女之间的关系；第三，如何治理家庭、维持门风；第四，告诫子孙要努力读书、要务实、要知足、要注意养生，等等。

颜之推写这本书，是希望能给自己的子孙一些有益的训诫。他尤其感慨，颜氏家族虽然素来“风教整密”，但是他自己因为九岁就遭到家难，父亲过世，没有受到严格的管教，长大后养成一些坏习惯，经过长久的磨炼才改掉。他说自己“每常心共口敌，性与情竞，夜觉晓非，今悔昨失，自怜无教，以至于斯”（经常是心里跟嘴巴作对，理智与情感冲突，夜里觉察到白天的不对，今天追悔昨日的失误，自己哀怜没有得到良好的教育，以至于落到这种境地），所以他不希望自己的子孙再蹈覆辙：“故留此二十篇，以为汝曹后车耳”。

《颜氏家训》是一个负责任的家长深思熟虑的产物，包含了中国传统教育的精髓，因此能流传千年，被誉为“家训之祖”。

颜之推的期望没有落空，他的后代都继承了家学。颜之推长子颜思鲁隋代任东宫学士，唐初任秦王（李世民）府记室参军，颜之推文集（含《颜氏家训》）就是由他整理编定的。次子颜愍楚，继承了颜之推音韵学上的成就，著有《礼俗音略》。三子颜游秦，唐武德间任廉州刺史、鄂州刺史，对《汉书》有独到见解，著有《汉书决疑》，其学问又被其侄颜师古继承。

《颜氏家训》中，颜之推反复告诫子孙要恪守儒家的忠孝仁义，这点被颜氏后人遵循不悖，其中最为人称道的是颜杲卿（692—756）和颜真卿（709—785）。两颜是堂兄弟。唐安史之乱初，颜杲卿任常山（今河北正定）太守，颜真卿任平原（今山东西部）太守。安史之乱平定后，颜真卿出任吏部尚书、太子太师，封鲁郡开国公，历辅三朝（肃宗、代宗、德宗）。德宗时藩镇割据，他奉命去河南汝州淮西节度使李希烈处。李在藩镇中位置最重要，势力最大，很想称帝，因此李逼颜真卿叛唐。颜真卿怒斥："汝知有骂安禄山而死者颜杲卿乎，乃吾兄也。吾年八十，知守节而死耳，岂受汝辈诱胁乎！"李希烈还在颜真卿住处挖一大坑，欲坑杀之，颜真卿坦然道："何必多事，只要一剑便可。"最终，颜真卿被李希烈缢杀于蔡州。

颜之推后人在安史之乱这一特殊年代表现出的忠、孝、节、义，是颜氏家风得以传承的最好体现。

颜之推在《颜氏家训》中很重视后代在文化艺术修养上的养成及提高。他本人对书法很有研究，称"吾幼承门业，加性爱重，所见书法亦多，而玩习功夫颇至"。他最看重王羲之、王献之的书法，不仅收藏，更多方研习，他要求子孙"真草书迹微须留意"。

颜氏一门对书法的重视，终在颜真卿身上产生奇迹。颜真卿书法初学褚遂良，后从张旭处得到笔法，他写的正楷端正雄浑，气势宏伟，行书则遒劲勃发，极像他的为人。中国书法到颜真卿又大放异彩，他的“颜体”至今仍被奉为书法正宗，留下的墨迹如碑刻中的《多宝塔碑》《麻姑仙坛记》《颜勤礼碑》《颜氏家庙碑》等，手迹《祭侄文稿》，为书法史上的珍宝。

从南北朝到唐中叶，颜之推本人及后代中，出现了一流的学问家、一流的书法家，也出现了为后人所称道的忠臣、义士，从时间上推算，其家业和门风，辉煌了三个世纪（6—8 世纪）。

这是一本家训铸就的文化传奇。

（郇恒 / 撰文）

第八章　空响绝唱

荀子从赵到齐，游秦适楚，再到老死兰陵，这些地方都是音乐的故乡。丰富多彩的音乐，是他观政布政的好途径。

古老的歌谣

“（杭唷）断竹，（嗬哟）续竹，（杭唷，嗬哟嗨）飞土，（杭唷，嗬哟嗨）逐肉。”

这首古老的歌谣《弹歌》，记录在东汉赵晔编写的《吴越春秋》中，现在被公认为是黄帝时期原始人围猎的民歌。

这劳动的歌声回响在历史的回音壁上，让我们畅想初民围猎的场景。先民有远古时代的大自在！

歌唱就是快乐，歌唱就是力量！所以荀子说：“夫乐者，乐也，人情之所必不免也，故人不能无乐。”

那首《卿云歌》唱得更加动听：

卿云烂兮，纠缦缦兮。明明天上，烂然星陈。日月光华，
旦复旦兮。日月有常，星辰有行。四时从经，万姓允诚。
迁于贤圣，莫不咸听。鼚乎鼓之，轩乎舞之。日月光华，
弘于一人。于予论乐，配天之灵。精华已竭，褰裳去之。

想想看，这是一幅多么美丽的画面，卿云绚丽，日月光华，政通人和，万姓和顺。

显然，这是对盛世圣明的礼赞！

天地之间，先民的歌唱率真质朴，以最坦荡的节拍演绎着发自心底的声音。

《关雎》过去了几千年，仍然能够打动今天的人们：

关关雎鸠，在河之洲。窈窕淑女，君子好逑。
参差荇菜，左右流之。窈窕淑女，寤寐求之。
求之不得，寤寐思服。悠哉悠哉，辗转反侧。
参差荇菜，左右采之。窈窕淑女，琴瑟友之。
参差荇菜，左右芼之。窈窕淑女，钟鼓乐之。

这是对爱情的歌咏，也是一首千古绝唱！

我们从《诗经》里可以约略猜想到远古时期古人的歌唱是多么丰富多彩。据说《乐经》早在秦代就已经失传，不然我们也许会聆听到古人的歌唱，聆听到古人的心音。

大约在唐代，出现了一种工尺谱，因用工、尺等字记写唱

名而得名，属于文字谱的一种，流行在汉字文化圈。这是世界上最早的乐谱之一，而且只有三个国家发明了乐谱，另两个是意大利人的五线谱、法国人的简谱。

黄翔鹏《中国公尺谱集成》收集了4466首曲谱，辑录了大量唐宋以来的散曲、套曲、戏曲音乐。《敦煌琵琶谱》抄于933年，现藏于法国巴黎国家博物馆。

可以大胆地说，世界上没有哪个民族不喜欢音乐，但是没有哪个民族像中华民族这样把音乐推向治国理政的高度。

因为中国人最早开创了礼乐文明。

圣人的耳朵

中国音乐的起源可以上溯到黄帝，最重要的事件是曾经任命乐官伶伦创作了十二律，这是音乐中最重要的乐律的基本元素。早在5000年以前，中国人已经懂得音乐的十二律了，这非常神圣。

古人很厉害，他们使用金、石、土、革、木、竹、匏等八种材料制作的乐器，演奏起来能够八音克谐。比如磬、笙、埙、琴、笛、编钟，等等，凑在一起奏响的时候能够和谐，这就需要音律的规范。

和谐的道理就是从音乐开始的。比如笙的管子有高低粗细长短，那么这么多（21—24根）管子发出的声调不同，该怎么吹呢？那就是都要围绕着一个共同的旋律，奏出的曲子必须是和谐的。整个社会也是这样，虽然由不同的人组成，思想不可能统一，但是围绕着一个旋律，力求和谐，不能放任，这样就既能保留个性，又能找到结合点，找到共性。

古人近水知鱼性，近山识鸟音。那些先知先觉者，更是懂得大音希声。

《列子》《吕氏春秋》等古书均记载了俞伯牙、钟子期二人成为知音的传说。伯牙善鼓琴，钟子期善听。伯牙鼓琴，志在高山。钟子期曰："善哉！峨峨兮若泰山！"志在流水，钟子期曰："善哉！洋洋兮若江河！"伯牙所念，钟子期必得之。

伯牙游于泰山之阴，卒逢暴雨，止于岩下，心悲，乃援琴而鼓之。初为霖雨之操，更造崩山之音。曲每奏，钟子期辄穷其趣。伯牙乃舍琴而叹曰："善哉！善哉！子之听夫，志想象犹吾心也。吾于何逃声哉？"（《列子·汤问》）

"何逃声哉？"圣人的耳朵当然厉害，不仅能够辨识五音，而且能分析出声音表现的治乱吉祥祸福。

音乐大师夔说："於！予击石拊石，百兽率舞。"意思是说，我重重地或者轻轻地敲编磬，凤凰来仪，鸟兽率舞，社会一片和谐景象。

古之圣人无不喜欢和重视音乐。传说大禹更以听五音而治国，《淮南子·氾论训》载："禹之时，以五音听治，悬钟鼓磬铎，置鞀，以待四方之士。为号曰：教寡人以道者击鼓，谕寡人以义者击钟，告寡人以事者振铎，语寡人以忧者击磬，有狱讼者摇鞀。"

大禹是个明君，善于纳谏，征询不同的意见。悬钟鼓磬铎，置鞀，这个办法公开透明。

《吕氏春秋》有许多篇章谈到了音乐，其中一篇提到古代有个部落葛天氏，是这样唱歌跳舞的：“三人操牛尾，投足以歌八阕。”甲骨文中的舞姿像人双手举着牛尾巴，坐着跳舞的道具，这里是三人操牛尾，踢踏节拍。

《诗经·小雅·鼓钟》：“鼓瑟鼓琴，笙磬同音。”比喻人与人之间关系融洽。

孔子是个音乐家，既是优秀的歌者，也是歌迷粉丝。

“子在齐闻《韶》，三月不知肉味，曰：‘不图为乐之至于斯也’。”（《论语·述而》）这是鲁昭公二十五年（公元前517年）孔子入齐，在高昭子家中观赏《韶》的记载。

《韶》本为古代宫廷礼乐，有学者考证本东夷之乐。《礼记·乐记》郑玄注：“《韶》舜乐名，言能继尧之德。”《汉书·礼乐志》：“舜作《韶》。”周代立国，用《韶》作为祭庙乐，故被视为宫廷大乐。姜太公封齐，就把韶乐带入齐国，以“因俗简礼”为基本国策，其下历代君主多继续执行其开放务实的政策，于是《韶》接触俗乐而又雅俗结合，从而更突出了乐舞的表现力，更增加了艺术魅力，因而更臻完美。

音乐的感染力是强大的、由衷的。“《韶》尽美矣，又尽善也。”孔子情不自禁地发声。

师襄，是春秋时鲁国的乐官，擅长击磬，也称击磬襄，亦称师襄子。

襄子曰：“吾虽以击磬为官，然能于琴。今子琴已习，可以益矣。”孔子曰：“丘未得其数也。”有间，曰：“已习其数，可以益矣。”孔子曰：“丘未得其志也。”有间，曰：“已习其志，可以益矣。”孔子曰：“丘未得其为人也。”有间，孔子有所缪然思焉，有所睾然高望而远眺。曰：“丘迨得其为人矣。黮而黑，颀然长，旷如望羊，奄有四方，非文王其孰能为此？”师襄子避席叶拱而对曰：“君子圣人也，其传曰《文王操》。”（《孔子家语·辨乐》）

圣人的学习是如此与众不同。他不仅要习其曲谱，还做到了历其境而得其志。

孔子办学授徒，当时所授科目为“六艺”，即：《诗》《书》《礼》《易》《乐》《春秋》。《史记·孔子世家》载：“孔子以诗书礼乐教。”

孔子到底能够吟唱或歌唱多少歌？恐怕不止几千首。司马迁说孔子对当时的诗歌进行过删减，保存了305篇，编辑成《诗经》。尽管对孔子是否删诗历来有争论，但是至少说明在孔子时代，流传的诗歌很多很多，孔子对这些诗歌有自己的见解。

“（《诗》）三百五篇孔子皆弦歌之，以求合于《韶》《武》《雅》《颂》，礼乐自此可得而述。”（《史记·孔子世家》）这些记载，足可以说明，孔子不仅能够教授《乐》，并且精通乐理，深谙音律。

孔子几乎每天都会歌唱，但是如果周围有丧事，他依礼不歌。（《论语·述而》：“子于是日哭，则不歌。”）

而平时，尤其在周游列国的时候，碰到优秀的歌唱家，他必定恭谨地行礼，请求人家再唱一遍，然后学唱并且合唱。（《论语·述而》：“子与人歌而善，必使反之，而后和之。”）

孔子周游列国返鲁后说："吾自卫反鲁，然后乐正，《雅》《颂》各得其所。"

"不图为乐之至于斯也！"孔子如此感叹音乐的魅力。

孔子病危时歌曰："太山坏乎！梁柱摧乎！哲人萎乎！"孔子唱了这几句，流下了眼泪，对子贡曰："天下无道久矣，莫能宗予。夏人殡於东阶，周人於西阶，殷人两柱间。昨暮予梦坐奠两柱之间，予始殷人也。"后七日卒。

孔子对音乐审美尽善尽美的高标准要求，影响着中国历来的音乐创作和音乐教育。

庄暴见孟子，曰："暴见于王，王语暴以好乐，暴未有以对也。"曰："好乐何如？"孟子曰："王之好乐甚，则齐国其庶几乎！"

文峰山

孟子认为王如果很喜欢音乐，那齐国或许就好起来了。

孟子提出君主应该与民同乐，因此认为古乐和今乐在涤荡人心、陶冶情操，最重要的是在教化百姓方面的作用一样。

荀子《劝学》篇，“昔者瓠巴鼓瑟，而沉鱼出听；伯牙鼓琴，而六马仰秣”，可见瓠巴、伯牙两位大师的厉害。

更厉害的是荀子第一次系统地提出了音乐理论，写出了《乐论》，他是中国音乐理论批评的第一人。

而且，荀子用礼乐治国、祭祀、教化，从音乐里感知民风民意，预测吉凶祸福和兴替衰亡。

荀子对先秦的音乐给予了第一次系统的理论总结和匡正。

《乐论》的声音

荀子是孔孟之后最大的儒家巨匠，是万古仰视的先秦儒学高峰。

站立高峰，才可以小鲁小天下，俯视百家，非十二子，有的放矢。

在齐国的日子里，他不知道听过多少次韶乐。稷下学宫吸纳了来自各地的学者，他也有机会听到很多国家的地方风格的音乐。

《左传·襄公二十九年》载：“吴公子札来聘，请观于周乐，使工为之歌……《齐》，曰：‘美哉，泱泱乎！……表东海者，其大公乎？国未可量也！’”

这是发生在公元前504年的事情，当时是周景王元年，鲁襄公二十九年，吴王寿梦的第四个儿子公子札到鲁国访问，请求观赏周朝的音乐和舞蹈，鲁国人歌唱了许多地区的歌曲，当唱完齐国的歌曲后，他赞叹不已，对齐国强盛的国力、恢宏大气的民风十分赞赏。

因为懂得礼乐，才能够写出高水平的《乐论》。

荀子的《乐论》，专门谈论音乐，是一篇最为古老完整的音乐美学著作。

《乐论》把音乐作为礼的一种重要形式来规导人的心理、思想和行为。

始自夏商时期的礼乐，到了周代大有发展，周公“制礼作乐”，奠定了宗周礼乐文明的基础，成为儒家思想的源头活水。本来是礼乐并重，但是人们往往重视了礼，却忽视了乐。其实古代帝王都是用礼仪和音乐为手段，以求达到尊卑有序、远近和合的统治目的。礼乐文化衍生为一个国家一段时期的社会习俗、典章制度与国民精神。

荀子把音乐作为陶冶人的性情的重要手段，认为音乐具有改善社会风气和感化人心的作用，因此是推行礼的最重要途径。“乐者，圣人之所乐也，而可以善民心，其感人深，其移风易俗，故先王导之以乐，而民和睦。”（《乐论》）

“入人也深，化人也速”，“乐行而志清，礼修而行成；耳目聪明，血气和平，移风易俗，天下皆宁，莫善于乐。”（《乐论》）因而好的音乐可以让君臣和敬，兄弟和谐，长少和睦，且移风易俗，淳化民风，以达到社会秩序的和谐与井然。

荀子的《乐论》把音乐教育提到了一种治国安邦的高度：“乐

者，乐也。君子乐得其道，小人乐得其欲……故乐者，所以乐道也，金石丝竹，所以道德也。乐行而民乡方矣。”他认识到音乐对人性、人情的改变有着重要作用:“乐中平则民和而不流，乐肃庄则民齐而不乱。”“故乐者，天下之大齐也，中和之纪也，人情之所必不免也。”显然，音乐对于天下统一安定有着独特的作用。

荀子吸取孔子的中庸之道、和为贵等因素，提出了“乐合同”的论断，所谓：“乐者，圣人之所乐也，而可以善民心，其感人深，其移风易俗易。”“故乐在宗庙之中，君臣上下同听之，则莫不和敬；闺门之内，父子兄弟同听之，则莫不和亲；乡里族长之中，长少同听之，则莫不和顺。”（《乐论》）这是说音乐的正能量，可以弱化差别、调和矛盾，创造一种和谐环境，使人心平气和、相亲相善。

荀子强调音乐化人的作用，他和孔子一样，“恶紫之夺朱，恶郑声之乱雅乐”，反对糜烂淫逸之声，推崇正能量主旋律作品。

音乐的起源与人的心理活动、人的情感是分不开的，《礼记·乐记》中说，“凡音者，生人心者也，情动于中，故形于声，声成文，谓之音”。

音乐通乎正政。

音乐与一个政权，一个政府的为政得失紧密相关，而且与社会风气紧密相关，流行什么样的音乐就可以知道这个社会处在什么状态。《吕氏春秋·音初》说：“闻其声，而知其风，察其风而知其志，观其志而知其德，盛衰、贤不肖、君子小人，皆形于乐，不可隐匿。故曰：乐之为观也深矣。”

如果张嘴唱出的是秦腔，可知是西北风；如果是吴侬软语，可知是苏州一带的；唱一腔黄梅戏，当然是淮海的；喊一声沂蒙小调，自然知道是沂蒙山的旋律。

通过这些“风气”可以知道人的志向，知道他们崇尚什么。根据志向又可以推测一个社会的盛衰，一个人是贤还是不肖，是君子还是小人。

音乐里包含着很多的信息密码。

《乐论》说：“乱世之征：其服组，其容妇，其俗淫，其志利，其行杂，其声乐险，其文章匿而采，其养生无度，其送死瘠墨，贱礼义而贵勇力，贫则为盗，富则为贼。治世反是也。”从音乐可以看到治世乱世，只有荀子这样的伟人才能达到这样的大境界。

逢盛世必有盛乐，黄帝传下来的乐叫《咸池》，颛顼的歌叫《承云》，帝喾有《唐歌》，尧有《大章》，舜发明了二十三弦琴，有《韶》。

《东方红》是毛泽东时代的声音。

《吕氏春秋·适音》说：“故有道之世，观其音而知其俗矣，观其政，而知其主矣！”

把音乐与政治、与为政的得失联系在一起的，只有中国。

孔子在《论语·卫灵公》当中还说：“放郑声，远佞人。郑声淫，佞人殆。”

移风易俗，莫善于乐。儒家认为，在纷繁的音乐现象面前，作为一个社会精英，有责任从各种音乐中挑选、分辨出德音雅乐来，教化百姓！通过音乐的传播，以喜闻乐见的方式，达到修身养性的目的。

从根本上讲，音乐是解决人心的问题，要改变人的心是最难的。心性是浮躁的，心无定志，如何解决它呢？如何让心变得和谐？最好的方式就是音乐。

说唱《成相》

荀子从齐国来到楚国，再到兰陵，这些地方都是音乐的故乡，也是曲艺的沃土，有着丰富多彩的音乐。这些民间音乐是他观政布政的好途径。

因为鲁国、莒国、齐国、吴国、楚国的文化都在这里留步，而且有着大淮河流域的秉性，这里的民间音乐、民间说唱艺术多姿多彩。

《荀子》有一篇《成相》，很特别，很有趣。

成相，中国先秦民间说唱艺术。"相"是一种击节乐器，其形制有两说，一说为舂牍，另一说为搏拊，以手拊拍。

沂蒙当地的民间曲艺打击乐说唱艺术，比如打花棍、猴呱哒，还有渔鼓，以说诵为主，以唱为辅，说故事，讲历史，道理想，都留有"成相"的痕迹。

下录《成相》原文，读者可以感受到荀子的大雅大俗，也能够领略到荀子的多面形象。

请成相，世之殃，愚暗愚暗堕贤良。人主无贤，如瞽无相何伥伥！请布基，慎圣人，愚而自专事不治。主忌苟胜，群臣莫谏必逢灾。论臣过，反其施，尊主安国尚贤义。拒谏饰非，愚而上同国必祸。曷谓罢？国多私，比周还主党与施。远贤近谗，忠臣蔽塞主势移。曷谓贤？明君臣，上能尊主下爱民。主诚听之，天下为一海内宾。主之孽，谗人达，贤能遁逃国乃蹶。愚以重愚，暗以重暗成为桀。世之灾，妒贤能，飞廉知政任恶来。卑其志意，大其园囿高其台。武王怒，师牧野，纣卒易乡启乃下。武王善之，封之于宋立其祖。世之衰，谗人归，比干见刳箕子累。武王诛之，吕尚招麾殷民怀。世之祸，恶贤士，子胥见杀百里徙。穆公任之，强配五伯六卿施。世之愚，恶大儒，逆斥不通孔子拘。展禽三绌，春申道缀基毕输。请牧基，贤者思，尧在万世如见之。谗人罔极，险陂倾侧此之疑。基必施，辨贤罢，文武之道同伏戏。由之者治，不由者乱何疑为？

凡成相，辨法方，至治之极复后王。复慎、墨、季、惠，百家之说诚不详。治复一，修之吉，君子执之心如结。众人贰之，谗夫弃之形是诘。水至平，端不倾，心术如此象圣人。而有势，直而用抴必参天。世无王，穷贤良，暴人刍豢仁人糟糠。礼乐灭息，圣人隐伏墨术行。治之经，礼与刑，君子以修百姓宁。明德慎罚。国家既治四海平。治之志，后势富，君子诚之好以待，处之敦固，有深藏之能远思。思乃精，志之荣，好而壹之神以成。精神相反，一而不贰为圣人。治之道，美不老，君子由之佼以好，下以教诲子弟，上以事祖考。成相竭，辞不蹶，君子道之顺以达，宗其贤良，辨其殃孽□□□。

请成相，道圣王，尧、舜尚贤身辞让。许由、善卷，重义轻利行显明。尧让贤，以为民，泛利兼爱德施均。辨治上下，贵贱有等明君臣。尧授能，舜遇时，尚贤推德天下治。虽有贤王，适不遇世孰知之？尧不德，舜不辞，妻以二女任以事。大人哉舜！南面而立万物备。舜授禹，以天下，尚得推贤不失序，外不避仇，内不阿亲贤者予。禹劳心力，尧有德，干戈不用三苗服。举舜甽亩，任之天下身体息。得后稷，五谷殖，夔为乐正鸟兽服。契为司徒，民知孝弟尊有德。禹有功，抑下鸿，辟除民害逐共工，北决九河，通十二渚疏三江。禹傅土，平天下，躬亲为民行劳苦，得益、皋陶、横革，直成为辅。契玄王，生昭明，居于砥石迁于商。十有四世，乃有天乙是成汤。天乙汤，论举当，身让卞随举牟光。□□□□，道古贤圣基必张。愿陈辞，□□□，世乱恶善不此治。隐过疾贤，良由奸诈鲜无灾。患难哉！阪为先，圣知不用愚者谋。前车已覆，后未知更何觉时！不觉悟，不知苦，迷惑失指易上下。中不上达，蒙揜耳目塞门户。门户塞，大迷惑，悖乱昏莫不终极。是非反易，比周欺上恶正直。正直恶，心无度，邪枉辟回失道途。已无邮人，我独自美岂独无故！不知戒，后必有，恨后遂过不肯悔。谗夫多进，反覆言语生诈态。人之态，不如备，争宠嫉贤相恶忌。妒功毁贤，下敛党与上蔽匿。上壅蔽，失辅势，任用谗夫不能制。郭公长父之难，厉王流于彘。周幽厉，所以败，不听规谏忠是害。嗟我何人，独不遇时当乱世！欲衷对，言不从，恐为子胥身离凶，进谏不听，到而独鹿弃之江。观往事，以自戒，治乱是非亦可识，□□□□，托于成相以喻意。

请成相，言治方，君论有五约以明。君谨守之，下皆平正国乃昌。臣下职，莫游食，务本节用财无极。事业听上，莫得相使一民力。守其职，足衣食，厚薄有等明爵服。利往卬上，莫得擅与孰私得？君法明，论有常，表仪既设民知方，进退有律，莫得贵贱孰私王？君法仪，禁不为，莫不说教名不移。修之者荣，离之者辱孰它师？刑称陈，守其银，下不得用轻私门。罪祸有律，莫得轻重威不分。请牧基，明有祺，主好论议必善谋。五听修领，莫不理续主执持。听之经，明其请，参伍明谨施赏刑。显者必得，隐者复显民反诚。言有节，稽其实，信诞以分赏罚必。下不欺上，皆以情言明若日。上通利，隐远至，观法不法见不视。耳目既显，吏敬法令莫敢恣。君教出，行有律，吏谨将之无铍滑。下不私请，各以所宜舍巧拙。臣谨修，君制变，公察善思论不乱，以治天下，后世法之成律贯。

这56节可以分为三部分，回顾历史，指出君主治理好国家就必须远小人近贤人，以尧、禹、许由、善卷等人与周幽王、周厉王、郭公长对比，告诫君臣必须隆礼重法，赏贤使能，重义轻利，排除小人。

这一篇《成相》，荀子的创作主旨是很明确的。这样的东西，算是大众文艺。这暗合了20世纪中叶中国主流音乐的要求，方向性、目标性非常明确。

沂蒙在歌唱

荀子的文艺观和音乐思想是对当时的音乐理论的总结，有批评有倡导。这些光辉的思想也对地方的音乐文艺产生影响，这是必然的。并且这种影响是延续的，是发展的。

有一首大曲和兰陵王有关。

北齐的时候，文襄帝的第四子叫高长恭，被封为兰陵王。《隋唐嘉话》记载，北齐兰陵王高长恭勇武，貌美。“白类美妇人”，美丽白皙像个美人，没有人害怕他。每次作战都得戴着面具。《北齐书》说芒山之败，长恭为中军，率领500骑兵再入周军，遂至金庸之下，被围甚急，城上人不识，长恭免冠露出脸来，“乃下弩手援之，大捷。武士共歌谣之，为兰陵王入阵曲是也”。

《兰陵王入阵曲》是南北朝至隋唐时期非常流行的乐舞，唐代称之为《大面》，也称之为《代面》。唐教坊改编后也叫《兰陵王》，据说有三段一百三十字，或一百三十一字，仄韵，声调激越，洪厚古朴，悠扬动听。

大曲之外，更多的是民间小调小曲。

历史上“苍山民歌”一直十分出名，散布、影响周边地区。而如果顺着苍山民歌的脉络上溯，恐怕就要从荀子说起。荀子的《成相篇》《赋》首开我国说唱文学和赋两种文学之先河，其寓居之地苍山（今兰陵，下同）民间说唱艺术必然深受其熏陶。至隋唐以至宋代，由于运河的开凿、海上交通的便利和一些内陆码头的建立，进一步促进了文化交流，许多外地民歌小调传入苍山，苍山的一些民歌小调也传入外地，这为“苍山民歌”的发展与繁荣创造了重要的条件。

民歌都包含着不同的时代内涵，反映着时代的印记。比如下面这首《绣荷包》，就是苍山的民歌中一首女子思念情郎的小曲。虽然各地都有自己的《绣荷包》，但是这里的曲调有着自己的风格。曲调优美婉转，带有浓厚的鲁南乡土气息。

“绣荷包，姐儿房中啊绣荷包，手拿着那钢针，轻轻描一描，上绣星辰拱日月，下绣凉船水上漂，黄莺站树梢，小小荷包啊绣完了，扬州织的穗子，绿丝绦，再用那个红纸包，送给那郎呀瞧瞧。”

“要听姐儿妞，一溜山根泉源头。”说的是郯城县马陵山下的村庄人人会唱姐儿妞。这是一种民间小曲，歌词一般通俗易懂，具有浓郁的乡土气息和地方特色，表达男女之间的爱情、田园风景及日常生活的感受，旋律优美流畅，被广泛流传。

“（女）一只小船漂江东，又装萝卜又装葱，又装女花容。哎——又装女花容哎——我的干哥唻，什么萝卜什么是个葱，什么是个女花容。（男）叫一声我的小妹子，你是啊，你是听啦，红的是萝卜，白的是葱，妹妹就是个女花容——”

这是《五只小船》的歌词，可以看作是姐儿妞中最著名的代表性篇目。

沂蒙地区丰厚的音乐土壤、久远的历史传承，催生了不少地方名曲。20世纪60年代，文艺工作者整理收集的民歌，就达两百多首。1978年山东省民歌采集，当时收录了民歌两千多首，编辑了四本民歌集。

著名的柳琴戏也诞生在这方热土。

柳琴戏俗称“拉魂腔”，因其唱腔曲调优美动听，足以摄人魂魄，故名。也称“肘鼓子”或“咒鼓子”，本为肘悬小鼓拍击节奏而得名。清代乾隆年间起源于临沂、郯城一带，流布于鲁南、苏北、皖北、豫东北广大地区。各地名称不一，苏北称淮海戏，安徽东部称泗州戏，豫东地区也称柳琴戏。柳琴戏的名称，系 1954 年参加华东区戏曲观摩演出大会时，因其主要伴奏乐器为柳叶琴，故被定名为“柳琴戏”。

柳琴戏声腔音乐主要来源于曾经在临沂地区广泛流传的“肘鼓子”（周姑子、姑娘腔、姐儿妞）、柳子戏、花鼓和民歌小调。声腔风格独特，以丰富多彩的雀腔，别致的拖腔区别于其他剧种。女腔委婉华美，拖腔作小七度（65）跳进，俏丽悠扬，优美动听。男腔朴实浑厚，拖腔多为同度（55）或二度（65）进行，质朴无华。因其如此美妙勾魂，群众才叫它拉魂腔。

表演艺术的形成，经历了一个由简到繁、由粗疏到完备的过程。即从开始的自弹自唱“唱门子”，到二人对唱的“对子戏”，再到二人扮演众多人物的“抹帽子戏”（一人扮演多个角色），最后发展为“七忙八不忙，九人看戏房，十人成大班”的戏班。早期艺人多走村串乡，赶集撂地摊，称为“跑坡”“盘凳子”。20 世纪 30 年代，进入徐州、济南、临沂、郯城、滕县等地演出，开始吸收、借鉴京剧及其他地方戏的表演艺术、音乐伴奏，逐渐完善了行当、文武场面。

柳琴戏传统剧目有 200 多种，有一生一旦一丑的“三小戏”，也有大戏和连台本戏。内容以历史故事、生活、爱情故事为主，可分为“清官戏”“杨家将戏”“薛家将戏”“明代戏”“爱情婚姻戏”“生活故事戏”“连台本戏”等类别。剧本文辞通俗生动，多俚俗语言。

抗日战争时期，八路军进入沂蒙山区，抗大一分校在这里推动了抗战歌曲的创作，据统计，各类歌曲约有2000余首，其中最为著名的有《山东纵队之歌》《跟着共产党走》等等。

《跟着共产党走》的创作还有一段佳话。1940年抗大一分校司令部设在沂南县孙祖镇的东高庄，因为筹备在“七一”召开该分校成立以来的第一次党代会，要求校文工团演节目并创作新歌。20岁的校政治部宣传干事沙洪（原名王敦和）和年仅22岁的文工团副主任、鲁艺音乐系毕业的久鸣（原名王岳）接受任务后，两个年轻人打赌，说你用多长时间写出词，我就用多长时间写出曲子。沙洪只用了十分钟左右就写好了歌词：“你是灯塔，照耀着黎明前的海洋；你是舵手，掌握着航行的方向。年轻的中国共产党，你就是核心，你就是方向。我们永远跟着你走，人类一定解放；我们永远跟着你走，人类一定解放。”拿到歌词，久鸣也只用了十分钟左右，就把曲谱写出来了。

这首歌创作出来后，很快就口口相传，不胫而走，广为传唱。先是在八路军各根据地传唱开来，很快又在被敌阻隔、远在长江南北的新四军根据地传唱，再后来传到了国统区，甚至日伪占领的许多城市，也有人偷偷传唱。抗日战争胜利后，这首歌传唱更广。在日益高涨的争民主、反独裁的学生运动中，人们高唱此歌；在迎接解放军进城的群众集会中，人们也高唱此歌；解放军开进上海时，电台开始播放革命歌曲，而《解放区的天》

《团结就是力量》《打得好》和《你是灯塔》这四首则每天播放。

沂蒙地区最为经典的空响绝唱是那首《沂蒙山小调》：

人人那个都说哎　沂蒙山好
沂蒙那个山上哎　好风光
青山那个绿水哎　多好看
风吹那个草低哎　见牛羊
高粱那个红来哎　豆花香
满担那个谷子哎　堆满场
咱们的共产党哎　领导好
沂蒙山的人民哎　喜洋洋
沂蒙山的人民哎　喜洋洋

1940年6月上旬，根据上级命令，抗大一分校于山东临沂地区的垛庄南山一带参加了反顽战役。校文工团主任袁成隆要编审股长李林和团员阮若珊创作一首反对黄沙会的歌曲。在费县白石屋村，他们借助当地的花鼓调编写了歌曲《反对黄沙会》（《沂蒙山小调》的前身）。这首歌一经传唱，便像风一样迅速传遍沂蒙各地。

新中国成立后，几经修改提升，这首民歌成为中国民歌的杰出名曲。南有《茉莉花》，北有《沂蒙山小调》，成为不朽的经典。

多少年来，《沂蒙山小调》不仅是临沂人的最爱，也是山东人的最爱。山东涌现出的一代代著名的歌手，没有不会演唱这首歌的。

山东人喜爱这首歌曲，凡有重大活动无不以此为主题曲子。2011年的世博会上，山东馆就是以这首歌曲唱彻世博会的。其实这首歌最早唱红，就是1964年在上海举办的华东民歌会演上，韦友芹的演唱轰动全场，赢得了包括陈毅在内的领导人的赞叹。

这是不朽的经典，空响绝唱！

（刘兆东／撰文）

第九章 大儒与法

儒学大师荀子教出了法家代表人物。

他的“隆礼重法”思想，更是让后世沂蒙大地蓬生出若干严于执法的大儒。

教出法家的学生

荀子是战国时期儒家的最后一位大师，一生以发扬光大儒学为己任。然而这位战国末期的儒学集大成者，却教出了历史上两个非常著名的法家学生，那就是韩非和李斯。

荀子不是唯心论者，他相信后来者必定超越前者，因为他说过“青出于蓝而胜于蓝，冰水为之而寒于水”。所以当两个得意门生没有以弘扬儒学为己任，而是成为法家的代表人物时，荀子并不认为他们是背叛自己，背叛儒学。

事实上，荀子并不排斥法，而且他强调“隆礼重法”，这样看来，教出法家的徒弟，也是理所当然的。法家的理论依据是人性本恶，这个思想恰恰就来源于荀子，但荀子并不是人性“本恶论者”，荀子的观点是人性“有”恶。荀子认为人性分成两个部分“性”（人的自然属性，是恶的）和“伪”（不是虚伪的意思，而是人为的意思，是指人的社会属性，是善的）。荀子在《王志篇》中说，天下万物可分为四等，水火有气而无生，草木有生而无知，禽兽有知而无义，人有气、有生、有知、有义，所以是天下至贵。

由此可见，荀子是承认人性有善的。而且荀子认为人必须通过“伪”去改造“性”，如果没有伪，只有“性”，那么人是无法生存的，因为人的动物性的生存能力不及动物。用荀子的话说就是“力不如牛，走不若马”。用“伪”改造“性”必须由圣人来做，叫作“化性起伪”，改造的结果是“涂之人可为禹”，这与孟子的“人皆可为舜尧”殊途同归。

如果荀子不承认人性有善，很难想象可以把普通人改造成圣人。但荀子同时认为“性”是很顽固的，必须通过圣人的改造，才能去除，而圣人的做法是“立君上之势以临之，明礼义以化之，起法正以治之，重刑罚以禁之”，这个做法已经离法家很近了。而韩非在荀子人性有恶的基础上又向前迈了一步，认为人性本恶，因此没有改造的可能性，只能防范，所以法家才是诸子中真正的性恶论者。

诸葛丰和于氏父子

西行入秦的荀子，目睹了秦国在商鞅依法治国国策下的繁荣强盛局面，进一步完善了“隆礼重法”的主张，并在晚年担任楚国兰陵令后，将满腔政治热情与宏远政治理想付诸实践，在沂蒙大地留下了深刻的法治印迹，对沂蒙法治文化和法治氛围的形成，产生了深远影响。因此，在不久后的秦汉时代，沂蒙大地产生了后苍、诸葛丰、于公、于定国和薛氏等许多严格执法、秉公断案的良吏。

先说诸葛丰。

诸葛丰，字少季，生卒年不详，西汉官吏，琅琊阳都（今山东省临沂市沂南县）人。早年他因为通晓经学，被任命为琅琊郡文学史，他以性格特立独行、刚正不阿闻名于当时。汉元帝初元五年（前 44 年），琅琊人贡禹任御史大夫，他举荐诸葛丰做了侍御史。不久元帝又提拔他为司隶校尉。

在任期间，诸葛丰对权贵和官吏的不法行为进行了大胆检举和弹劾，无论是谁都不避忌。京城里的吏民都很畏惧他，当时曾流传这么一句话：“间何阔？逢诸葛。”意思是说，“为何长久未见面？只因逢上诸葛丰，出了麻烦”。汉元帝对诸葛丰的品行很满意，加封他为光禄大夫。

当时的侍中许章，仗着自己是外戚，骄奢淫逸，不遵守法律规范。有一次，他的属从犯法牵连到了他。诸葛丰正要上书皇帝进行弹劾，恰好在路上遇到许章外出，诸葛丰就举着符节命令许章“下车”，想要将他逮捕。许章十分惊慌，急忙驱车逃入宫门向汉元帝求情。诸葛丰也随后赶到，将事情上奏。但是汉元帝偏袒许章，当即没收了诸葛丰的符节。汉朝司隶校尉没有符节也就是从这件事情开始的。

此事发生之后，诸葛丰假借谢罪的名义，向汉元帝上书表达自己的激愤，指责当时的官吏“结党营私，相互包庇、迎合，只想着一己私利，忘记了国家的大事”，并说自己常想及时砍掉奸臣的脑袋，悬挂到都城的集市上，以记录他们的罪行，让全国的人都了解作恶的下场。他还发誓说，即使为此搭上自家性命也心甘情愿。

再说于氏父子。

父亲于公之著称于世，因由东海孝妇冤案。

传说西汉中期，在东海郡郯县，也就是今天的郯城县附近，有个小村庄叫洋家洼，洋家洼里住着娘儿俩，老嬷嬷姓邹，儿子长到十四岁那年，订下一个名叫周青的姑娘做媳妇。谁知道儿子长到 18 岁那年得了场病死了，未过门的儿媳妇周青心甘情愿来伺候老嬷嬷。转眼半年过去了，郯城一带闹饥荒，老百姓饿得死的死逃的逃。老嬷嬷恋土难移，儿媳也没法，只得好生伺候老嬷嬷，天天到田里剜菜给老嬷嬷吃。青水煮野菜连个盐粒都没有，娘儿俩生活十分困苦。

这一天，周青在田里剜菜时拾了一个小制钱，她心想：“婆婆多少日子没尝到油星了，俺要打点香油给她拉拉馋。”

想到这儿，周青就拿着这个小制钱打了点香油，把野菜用水洗得干干净净，切得细细的，做熟后把香油全浇上了。老嬷嬷多少日子没吃到这么好吃的菜了，就一口气全吃了下去。吃了这碗菜，这下可了不得了，原来周青不知道，这碗菜里掺了好几棵苣苣菜，而苣苣菜犯香油，人若误食，后果不堪设想。

老嬷嬷肚子疼得不得了，躺在地上直打滚，半袋烟工夫就咽了气。老嬷嬷一死，周青那个哭啊，一连三四天滴水不进。后来，左邻右舍的好心人帮她把老嬷嬷埋在了南北大路的路东边。撇下儿媳一个人过日子，谁看了谁掉泪，四里八乡知道这事的人都说这个媳妇命真苦。

周青有个表哥，是个吃喝嫖赌浪当油的主儿，他赌博输了银子还不上，急得上墙爬屋没办法。他想到了表妹年纪轻轻正守寡，就瞒着周青，把周青卖给了人贩子。

周青死活不去。周青的表哥生气了，就跑到县衙里把她告了，说她有意用毒药药死了老嬷嬷。昏庸的县令不问青红皂白，就让衙役将孝妇周青抓了起来，关进监狱。严刑拷打之下，周青只好违心地承认婆婆是自己害死的，于是被判处死刑，只待秋后问斩。

当时郯县有个管理监狱的小官，姓于，因精通律法，执法严明，被人们尊称为“于公”。于公得知孝妇案案情后，为此案寝食不安，通过明察暗访，察知这是一桩大冤案。周青婆婆是因为吃了放了香油的苣苣菜而死的。从中医学上讲，苣苣菜犯香油，而周青确实对此不知情，她只是在尽孝心的时候无意害死了婆婆。

于公掌握了这些证据后，百般为周青辩白，寻求生路。无奈昏愦的县官，愚昧的太守，不顾于公再三劝谏，不听百姓呼声，不作详查细询，糊里糊涂地将周青判处死刑，致使无罪的周青遭诛，人们闻之无不流泪。周青狱成后，于公携带全部狱词哭诉于太守府门，后弃职回家。

临杀周青的那天，刑场四周围满了看景的人，可怜的周青被五花大绑，跪在地上。天快到午时三刻，周青说：“老天爷啊，你睁睁眼吧，你看我周青有多冤啊！我要是有心害死俺老婆婆，杀了俺红血冒三尺；要不是故意的，白血冒三尺。”

“哪有这种事。”县太爷一听，就叫人把周青杀了。这一杀不打紧，就见周青脖梗上白血一个劲地往上冒，溅了三尺高，把插在脊后的亡命旗都给湿透了，后来又顺着亡命旗往下淌，一淌淌成了一个白血汪。

周青头掉了，可尸首不倒，这可吓坏了那个糊涂县官。县官忙朝着周青的尸首拜了三拜，尸首才倒下。事后，好心人就把她埋在大路西边，说是让她在阴间早晚好伺候老嬷嬷。可怜的周青死了，当地连着大旱了三年，地里连个小草芽都不长，老百姓全饿跑了。

后来，新太守到任，面对东海郡的凄惨景象，感到很痛心，询问郡中老者，方知是天谴不公，于是就去拜访于公。当谈到东海大旱是因为周青蒙冤上苍报应时，于公就将有关周青的全部案卷呈给新太守，并恳请新太守为周青平冤。新太守看完全部案卷后觉得周青是冤枉的，于是就亲自到周青家致祭，旌表其墓。太守致祭后，天立刻降大雨，是岁大熟。百姓为周青之冤因于公而得平，无不欢呼称颂。

于公为管狱小官，月俸汉秩不过八斛，但他公正廉明，不置私产，终身只有茅屋数间，生活仅得温饱。于公对子女要求却非常严格，对其子于定国，常常课以法学，并联系自己一生的治狱经验，督促他精研训练，最后终于学有所成，成为历史上一位严格执法、治狱严谨的名人。

于定国先后做过县狱史、郡决曹，再后来做到了廷尉。西汉时，廷尉是掌管刑法的国家最高司法长官，凡是郡国判决案件时有拿不准的，都由廷尉审核裁定判决。由于他在决狱断案中熟悉法律，治狱严谨，执法公正，量刑得当，加上他对郡县情况十分熟悉，见多识广，因而办案明快，即使一些疑难案件也能够妥善、敏捷地解决好，因此他的声誉渐渐传播了出去。

于定国在决狱断案中，不管是当朝权贵，还是平民百姓，只要案子有疑问，他都十分审慎地处理。他量刑时主张宽仁公平，人们都认为他做廷尉就不会有受冤屈的担忧。他做廷尉十八年，朝野上下没有不称颂的，一度与汉文帝时著名的廷尉张释之齐名。当时有“张释之做廷尉，天下没有冤民；于定国做廷尉，民众不用有受冤屈的忧虑”的赞誉。

颜青天巧断离婚案

荀子曾说，古代的贤明君主总是先阐释道德教育百姓，自己不能说服，就用圣贤榜样的力量来感化他，没有效果，才停止教化，直到最后万不得已再施以刑罚，威慑犯罪。这样经过三年，老百姓就会走上正道。即使有刁民不接受教化，对其施以刑罚，百姓也都知道他们的罪责。

为了论证自己的观点，荀子还举过一个孔子判案的故事：有一对父子闹僵了，官司打到孔子那里，孔子下令羁押了做儿子的，但三个月没判罪行。时间一长，做父亲的就忍不住了，心疼儿子申请撤诉，孔子就释放了做儿子的，并奉劝父子和好。

荀子主张对百姓实施教化而慎用刑法的观念，唐代临沂籍人颜真卿高度认同，并且付诸自己的司法实践中。

唐代宗大历年间，著名书法家颜真卿时任抚州刺史，有一天接到一件奇特的离婚案。案情是这样的——

抚州当地有个好学的读书人，名叫杨志坚，学识人品都没的说，就是家徒四壁，穷得叮当响。他的老婆本来寄望于他得中科举，出人头地。没承想竹篮子打水一场空，许多年过去了，杨志坚屡试不第，还是布衣一个。

期望落空，失望接踵而至，老婆就主动提出要跟杨志坚离婚。杨志坚表示同意，还写了一首诗，最后两句是："今日便同行路客，相逢即是下山时。"虽有点休书的意思，但毕竟不是正式的休书。

若是正式休书，这官司也不必劳烦衙门出面仲裁了。按《唐律·户婚》的规定，男女双方只要是自愿离异，也即"和离"，男方的一纸休书就跟今天的离婚证一样有着法律效力，无须惊动官府。

老婆未拿到正式休书，不敢走，又不甘心就此拉倒，于是就把这首诗作为丈夫同意离婚的证据，拿去衙门寻求法律支持。

在充分了解案件详情后，颜真卿巧妙地判决道："杨志坚素为博学，遍览九经，篇咏之间，风骚可摭。愚妻睹其未遇，遂有离心。王欢之廪既虚，岂遵黄卷；朱叟之妻必去，宁见锦衣。恶辱乡闾，败伤风俗，若无褒贬，徽幸者多。决二十，任改嫁。杨志坚秀才赠布、绢各二十疋，米二十石，便署随军，仍令远近知悉。"

文峰山古藤

翻译成白话，大概的意思是：杨志坚很有才华，将来必出人头地，做妻子的不该这般短视；杨志坚吃了上顿没下顿，尚能坚持读书，而妻却要离婚，将来焉能看到丈夫衣锦荣归的那一天？同意离婚，允许妻子改嫁，但妻子“违法”在先，得杖责后背二十下，以示惩戒。

唐代法律并不禁止女方率先提出离婚，譬如“若夫妻不相安谐而和离者，不坐”这一条，就赋予女方不小的婚姻自主权。正史所记载的例子中，有因夫坐罪而求离婚者，有因本家有故而求离婚者，有因夫患病而离异者，还有女子因对婚姻不满而离婚者，官府都是支持的，且社会舆论对此并无微词。

不允许这位“嫌贫女”老婆离婚，肯定不行，你想啊，人家夫妻之间已然“不相安谐”了，况且还有那首半吊子休书的诗歌作证据，官府凭什么不批准人家离婚?

但颜真卿巧就巧在，虽然判决离婚，但却惩戒了嫌贫爱富的“拜金女”，让这个嫌贫爱富的女人稍微吃点苦头，借以教化民众牢记“贫贱不能移，家和万事兴”的道理，对地方的德化效果自然也不错。据《云溪友议》记载，“江左十数年来，莫有敢弃其夫者”。

潘氏案：现代沂蒙的法制缩影

在漫长的封建社会，虽然也有法治，但是更强调人治。荀子就说过，“有治人无治法”。只有到了新中国成立后，法治的曙光才第一次明亮地照耀在沂蒙大地上。

1950年5月《中华人民共和国婚姻法》颁布，提出婚姻自由。而到了1951年，在苍山县一区杨家庄就发生了一起青年妇女潘氏因要求婚姻自主惨遭杀害的典型案件。

被害人潘氏系该县十四区孙家屯人，父母早亡，7岁到杨家庄给齐玉做童养媳。十余年来，终日操劳不得温饱，经常受婆母齐宋氏及丈夫齐玉的虐待。《婚姻法》颁布后，潘氏听干部宣传婚姻法，思想觉悟日渐提高，加之不堪被虐待，于1951年春先后4次到区人民政府申请离婚。区政府对其要求未加重视，交由所在乡调处。乡政府几次传男方办离婚手续，均被该村村长梁富明及村支部书记陈永茂所阻。潘氏无奈，只得先回婆家。

4月17日晚，齐宋氏母子伙同郭玉山（齐宋氏姘夫，村自卫团长），将潘氏剥光衣服，用棉花堵上嘴，吊在梁上，先用皮鞭蘸着水抽，后用铁丝抽，最后又在其左腿穿了3刀，前胸穿了4锥。郭玉山不准邻居解救，直至将潘氏活活打死。

此案报区后，区长曾前往现场，但未认真详查，即将尸体掩埋。当该区把郭玉山及齐宋氏转送县法院后，县人民法院未深入调查，凭被告人口供而轻判。省民主妇联看到5月9日《农村大众》报登载的这一消息后，无比愤慨，代表全省广大妇女，为受害妇女潘氏提起公诉，要求政府依法严惩凶犯，伸张正义，切实保障妇女人身自由。

6月7日，省人民政府、省人民监察委员会、省人民法院、省民主妇女联合会联合抽调干部，组成检查团，赴出事地点做详细调查。经过9天调查，将案情查清。8月8日，省人民检察院检察长陈雷在《大众日报》公布了《起诉书》，经苍山县人民法院重审结案。省人民监察委员会及时做出了对该案查处不力的有关区、乡、村干部的纪律处分决定。中共临沂地委、地区纪委和苍山县委也对破坏《婚姻法》、阻挠潘氏婚姻自由、庇护犯罪分子的有关人员分别给予党纪处分。

8月30日，苍山县人民政府在该区沙窝村组织临时法庭，召开由1.5万名群众参加的公审大会。主要罪犯齐宋氏、郭玉山被判处死刑当场处决，其他4名同案犯被分别判处3至15年的有期徒刑。

9月11日，《大众日报》以《坚持贯彻婚姻法，保障妇女人身自由——苍山县人民政府认真处理潘氏被杀案》为题，对该案处理情况进行了报道，并发表了题为《接受潘氏被害的教训》的社论。此后，有关部门把这一案件谱曲填词编成歌曲，在全省广为传唱。

潘氏案是现代沂蒙法制建设的一个缩影。新中国成立后，人民政府打击肃清反革命势力，打击刑事犯罪，加强监察，增强法律宣传，完善诉讼程序，对旧中国的司法体制进行了彻底的改造，现代法制的春风终于吹遍沂蒙大地，古老的沂蒙大地走进了法制建设的新时代。

（郇恒／撰文）

第十章　兵道兵法

荀子站在政治的高度来看待战争。赵国议兵之后，他再次踏上去兰陵的路途，或许就是此后开启了沂蒙璀璨的兵学文化。

故国议兵

荀子第二次来兰陵任县令之前，曾经有过一场著名的议兵。

孙武离齐入吴也经过沂蒙。他的光辉著作《孙子兵法》和孙膑的《孙膑兵法》等一批兵书，1972 年在临沂银雀山汉墓中被发掘出来，成为震惊世界的考古大发现。

兵道、兵法、兵学、兵战在这里不期交汇。而一些著名的战争范例，也在这里把兵道、兵法演绎成震古烁今的传奇。

因其如此，临沂就有了谈兵说法的理由。

荀子之世，战国末期各国征战，其实为政治重构与社会重构时代的必然。

荀子议兵的地点在赵国首都邯郸王宫，时间约在公元前257年。

主持人是赵国的国君赵孝成王，在场的有儒学大师荀子、楚国将领临武君（李零教授认为是赵国将领庞湲）。有的学者认为还有楚国之相春申君黄歇，陪侍的好像还有荀子的学生李斯。

议兵的时间节点具有深刻的时代背景，意义深远。

赵孝成王赵丹于公元前265年至公元前245在位，这个赵国的第十位国君，祖父是赵武灵王，父亲是赵惠文王，母亲是赵太后（“触龙说赵太后”，劝说的就是她），叔父是平原君赵胜，兄弟有长安君，姐姐燕后，都是有名的历史人物。从总体上看，赵丹算是个充满梦想、励精图治、有所作为的国君，但是他的战略眼光似乎不够深邃长远。若以秦韩之战后，韩国冯亭献上党郡，孝成王接受来看，赵丹的眼光不如赵豹，而和他的叔父平原君相似，见利忘忧，只顾及眼前利益。他们都不是战略家，也不是具有世界眼光的政治家，而且他所处的时代，争霸与统一的大潮波涌浪推，战争频繁，不是一个小国能够影响国际局势的时候了。

《史记·春申君列传》载：“春申君为楚相四年，秦破赵之长平军四十余万。五年，围邯郸。邯郸告急于楚，楚使春申君将兵往救之，秦兵亦去，春申君归。”

邯郸保卫战一共打了三年，最后有赖于两路救兵得以惨胜。两路救兵一路是信陵君率领的魏国军队，另一路是春申君率领的楚国军队。《史记·赵世家》说：“（赵孝成王）八年，平原君如楚请救。还，楚来救，及魏公子无忌亦来救，秦围邯郸乃解。”

邯郸保卫战中，大军围城，内缺粮草，外无救兵，平原君毁家纾难,大义救国,唤起民众同仇敌忾,誓死抗敌,最为人称道。

经过长平之战和邯郸之战，赵国有着惨痛的创伤教训。国家面临的危机仍然存在，因此赵孝成王召集了一个座谈会，他需要探讨战争的规律和取胜之道。

《荀子·议兵》中,围绕着赵孝成王“请问什么是用兵的要旨”这一问题，记述了临武君、赵孝成王、荀子的议论，还有李斯的咨询。

从他们的议论看，临武君关注的是战术问题，荀子则是着眼于战略谋划，高下之分立现。

这是儒家唯一一次有记载的论兵，意义非凡。

儒家兵道

儒家有着怎样的战争观呢?

孔子说，“有文事者，必有武备；有武备者，必有文备”。

孟子特别强调“仁政”“仁者无敌”“保民而王、莫之能御”，立足于道德和现实政治层面，这种战争观本质上是一种伦理主义的战争观。

而荀子赵国议兵，显然代表了战国后期儒家的战争思想，体系完备。

我们看看当时的情景。

临武君回答道:“上得天时,下得地利,观察敌人的变化动向,后发兵而先到达，是用兵要术。”

显然，这是军事观点，是兵法战法。

荀子的站点则高得多，他说：“不对，用兵的根本是统一百姓。弓与箭不协调，就是善射的后羿也不能射中目标；六匹马不协力一致，即使善驾车的造父也无法将马车赶往远方；士人与百姓不亲附国君，即使商汤、周武王也不能必胜。因此，使百姓归附的人，才是善于用兵的人。用兵的要领在于使百姓归附。”

临武君说：“不是这样，用兵重视的是形势要有利，行动要讲究诡诈多变。善用兵的人，行事疾速、隐蔽，无人能料到他会从哪里出动。孙武、吴起采用这种战术，天下无敌，不见得要依靠百姓的归附！”

荀子说：“不对。我所说的，是仁人的用兵之道和统治天下的帝王大志。您所看重的是权术、谋略、形势、利害。而仁人用兵时不能用欺诈之术。实施欺骗之术可以对付的是那些骄傲轻慢的军队、疲惫衰弱的军队以及君与臣、上级与下属之间离心离德的军队。用夏桀的诈术对付夏桀，还有使巧成功或使拙失败两种可能，而用夏桀的骗术去对付尧，就如同拿鸡蛋掷石头、把手指伸进滚水中搅动，不是被烧焦，便是被淹死。因此仁人的军队，上下一心，全军同力；臣对君，下对上，犹如子侍奉父，弟侍奉兄，犹如用手臂保护头颅、眼睛、胸膛和腹部。这样的军队,用欺诈之术去袭击他,与先惊动它而后才去攻击它,没有不同。况且，仁人若统治十里之国，他的耳目将遍及百里，若统治百里之国，他的耳目将遍及千里，若统治千里之国，他的耳目就会遍及天下。这样，他必将机警而有戒备，耳聪目明，合众如一。因此仁人的军队在集合起来就成为百人一支的部队，分开作战时即成战阵行列；深入敌人内部作战时好似莫邪宝剑的长刃，遇到敌人就将其全斩断；短兵相接时仿佛莫邪宝剑的利锋，遇到任何东西都会将其摧毁；安营扎寨稳如磐石，顶撞它的，即遭摧折而退却。那暴虐国家的君主，所倚仗的是什么呢？只能是他的百姓，而他的百姓爱我就如同爱他们的父母，喜欢我就如同喜欢芬芳的椒兰；反之，想起他的君主就像畏惧遭受黥刑，就像面对不共戴天的仇敌一般。人之常情，即便是夏桀、盗跖，也不会为他所厌恶的人去残害他所喜欢的人！这就犹如让人的子孙去杀害自己的父母，根本不可能做到。如此，百姓一定会前来告发君主，那又有什么诈术可用呢？所以，由仁人来治理国家，国家将日益强盛，各诸侯国先来归顺的则得到安定，后来依附的将遭遇危难；相对抗的将被削弱，进行反叛的即遭灭亡。《诗经》中的诗句‘商汤竖起大旗，恭敬地握着斧钺，其攻势如熊熊烈火，谁敢把我阻拦’，就是用来说明这种情况的。”

荀子认为战争胜利的根本，在于争取民心，用兵的目的是禁暴除恶，治军的办法，则是以仁义之君。他还对军队将领，统帅的职责，其治军原则，军队制度，用兵作战的战术等问题，进行了具体的说明，并特别强调，军事斗争不仅要注重军事手段，更重要的是要着眼于政策策略。

荀卿和临武君的辩论，类似于一篇军事评论，对战国的军队做了比较和总结，对战争的本质、根源和战争胜败的决定因素都提出了自己的看法，很值得一读。

兵家兵法

春秋无义战。

这是大一统时代即将到来前的必由之路。

从春秋到战国，打来打去，剩下了战国七雄。各国都有对战争的总结，这就有了兵学兵书。

中国古代的兵书，据说有四千多种。宋元丰年间（公元1078—1085年），立武学，刻武经，《武经七书》就是当时的武学经典，包括《孙子》《吴子》《司马法》《唐太宗李卫公问对》《尉缭子》《黄石公三略》《六韬》。兵书有兵书的经典。宋代以来，凡是应武举的人，都是拿这七本书当军事教科书的。七书中，《孙子》是第一。银雀山汉墓出土的竹简兵书中有《孙子》《尉缭子》《六韬》，还多了一部“七书”之外、失传千年的《孙膑兵法》。因其出土的兵书集中，也有人称之为银雀山兵学。

《孙子》是一部兵书，是百代谈兵之祖，放在全世界，也是头一份。讲兵法有战略高度，带哲学色彩，侧重于运用之妙的兵书，在兵书中地位最高，是经典中的经典。

人类的战争史，惊心动魄，异常丰富。

古代的战争也有军法，不只是兵法，光凭兵法是不能打仗的。

战争的基础要素很多。宋朝以来，兵器、制度、阵法，全是当时的，但兵法是古典的，时代有断层。不管时代如何变化，这些战争的要素是离不开的。

兵法不是无源之水，不是无根之木，假如把军法抽掉，编制不知道，兵器不知道，阵法不知道，什么具体东西都没有，兵法就成了游戏。

西方军事传统，特别推崇实力。他们重财力、重兵器、重技术、重制度、重训练，看重的正是最基础的东西。

中国兵法，靠的是兵不厌诈。兵不厌诈，就是无法之法。实际上它是以谋略类的兵法为主。

春秋战国时期，各国有各国的兵书。北方有秦、晋（韩、赵、魏）、齐、燕，南方有楚、吴、越。兵法最盛的是齐、魏、秦三国，尤以齐国的兵法最发达。

周武王克殷取天下，有不少外族谋士，太公最有名。《太公兵法》就是托名于他。齐桓公的名臣管仲，著作《管子》中的《七法》《兵法》《地图》《参患》《制分》《九变》，原来单行，《七略》收为兵书；春秋晚期齐景公手下管军事的司马穰苴，也有兵法在古本《司马法》里。

最著名的就是被称为孙子的孙武和孙膑，孙武有《孙子兵法》（《吴孙子兵法》），孙膑也有《孙子兵法》（《齐孙子兵法》），都叫《孙子兵法》。孙武的活动时间是春秋末期，早一点；孙膑是战国中期齐威王时的人。齐威王时，齐国国力最盛，学术最发达。齐威王下令整理齐国的军法，因此齐国的兵法最发达，保留最多，对后世影响最大。

银雀山汉简《孙膑兵法·田忌问垒》篇有一条残简，说“明之吴越，言之于齐，曰智（知）孙氏之道者，必合于天地”。

这意思是说，孙武兵法出名在吴越，成书于齐国。

《孙子兵法》是讲谋略的代表；《司马法》是讲军法的代表；《太公兵法》是依托文武阴谋取天下的故事，有点像老农民听说书。它们是先秦兵书的三大经典，同时也代表了早期兵书的三大类型。兵书的经典化，这三本书是核心。

《孙子》十三篇分成四组，第一组的三篇和权谋有关，第二组的三篇和形势有关，第三、第四组的七篇，涉及阴阳、技巧及阴阳、技巧的概念。

权谋，是讲计谋。计谋有大小，权谋是大计。大计是战略，处理的是战争全局。战争全局，和政治有关，和战前的计算跟实力准备有关。战争全局，无所不包。这类兵书，带综合性，战术和技术也有所涉及，就像医经可以包括经方、房中和神仙家说。我们说的三大经典，都属这一类。

形势，概念很复杂，用最简单、最形象的一句话来描述，就是兵力的配置，这里多一点，那里少一点，有虚就有实，有众就有寡，怎么分配，奥妙无穷。以大计和小计论，权谋是大计，形势是小计。形势是因敌制宜、因地制宜的各种对策，好像医生对症下药开药方。形势的特点，是遇什么问题，讲什么对策，解决战斗中的实际问题。权谋讲战略，它讲战术。战术的要求是机动、灵活、快速、多变，一是运动路线和速度怎么样，二是打击是不是意外和突然。诡诈，绝对不可少。先秦的形势书多已散亡。

阴阳，是数术之学和阴阳五行说在军事上的应用。上知天文、下知地理，就是靠这种学问。阴阳是讲人以外的东西的。比如，古代军人要学式法、风角、鸟情、五音、占星候气、推算历日、选择地形，等等，不是与天有关，就是与地有关，里面既有科学，也有迷信，是个大杂烩。现在的军事气象学、军事地理学等有关知识，属于这一类。它和一般的数术书，其实没有截然的界限，特别是讲式法、风角、鸟情、五音的书。《兵书略》这一类多已散亡，几乎全靠出土发现。只有《地典》，银雀山汉简有，属于亡而复出。

技巧，和人有关，和武器的使用与军事训练有关。比如城守、水攻、火攻、武术和军事体育，全都和人有关。古代武术，原来叫技击。徒手，拳击叫手搏，摔跤叫角牴。器械，有剑道和射法。军事体育，则包括射箭、投壶、蹴鞠、博弈等游戏。蹴鞠是足球，博是六博棋，弈是围棋。这类古书，年代早一点，多已散亡，但《墨子》城守各篇还在，是古技巧家说的经典之作，国内没人理，国外很重视。

孙武强调战争的胜负不取决于鬼神，而是与政治清明、经济发展、外交努力、军事实力、自然条件诸因素有联系，预测战争胜负主要就是分析以上这些条件如何。他的军事思想表现有五个比较突出的特点：第一，提出了重战、慎战、备战思想；第二，提出了战争与诸因素的关系；第三，提出了“不战而屈人之兵”的全胜战争境界；第四，揭示了“知彼知己、百战不殆”的战争规律；第五，提出了很多具体的、灵活多变的作战原则。“知己知彼，百战不殆”；“是故百战百胜，非善之善；不战而屈人之兵，善之善者也”；“水因地而制流，兵因敌而制胜。故兵无常势，水无常形。能因敌变化而取胜者，谓之神”。这些论断充满辩证法思想，至今仍闪烁着光辉。

银雀山汉墓出土《孙膑兵法》后，经竹简整理小组整理考证，文物出版社于1975年出版了简本《孙膑兵法》，共收竹简364枚，分上、下编，各十五篇。对于这批简文，学术界一般认为，上编当属原著无疑，系在孙膑著述和言论的基础上经弟子辑录、整理而成；下编内容虽与上编内容相类，但也存在编撰体例上的不同，是否为孙膑及其弟子所著尚无充分的证据。1985年，文物出版社出版的《银雀山汉墓竹简（壹）》中，收入《孙膑兵法》16篇，系原上编诸篇加上下编中的《五教法》而成，其篇目依次为：擒庞涓、见威王、威王问、陈忌问垒、篡卒、月战、八阵、地葆、势备、兵情、行篡、杀士、延气、官一、五教法、强兵。

《孙膑兵法》中提到“道”的地方多达五十多处。孙膑强

塔山

调指导战争的将领必须知“道”，通识用兵之道，同时掌握灵动的战略战术，而作为统治者，不仅要知兵，而且必须“达于道”，才能掌握战争的规律。知兵要“达于道”的目的是“知道即可知胜”。《孙膑兵法·篡卒》篇列举了“恒胜有五”“恒不胜有五”的五个条件，其中“知道”和“不知道”各占其一。对战争起决定性作用的不是人数的众寡，不是粮草的多少，也不是装备的新旧，而是“胜在道也”，是要依据客观规律统领战争思想，这是战争取胜之匙，而这种客观规律就是“道”。

孟良崮战役中的兵道兵法

沂蒙自古多刀兵，盖因其特殊的地理位置，而成为古战场。古战遗址，有马陵之战的马陵山古战场遗址；现代战争著名战役，最大的莫过于孟良崮战役。

孟良崮战役全方位体现了中国式的兵道兵法，展示了中国古老兵法与现代战争思想高度融合的波澜壮阔的历史画卷。

1947 年 5 月 13 日至 5 月 16 日爆发的孟良崮战役，彻底改变了国共双方的战略形势，从此共产党步步走向胜利，国民党步步走向失败。其意义，历久弥新，更趋深远。硝烟早已散去，个中因素却耐人寻味。

抗战胜利后，蒋介石选定陕北和山东两大解放区作为重点进攻的目标。陕北若失，中枢不在。山东若失，国民党大军将把共产党挤压在黄河以北之山西、河北地域，活动区域极其有限，结果可想而知。然而由于种种原因，命运彻底反转。

起初，鲁南战役和莱芜战役后，为实施重点进攻计划，国民党最高统帅部决定在徐州设立陆军总部徐州指挥部，由陆军总司令顾祝同统一指挥原徐州、郑州两个绥靖公署的部队。同时，把王敬久兵团从冀鲁豫战场调来山东。国民党军队总兵力共达二十四个整编师，六十个旅，四十五万人；仅用于第一线的兵力就有十三个师，三十四个旅，约三十万人；并以其精锐部队整编第十一、第七十四师和第五军为骨干，组成三个机动兵团，担任主要突击任务，以弧形向山东鲁中地区推进。

蒋介石曾幻想："如能消灭山东境内共产党的主力，则其他战场的余部就容易肃清了。"

然而，最终的战果，完全出乎双方的意料。

此次所谓的"重点进攻"，西北战场非但未能摧毁我陕北指挥机关，反而赔进了胡宗南1.4万余人；在山东战场，痛失嫡系宠儿整编第七十四师，连同泰蒙战役在内，共丧师6万余人。从此以后，蒋介石被迫停止了进攻，由气势汹汹变成强弩之末；我军则开始由被动转为主动，全面大反攻已经为期不远了。

蒋介石的盘算何以如此不堪？

蒋介石要打阵地战，铁壁合围，稳扎稳打，胜算在握。

作战计划首先打通津浦铁路之徐州、济南段和兖州至临沂的公路，全部占领鲁南解放区，然后将其主力推进至泰安、莱芜、新泰、蒙阴、沂水一线，寻找我军主力作战或迫其北渡黄河，以实现占领整个山东解放区的目的。其具体部署是：第一兵团由司令汤恩伯指挥第七军和二十五、二十八、五十七、四十八、六十五、七十四、八十三共七个整编师，先以一部配合第三兵团打通兖州至临沂公路，然后以主力向蒙阴进攻；第二兵团由司令王敬久指挥第五军及七十二、七十五和八十五共三个整编师，从冀鲁豫东调汶上、宁阳地区集结，在第二绥靖区部队策应下，首先打通津浦路兖州至济南段，然后向莱芜、新泰方面进攻；第三兵团由司令欧震指挥第十一、九、六十四、二十和伪军吴化文部改编的八十四师五个整编师，集结于兖州、邹县、滕县地区，在第一兵团和第三绥靖区协同下，沿兖州至临沂公路东进，先侵占鲁南解放区，然后向新泰、蒙阴进攻。第三绥靖区冯治安指挥整编第五十九、第七十七师；第二绥靖区王耀武指挥第十二、第九十六、第八、第五十四军及在莱芜战役中被歼后重建的第七十三军，除配合以上行动外，分别集结在徐州外围及青岛、潍县、济南各要点担任防御，伺机来攻。另外，整编第九师正由武汉地区向山东调动。

然而，毛泽东是天才的战略家。1947 年 2 月 14 日，他为中共中央起草了《迎接中国革命的新高潮》的党内指示，指出："中国时局将要发展到新的人民大革命的阶段，我党的任务是为争取这一高潮的到来及其胜利而斗争。"指示要求："为着彻底粉碎蒋军的进攻，必须在今后几个月内再歼蒋军四十至五十个旅。这是决定一切的关键。"

毛泽东进而指出："战胜蒋介石的作战方法，一般的是运动战。因此，若干地方，若干城市的暂时放弃，不但是不可避免的，而且是必要的。"

无论在陕北还是在山东，面对国民党的强大优势，毛泽东毫不畏惧，指挥若定。在战役部署上，坚持"集中优势兵力，各个歼灭敌人”的原则，“以歼灭敌军有生力量为主要目标，不以保守或夺取地方为主要目标”。

孟良崮战役发起之前，党中央、毛泽东密切注视着山东战局，又及时给华野前委发来指示：“敌军密集不好打，忍耐待机处置甚妥，只要有耐心，总有歼敌机会……唯：（一）要极大耐心；（二）要掌握最大兵力；（三）不要过早惊动敌人后方。”

这是陕北的窑洞吗？简直就是前线指挥所！

当敌第一兵团脱离左右邻军突出冒进时，毛泽东则指示陈毅、粟裕：“敌五军、十一师、七十四师均已前进，你们须聚精会神，选择比较好打之一路，不失时机发起歼击，究打何路最好，由你们当机决策，立付实施，我们不遥制。”

陈毅司令员说：“中央军委、毛主席真是明察秋毫，运筹于帷幄之中，决胜于千里之外。”

这种执行力体现在战役的全过程，而国民党军则完全不是，各自为是，各自保存自己的实力，令不行禁不止，消息闭塞，情报错误，指挥失灵，最后陷入人民战争的汪洋大海之中。

战役前的一段时期，华野司令部结合战场实际，及时调整部署，制订和实施具体的作战方案。当敌人集团滚进、不易分割的时候，华野首长采取“耍龙灯”的办法，在广大的解放区内大踏步进退，实行高度机动回旋，以求调动和疲惫敌人，寻找战机，陈毅同志把这叫作“叫花子打狗，边打边走”。

孟良崮战役的选择和决策也得益于情报的获得。若以《孙子兵法》“用间”论之，也可以说“无间不用”。国民党参谋次长刘斐、国防部作战厅厅长郭汝瑰等人不但将绝密情报告知中共，还能够指挥部队进入解放军的圈套。而徐州剿总，第一兵团甚至第七十四师内部不知道有多少共谍，以至于解放军能够清楚地掌握敌人的兵力部署、作战习惯，甚至作战意图。战役层面，粟裕本来是想攻击右翼的第七军和整四十八师的，正是获得确切的情报之后，才调整部署围歼整七十四师。

指战员的英勇顽强、通力合作，是取得胜利的决定因素。早在战役动员会上，陈毅司令员就豪迈地宣称："为了全局的胜利，即使我们华东野战军全部牺牲，我们也会再建一个新的野战军去参加全国大反攻。"

战斗中，双方数十万大军胶着在一起，几乎每一个山头，都要经过反复冲杀和争夺；每一次短兵相接，都要进行白刃格斗，其惨烈程度前所未有。一纵独立师一团扼守 285 高地，接连打退了敌人 5 次冲锋以后，机枪全部打坏，班、排长全部伤亡，最后师长亲自指挥，战士们用枪托、石头、手榴弹又连续打退了敌人 13 次冲锋，一直坚持到增援部队赶到。正因为我华东野战军就是这样的一支人民军队，所以才敢于"虎口拔牙"，才敢于"从百万军中取上将首级"，才能所向披靡。

各参战部队紧密配合、精诚团结、协同作战达到无缝状态。我军以 5 个纵队包围了敌七十四师，以 4 个纵队打援；蒋军又以 10 个整编师（军）包围了我军，形成了大圈套着小圈的严重态势。如果处置不当，亦将全军覆灭。为此，华野指挥员严命各主攻部队加紧猛攻，要不惜一切代价，速战速决；同时命令各阻援部队，要千方百计堵住敌人的增援，在敌七十四师未被歼灭之前，不得让其援军靠近一步。在 16 日下午战役结束时，国民党军队有的援军已近在咫尺，却终究未能接近友军，更未能发挥战斗效力。

分析人士曾经指出，如果国民党各军全力进攻，甚至最后提前一小时力攻，结果都很难设想。战后我军没有打扫战场，迅速脱离。

致命的一小时，却有着很深的原因。

孟良崮战役树立了人民战争的典范。整个解放战争中的大战役基本上都采用了这一原则。

还在孟良崮战役未发起之前，鲁中、鲁南、滨海地区的各级党组织就层层召开了动员大会，建立健全了各级支前机构，成立了担架队、运输队、民工队等群众组织，进行了周密的组织和发动。要求地方武装和民兵，要积极开展游击战争，配合主力部队作战，打击和牵制敌人；要使敌人所到之处，庄庄响枪，处处响地雷，不给敌人以落脚之地；要求群众要空舍清野，疏散资财，埋藏粮食，决不让军需物资落入敌人之手……战役期间，成千上万的大车小车、担子和担架队员奔赴战场，冒着敌人的枪林弹雨，抢救伤员，运输弹药和粮草，为夺取战役的胜利做出了无私的奉献。自 5 月初至中旬，鲁南地方武装歼敌 300 余人，切断敌人 3 条补给线中的 2 条，牵制了敌人 4 个旅的兵力，使其不能支援孟良崮。在孟良崮战役期间，沂蒙老区人民开展了大规模的支前运动，共有随军民工 7 万余人，二线民工 15 万人，临时民工 60 余万人，他们为夺取战役的胜利做出了不可磨灭的贡献。

胡琏说："中共人民战争最为精华所在就是在正规军进入之前先建立解放区。"他继而阐述道："中共采取节节败退的方式引诱政府军进入其控制的解放区，在其军队与人民所结成的罗网之中，政府军情报不灵、补给路断，然后集中优势兵力，于不利的天气、地形情况下包围政府军，再加上阻断援军、打断后路，政府军就如秋蝉一般，不能自拔，最后在网上被中共吞入口中。以后中共越来越大、罗网越结越广，终于让政府军在战斗力上失去了平衡，全被吞噬。”胡琏分析得很准确。

1959 年，陈毅元帅还在一次座谈会上动情地说：“我陈毅死在棺材里也忘不了山东人民对我们的支援。他们在战争中做出了许多可歌可泣的事迹……”事实证明，像这样规模巨大、人马众多的战役，离开了人民群众的无私援助，要取得战役的彻底胜利是不可能的。

孟良崮战役是一个里程碑，有着至今解读不完的密码。

荀子“上下同心”“壹民”的观点，意义非凡。他穿越历史的风尘，看透了战争的本质，抓住了战争获胜的要害。

毛泽东人民战争的思想，发展继承了中国古代先贤的战争思想，在现代战争条件下，因地制宜，实事求是，用全新的战争观指导解放战争，实现了战争的目标。

21 世纪的战争，完全不同于古代战争、现代战争，呈现出不同于以往的全新面貌。新的战争理论和作战方略层出不穷，战争的所有方面，包括武器、网络、信息等等，表现出全方位的新特点，许多东西颠覆了过去的观点，但是荀子之儒家兵道，孙子之兵法，仍然有其不会消失的价值所在。

（王建 / 撰文）

第十一章　善书者众

荀子曰："古之善书者众。"但他也许没有想过，在他去世之后几千年间，沂蒙书法名人如星汉灿烂。

书法临沂

"古之善书者众，而仓颉独传者，壹也。"荀子如此论断。

这话说得对，但也有失偏颇。如果说书写文字的人很多，那是不错的；如果说是造字，那就有失偏颇。

也有可能是荀子认为仓颉在整理汉字方面做了很多工作，掌握了汉字的正确规律，是整理汉字的专家，之所以独传下来，是因为合于道。

"善书者众"，在荀子之世应该就很多了。以理推情，他和他的学生都是善书者，李斯更是善书者的杰出代表。

我们无法见到荀子的书法，但是我们看到了他的学生李斯的书法，也是幸甚至哉。

沂蒙书法的历史其源也远，其流也长。无论是文字的创制、书写，还是石刻、简册，都有令人瞩目的业绩。善书者更是比肩接踵。那高峰便是千古仰望的书圣王羲之。另一座高峰是颜真卿，他们的高度直到现在仍然很难有人超越。

书法临沂，也是一部绵延绚丽的画卷，辉煌，壮丽，优美。至简至纯,风神绝代,这种高贵的美学品格,千古迷恋,寤寐求之,不舍昼夜。

仓颉传说与沂蒙文字创造

兰陵镇附近有个作字村，村里有个传说。

说亘古有个仓颉是轩辕黄帝的左史官，那时候都是结绳记事，或者刻刻画画的，很不方便。黄帝就叫他和右史官造字。他们俩就想着怎么造字。过了很久,右史官一个字也没有造出来。这仓颉不是凡人，他长了四只眼，上面两只眼看天，下面两只眼看地，仰观天象，俯察品类。仓颉描摹刻画，起先非常形象，后来就发展到指示、会意、形声、假借、转注六种，造出了不少的汉字。

人们把仓颉看成是汉字的创造者，就给他修了一座庙，用木头刻制他的肖像，墙壁上画着他造字的情景，外面立碑记事。这个村起名叫作字村，因为有一条沟穿村而过，村南的叫“作字沟南”，北边的叫“作字沟北”。

传说就是传说，虽是无稽之谈，却也说明这里的人们非常敬仰仓颉。

文字的起源比较复杂，结绳、刻契、八卦，说法不一。但是可以肯定地说，最初创制的文字是一些抽象符号，比如“一二三”“上下”等等，还有大量的象形文字，并非一地一人所完成。

众多的善书者书写出了不同的汉字，使得汉字丰富起来。这些发明人，可能是艺人、巫师、占卜者或者工匠。仓颉是一个天才人物，也许有着身份赋予的职责，能够对大量的汉字进行整理、设计、书写和传播，他因不世出的杰出才能，而独享大名。

“独传者壹也”！时代赋予仓颉造字者的角色，历史将他定格在这一神圣的形象上，因为他合乎“道”。

参与汉字的伟大创造，沂蒙地区没有缺位。当然齐鲁大地也都没有缺位。这是十分了不起的，正所谓星汉灿烂，若出其里。

在原临沂地区莒县东南10公里的陵阳河南岸，总面积4万平方公里的区域，1963年和1979年两次发掘，清理出新石器时代墓葬69座，随葬品2000余件，遗址中出土的陶尊，刻有图像文字，文字字体工整严谨，有20个可复制的单字。

莒县陵阳河遗址出土陶器上的刻画文字

陵阳河是大汶口文化的一个亮点，最典型的是那个“旦”字（于省吾说），也有人说是“炅”字（唐兰说）。这些图像文字的发现，把我国有文字的历史，从商代提前了 2000 多年。

兰陵县的高尧村商代墓葬，1963 年 10 月出土铜器八件，有六件铸有“戎”字，说明商代以前该处有戎族的部落存在。

兰陵县晒米城的商代墓葬，1974 年出土的铜器，其中铭文有“巫”一字。

在蒙山前的平邑县洼子地，1974 年出土商代墓葬铜器中有“史”字。

这些闪着光亮的创造的火焰照亮了远古时期的沂蒙，沂蒙因而能够从历史的夹角处走向文化的前台。

汉字起源大致开始于仰韶文化前期，就是公元前 4000 年前后，到了夏代初期，公元前 2100 年前后开始进入字符积累阶段，到商代后期，约公元前 1400 年前后，就已经形成较为成熟的文字体系了。

山东省昌乐县集中出土的 100 多块兽甲骨上所刻的 600 多个符号，结构和布局有一定的规律可循，应为距今约 4500 年的中国早期文字。

甲骨文所载的文字不过 3000 字，能够辨识的有一千多个字。有学者指出，现存的甲骨是商代的史官根据原始字符复制，然后再刻画在龟甲兽骨上的。

可以推断，汉字从原始文字过渡到较为规范的文字的过程中，仓颉起了独特的作用。

于是荀子说：“而仓颉独传者，壹也！”

汉字的产生，出现了一个强大的不可阻挡的力量。从此，中华民族从蒙昧走向文明。其意义不亚于 21 世纪人类走向网络时代，巨变是划时代的、全方位的、无与伦比的。

李斯的小篆

1965 年在费县台子沟出土的徐子汆鼎铭文，镌刻的“余子汆之鼎百岁之用”字样，线条流畅，书写工整，字体秀美，既赏心悦目又端庄大气。

汉字从诞生之日起，就面临着一个如何书写的问题。

首先碰到的不可逾越的问题是，一个汉字需要哪些部件，空间上如何摆放，代表什么意义。

这便是汉字六书的秘诀了。

在全国各地考古发掘的许多古遗址当中，我们看到了很多的符号刻画和原始的文字符号。这说明汉字的形成有一个漫长的过程，这些过渡期的文字各有奇妙，不统一，不规范。

大时代已经到来，汉字推动并加速了国家的统一步伐。秦帝国六王毕、四海一，文字的混乱状况也就随之结束。

当此时也，荀子的高徒李斯闪亮登场了。

这个旷世奇才，一时呼吸风雷，华曜日月，天崩地坼，掀翻一个旧世界，开辟一个新天地。

现在我们见到的秦篆最直观的是泰山上的刻石，举世瞩目，百读不厌。这是李斯的杰作。

孔子登泰山而小天下。他是至圣先师，胸怀天下。秦始皇登泰山，也有小天下的意思，他是千古一帝，统御四方。

秦始皇统一天下，五次巡视，走遍东西南北，三次都是来齐鲁大地。最有意思的是，秦始皇五次巡游留下一批刻石，总共七块，有五块立在山东，即第二次巡游的峄山刻石、琅琊刻石，第三次巡游的芝罘刻石和东观刻石，第四次巡游的碣石刻石，第五次巡游的会稽刻石。这些刻石的政治意义是很明显的，既是政治宣言，也是施政纲领。如果从书法的角度看，意义非凡。刻石文字的书写者，据考证都是李斯。

秦始皇二十八年，始皇帝第二次东巡，勒石刻碑，记其盛事。这是泰山最早的刻石，原分为两部分：前半部系公元前219年秦始皇东巡泰山时所刻，共144字；后半部为秦二世胡亥即位第一年（公元前209年）刻制，共78字。刻字22行，每行12字，共222字。

泰山石刻涵括了整个中国的书法史，展示了中国书法艺术的发展脉络。现存碑刻500余座、摩崖题刻800余处，碑刻题名之多冠中国名山之首，成为一处天然的书法展览，具有很高的艺术和史料价值。

泰山石刻的奇妙还在于长空高山之间，松柏巨石之间，刻画着中国人的艺术。那是怎样的一种的大美呢？

尤其是经石峪，一睹惊心，再见摄魂。

且说小篆。小篆是秦代书同文的果实。小篆成为文字，这是国家政策强制推行的标准字体，也是汉字自身发展规律的必然结果。

六国文字各有所宗，部件、位置摆放不同，书写有异，错综复杂。李斯毕竟是大师，他以秦朝小篆为基础，解决了几个重要问题：一是整理、规范各个基础部件，固定下来最主要的偏旁部首；二是规范部件摆布的空间位置关系，固定部首的位置；三是确定异构部件现象；四是去掉象形文字中的装饰性笔画，使其更加简洁。

小篆的流行，结束了战国以来汉字长期混乱的局面，文字障碍打通，文明的脚步加快，文化的融合和民族的聚集也是。

鲁迅曾称赞李斯："秦之文章，李斯一人而已""然子文字，则有殊勋"。他的书法"小篆入神，大篆入妙"，被称为书法鼻祖。

李斯被人们视为"小篆极则"。

孙过庭《书谱》说"篆尚婉而通"。王澍评其书法"笔法敦古，于简易中正有浑朴之气，不许人以轻心掉之"。清杨守敬跋《琅琊台刻石》说："嬴秦之迹，惟此巍然，虽磨泐最甚，而古厚之气自在，信为无上神品。"故颇为世重。

从《峄山石刻》可以看出，李斯的书法运笔坚劲畅达，线条圆润，结构匀称，点画粗细均匀，既具图案之美，又有飞翔灵动之势。其书法造诣之高超掩灭先轨，散绝后贤，使一切写小篆的人皆难入其境，成为后世临摹学书之佳作。

秦小篆为汉字顺利过渡到以后的隶书，奠定了坚实的基础。我们还是看看泰山经石峪的刻石，是怎样的神话。

一片大石坪上，镌刻着1400多年前摩勒的《金刚般若波罗蜜经》部分经文，字径50厘米，原有2500多字，现尚存1067个，是现存摩崖石刻中规模空前的巨制。

这是中国人与神灵对话沟通的方式。山神佛光，星汉灿烂，顶礼膜拜，替天行道。或者是人、神、宇宙对话。了悟了什么，只有天知道。

清杨守敬说："北齐《泰山经石峪》以径尺之大书，如作小楷，纡徐容与，绝无剑拔弩张之迹，擘窠大书，此为极则。"

清人冯云鹏在《金石索》中盛赞："如印泥画沙，草情篆韵，无所不备。"其用笔安详从容，风神淡泊，雍容大度，结体奇特，斜倚相生，充满个性，被尊"大字鼻祖"和"榜书之宗"。

清康有为认为："《经石峪》为榜书之宗。榜书亦分方笔圆笔，亦导源于锺、卫者也。《经石峪》圆笔也，《白驹谷》方笔也。然自以《经石峪》为第一，其笔意略同《郑文公》，草情篆韵，无所不备，雄浑古穆，得之榜书，较《观海诗》尤难也。作榜书须笔墨雍容，以安静简穆为上，雄深雅健次之。观《经石峪》及《太祖文皇帝神道》，若有道之士，微妙圆通，有天下而不与，肌肤若冰雪。"（《广艺舟双楫》）

本时期在临沂的遗存当属当时日照县（现为日照市）出土的秦权铭文。铭文曰："廿六年，皇帝尽并兼天下诸侯，黔首大安，立号为皇帝。乃诏丞相状绾法度量则不一，歉疑者皆明壹之。"

铭上这46字，明白记录了秦始皇统一六国、自称皇帝、统一度量衡诸事。这些字体为典型小篆，乃秦统一文字的重要见证。

这也告诉我们，始皇帝和李斯的足迹走过沂蒙地区，其西为峄山，其东为琅琊（胶南）、海曲（日照）。这些文字，昭告的不仅是政治，也是艺术。

不朽的银雀山汉墓竹简

汉承秦制，不仅是政治的大一统，文化上也是一并拿来，不同的是调整，再调整。

在思想文化上，儒家走向前台，骨子里还是法家。

书法则是一次次转型，由篆到隶。其书写越来越具有中国特色的艺术性，并且越来越具有神圣性。

大国气象已然形成，汉隶使书法技艺趋向成熟，也开始多元。政治的需求和艺术的需求，都在推动书法向前发展。永远创新，也许是中国书法的不竭神力。

此时期，纸张制造技术远不成熟，刻画材料除锦、帛、竹简外，石头代替早期陶器、青铜器成为新宠，以至西汉时期汉画像石大为流行，而到了东汉则“碑碣云起”，洋洋大观矣。

1870 年（同治九年），在平邑县出土了一块稀罕刻石，这是全国仅有的 12 块汉碑之一，极其珍贵。此碑经考证为汉成帝河平三年（前 26 年）所刻，文字为隶书，保留了小篆的笔意，与汉简同为西汉体。临沂在莒南县发现的顺帝时期《汉元三年刻石》，在兰陵县发现的章帝时期的《元和二年画像石题记》，在平邑县发现的桓帝时期《元嘉元年刻石》和章帝章和年间的《南武阳功曹阙碑》，其文字都是八分体，是隶书发展走向成熟的阶段。

1972 年，临沂银雀山汉墓出土了 4942 枚竹简，简上文字皆以毛笔书写，从中可窥见西汉时隶书已经成熟。简上所书《孙子兵法简》《孙膑兵法简》等，笔画都带有“燕尾波挑”，隶书篆意，既飘逸潇洒又古雅盎然，为现存西汉书法珍品。

竹简上的文字是用毛笔蘸墨书写的，估计是文景至武帝初期这段时期内抄写而成的。结体多数属于规整的早期汉代隶书，但是仍然有明显的篆书笔意。有些字写得比较草率，有些写得比较规整，这些竹简真实地反映了秦汉之际汉字发展演变的一些面貌，即由篆到隶的过渡。

银雀山汉简文字笔形和结构两大方面有不少变化。书写的特点，一是变圆笔转为平直笔画，然后平直，甚至很多连笔；二是笔画与笔画相交时的一个转折；三是简化，笔画上多表现为长度缩短，数量减少，主要是笔画缩短；四是出现异构，纷繁复杂；五是少量保留篆书与隶书特色的笔形大量出现。

汉简书法承上启下，开启了后世的楷书、行书、草书。文字到了汉代,即由篆到隶这个阶段,是文字发展史上的一次革命，一次巨大的进化，在书法史上更是如此，它对后来书法的发展具有深远的意义。

郭沫若说：“本来中国的文字，在殷代时便具有艺术风味。殷代的甲骨文和殷周金文，有好些作品都异常美观。留下这些字迹的人，毫无疑问，都是当时的书法家，虽然他们的姓名没有流传下来。但有意识地把文字作为艺术品，或者使文字本身艺术化和装饰化，是春秋时代末期开始的。这是文字向书法的发展，达到了有意识的阶段。”（《古代文字之辩证发展》）

信哉斯言，汉字在发展过程中，也发展了它的书法艺术。到了汉代，书法艺术已发展成为一门独特的艺术。简书中所表现出来的各具特色的书体，证明了两汉时期书法艺术之繁荣昌盛，同时也说明文字在社会生活中的应用更为广泛，这与统治阶级加以提倡有关。

汉代法律中规定，选用吏官要“以六体试之”，字写得好坏与知识分子们的升迁进退有很大关系。东汉灵帝刘宏“好书，征天下工书者于鸿都门，至数百人”。可见书法在上层建筑领域具有怎样的位置。

银雀山汉简书法的出现，说明本地区的书法已经达到很高的水平，并且拥有相当数量的创作群体。

诸葛亮也是大书家

诸葛亮是个大书家。

一般人对他的了解不过是他的政治谋略、行政才干、军事能力和品格上的忠贞不渝，其实每个天才往往都具有别人无法超越的才能。诸葛亮在音乐和书法、绘画方面的才能也是超凡绝代。

传说王羲之临摹过他的《远涉帖》。这是有可能的，逸少曾祖王览之兄王祥晚于武侯3年，皆为同世之英杰，亦是书法之高手。

南朝梁陶弘景是一位大书法家，他所著《刀剑录》记载：“蜀章武元年辛丑（公元221年），采金牛山铁，铸八铁剑，各长三尺六寸……并是孔明书作风角处所。”

那个时代，正是中国书法艺术趋向成熟的时代。诸葛亮喜爱书法，在青少年时期应该进行过刻苦的训练，能写多种字体，篆书、八分、草书都写得很出色。

虞荔《古鼎录》记载："诸葛亮杀王双，还定军山，铸一鼎，埋于汉川，其文曰：定军鼎。又作八阵鼎，沉永安水中，皆大篆书。""先主章武二年（公元222年），于汉川铸一鼎，名克汉鼎，置丙穴中，八分书……又铸一鼎于成都武担山，名受禅鼎；又铸一鼎于剑山口，名剑山鼎。并小篆书，皆武侯迹。""章武三年（公元223年）义作二鼎，一与鲁王，文曰：'富贵昌，宜侯王。'一与梁王，文曰：'大吉祥，宜公王。'并古隶书，高三尺，皆武侯迹。"

北宋时周越所著《古今法书苑》也记载："蜀先主尝作三鼎，皆武侯篆隶八分，极其工妙。"

宋徽宗宣和内府的《宣和书谱》卷十三记载：诸葛亮"善画，亦喜作草字，虽不以书称，世得其遗迹，必珍玩之"。又说："今御府所藏草书一。"这说明到北宋末期（公元1119—1125年），在皇宫内府还珍藏有诸葛亮的书法作品。南宋陈思《书小史》记载：诸葛亮"善其篆隶八分，今法帖中有'玄漠太极，混合阴阳'等字，殊工"。

这些记载已经不是传说了。珍藏在上海博物馆的北宋时期《宣和书谱》中，有诸葛亮行书《远涉帖》的书法全文，而且文章最后多了"亮顿首"三字。据上海市博物馆碑帖研究专家陶喻之的考证研究，这幅《远涉帖》是东晋大书法家王羲之当年临仿诸葛亮的书法原作本，说明王羲之见过诸葛亮的亲笔《远涉帖》，这是诸葛亮亲笔书法的临摹本，十分珍贵。

除此之外，上海市博物馆还珍藏有诸葛亮的《玄莫帖》和《亮白贴》。《玄莫帖》为汉隶书体，全文是："玄莫大寂，混合阴阳，先生天地柔刚。"《亮白贴》全文是汉隶："亮白孟起（马超）兼资文武，熊烈过人，一世之黥、彭（黥布、彭越二人是西楚霸王项羽的猛将）之徒，当于翼德（张飞）并驱争先，犹未及髯公（关羽）之绝伦逸群也。"陶喻之考证研究，认为他们都是诸葛亮的亲笔书法作品（见《诸葛故里论诸葛》，山东地图出版社，2007 年 10 月版）。

品味武侯碑帖，其神韵风采，自然不同凡响。

可以说，即使诸葛亮没有其他盖世的才华和大功，仅以书法论，亦当流芳千古。

千古二王一书圣

书法写到汉晋，群山耸立。一脉铺展开来，等待圣者出现。

时代和文化，推动王羲之出场了。

琅琊王氏家族个个善书，成就了王羲之。

王羲之父王旷、叔父王廙蒙以养正。七岁善书，十二岁从父亲枕中窃读前代《笔论》。王旷善行、隶书，王廙擅长书画。王僧虔《论书》曾评："自过江东，右军之前，惟廙为最，画为晋明帝师，书为右军法。"

王羲之早年又从卫夫人学书。沈尹默分析说："羲之从卫夫人学书，自然受到她的熏染，一遵钟法，姿媚之习尚，亦由之而成，后来博览秦汉以来篆隶淳古之迹，与卫夫人所传钟法

王羲之《兰亭序》部分

新体有异，因而对于师传有所不满，这和后代书从帖学入手的，一旦看见碑版，发生了兴趣，便欲改学，这是同样可以理解的事。可以体会到羲之的姿媚风格和变古不尽的地方，是有深厚根源的。”（《二王法书管窥》）

转益多师，融会贯通。他自己说过：“羲之少学卫夫人书，将谓大能；及渡江北游名山，比见李斯、曹喜等书；又之许下，见钟爵、梁鹄书；又之洛下，见蔡邕《石经》三体书；又于从兄洽处，见张昶《华岳碑》，始知学卫夫人书，徒费年月耳……遂改本师，仍于众碑学习焉。”

师古不泥古，融百家之长，立自己之绝技，乃能耸立起书法巅峰。

但是这肯定不只是书法的技艺使然，应是时代精神与个人性格融合的结晶，是生命心灵与民族精神交融的产物，也是天地造化审美忽现的瑰宝。

王羲之和他的《兰亭序》，是高峰。324个字，28行，有如神助，妙手偶得。古今多少人，临摹勾画，未得其妙。

这高峰是唯一的，只属于王羲之。

即使他的后人善书，也不能夺取一分光芒。

王羲之夫人郗璇书法卓然独秀，被称为“女中笔仙”。他的儿子们个个善书。长子王玄之工草书和隶书，次子王凝之亦工草书和隶书，三子王涣之善行草书，四子王肃之、五子王徽之、六子王操之也工书法，且各有秉性，为时人重视，但是唯其七子王献之为兄弟中书法成就最高，与王羲之并称为“二王”。

王羲之堂兄弟王洽、王荟（王导二子）皆精书法，王洽之子王珣留有《伯远帖》，为东晋王氏存世唯一真迹。王羲之四世孙王僧虔，喜文史，善音律，工真、行书。书承祖法，丰厚淳朴而有骨力。王僧虔20岁时，很擅长隶书，宋文帝见到了他书写的素扇，赞叹说：“不仅仅是笔迹超过子敬（王献之），而且典雅的风度也在他以上。”王僧虔与二子王志、王慈都是当时大书法家。

南朝人智永是王羲之七世孙，他将《兰亭序》带到了云门寺保存。云门寺有书阁专供练字，智永发誓“书不成，不下此楼”。他在此练字长达20年，并将用坏的毛笔集中埋在一个地方，自撰铭词以葬之，时称“退笔冢”。

对于小王，唐太宗不感兴趣。“观其字势，疏瘦如隆冬之枯树；览其笔踪，拘束若严家之饿隶。”他讥讽小王之动机，米芾看出了皇帝的意思，于《书史》中一语窥破："太宗力学右军不能至，复学虞行书，欲上攀右军，故大骂子敬。"

书圣的高峰耸立起来，学习者，临摹者，想超越者，古往今来不知凡几，也不过是高山景行，虽不能至，然心向往之。因为后人不在那个时代，不是王羲之，即便是逸少，也不能复写《兰亭序》。

颜真卿，唐代书法的又一高峰

创造唐代书法高峰的是颜真卿。

唐代的辉煌反映在书法上，空前繁荣。欧、虞、褚、薛、颜、柳诸家竞秀吐芳，颜体字代表的是唐朝的气象。

任何一个书法爱好者，中国的、外国的，没有不曾仰望书圣的高峰、不曾流连颜鲁公的山峦。

幸甚至哉，琅琊郡是王氏、颜氏的郡望。

颜真卿的忠勇事迹感人至深，他是忠臣义士的化身。

书法到了颜真卿手里，开辟了一个新天地。他一改初唐的瘦长体，变为方形，方中见圆，体势具有向心力。用笔浑厚强劲，善用中锋笔法，饶有筋骨，亦有锋芒，横画略细，竖画、点、撇与捺略粗。行草书落笔有力，个性鲜明，遒劲奔放。颜真卿的书风，具有盛唐气象。颜筋柳骨，成为唐代的风流。

范文澜说："初唐的欧、虞、褚、薛，只是二王书体的继承人，盛唐的颜真卿，才是唐朝新书体的创造者。"（《中国通史简编》）颜真卿的楷书，已形成一种范式，为后世学习者必须练

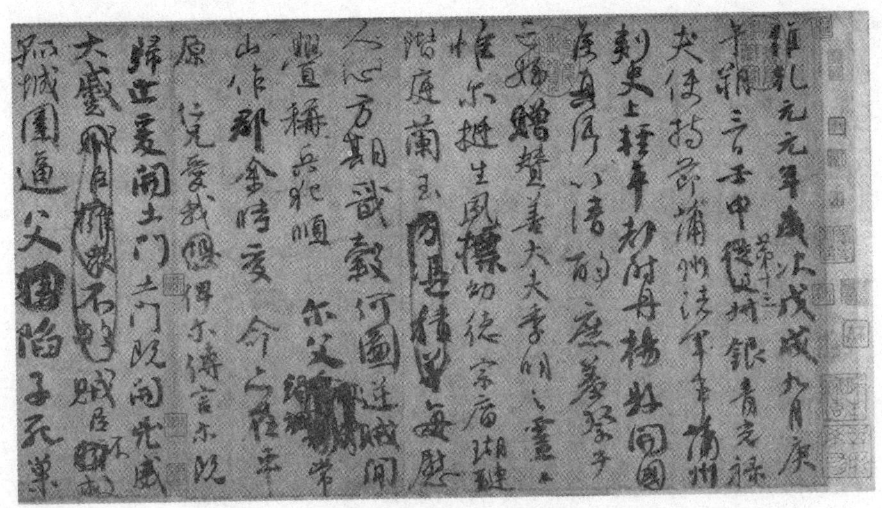

颜真卿《祭侄文稿》

习之楷模。

《祭侄文稿》被称为“天下第二行书”，他与王羲之并驾齐驱，闪耀在中国书法的天空。

颜真卿的碑帖很多，此不赘述。

至于唐碑，临沂市博物馆存有《唐开元文告碑》，虽然残缺，但是作为《唐书》的依据，全国唯一，非常罕见。临沂市兰陵县抱犊崮灵峰寺藏有唐代《抱犊崮造像题记碑》，字体俊秀隽永，也是现存于临沂的唐碑精品。

碑碣留存的宋元辽金书法珍品

宋代临沂，书法碑刻留存多在寺庙、家庙。这些刻在石头上的书法，让后人读到了宋代的余韵。

蒙阴县坦埠镇驻地西北蒙山深处有中山寺，建于唐代，兴于宋代。寺中藏有《白居易诗碑》，其上刻有宋真宗诗，故又称《宋真宗诗碑》，一碑二名，可谓奇特。寺中又有《苏轼诗碑》，此所以文人雅士多流连此寺庙之故。

宋仁宗嘉祐年间，苏唐卿担任费县县令。他喜好书法，嘉祐七年（1062 年），篆书《醉翁亭记》完毕，特地送给欧阳修亲自审阅订正，反复几次，篆文终于定稿。苏唐卿亲笔书丹于石，治平元年（1064 年）镌刻完成。碑阳是苏唐卿篆书欧阳修《醉翁亭记》全文，碑阴是模刻欧阳修、赵概谢简手迹，以及苏唐卿与友人唱和诗七首。苏唐卿还在县署西侧修建了一座“醉翁堂”，以存《醉翁亭记》碑。可惜此碑屡倾屡立，后毁于抗战期间。

北宋元祐六年（1091 年），费县知县杨元永路过当时费县诸满村时，看到鲁公祠低矮破旧，遂在县城附近划地重修，并在迁建后的鲁公庙立《唐鲁郡颜文忠公新庙记》，曹辅撰文，秦观书丹。碑阴为米芾撰书《鲁公仙真记》，一碑有秦观、米芾字迹，真是临沂书法珍品，可惜毁于“文革”时期，幸 1997 年又原样复修。

金代所成《集柳碑》值得一说。金皇统四年（1144 年），临沂普照禅寺主事和尚妙济禅师觉海对寺院进行扩建和修缮，并四处收集唐著名书法家柳公权墨迹，最后刻碑留存，此即“集柳碑”。西安碑林里有柳公权的《玄秘塔碑》，世称“西柳”，临沂的《集柳碑》便被称为“东柳”。

现立于王羲之故居的《集柳碑》为复制品，原碑几经地震、战火洗劫，多次修复，毁于“文革”期间。目前碑高八尺六寸，宽三尺九寸，厚二尺一寸，字径一寸五，共1261字。

明清民国，书法再繁荣

临沂在书法巨星的辉映下，崇尚书圣和颜真卿，关于他们的事迹，民间亦能说之一二。读书人更是视写好字为第一门面大事。虽然各个时代都有不少善书的高手，但晋、唐之后却再没有出现书法巨匠。

明代，进士周京为家乡郯城李庄重修石河广济桥而写《重修石河广济桥记碑》，现存于临沂市博物馆，因为碑文流利潇洒，所以其拓本在国内外流传甚广。另外，抗清名人葛明衡的草书、征西大将军杨肇基的书匾均留存于临沂，成为不可多得的珍藏。

明代还翻刻王羲之书迹而成《琅琊帖》，此帖拓片民国前后还存于药王庙，每有远客来访，县长必做之事便是带领客人来到药王庙，请和尚从房梁夹缝取出观赏。1938年临沂失陷，庙里和尚四散而去，此帖也不知所踪。此碑拓后来也多有流传，即使1949年以后，也是临沂各界人士迎来送往的重要文化礼品。

清代，乾隆所题《琅琊五贤祠碑》和《二疏城碑》皆保存在临沂市博物馆。张廷玉、刘墉都曾来临沂走访且有书迹留存。

晚清至民国，临沂书法也有可以圈点之处，宋溍、许瀚、管廷献、庄陔兰、王思衍等人不但入仕为官，且积极入世，其书法均有一定影响。

另外，当代临沂书法在全国和地方影响较大的书家有王燕谋（1898—1987 年）、崔祝生（1904—1997 年）、张寿民（1909—1998 年）、岳修五（1909—1990 年），临沂籍外地书家在全国影响很大的有商向前（1908—1998 年）居杭州，郭仲选（1919—2008 年）居杭州，王砥如（1903 年—？）居成都，张云斐（1903 年—？）居北京，他们的书法也是气象万千，并惠及当代。

中国书法城

临沂是中国书法家协会命名并授牌的中国书法名城，是全国第一批被命名的城市之一。

作为书法名城，临沂具有历史和现实书法艺术的支撑。临沂是书圣王羲之、唐代大书法家颜真卿的故里，书法历史悠久，自古就有研习书法的风尚。名门望族对书法的重视，影响了一代又一代人的书法研习。遍布全市各地的碑帖等历史遗存，为临沂的书法研究提供了基础。现存王羲之故居普照禅寺内的《集柳碑》最为出名。《集柳碑》系金皇统四年（1144 年）妙济禅师历尽千辛万苦搜集齐的柳公权字，集成《沂州普照禅寺兴造记》，全文雕刻在石碑上，世人称为《集柳碑》。现在全市有中国书协会员 100 余人，省书协会员 300 余人，书法培训机构 1000 多处，书法特色学校 10 所。

砚台也是临沂书法练习的重要物质基础。宋代米芾在其作品中写道："新得紫金右军乡石，力疾书数日也，吾不来果不复来用此石矣。"他在《砚史》中提到："紫金石与右军砚无异，端出其下。"目前临沂的金星砚、徐公砚、三叶虫化石砚热销国内市场，有砚台企业300多家。

书法广场位于市区祊河岸边，紧邻书圣阁，为全国首座，2006年建成。广场东西长1200米，南北宽200多米，总面积20多万平方米，共刻制历代皇帝和古代书法名家、现当代书法家及港澳台等地书法家共1080位的1320幅书法作品，共计100000余字，目前全国唯一，特色鲜明。

临水照花，馆阁虹桥。书法主题，美不胜收。书法广场，堪称国内一绝。

书圣文化节是临沂市委、市政府于2003年9月为王羲之诞辰1700周年举办的文化节会，向全国乃至全世界推出了"书圣故里"的文化品牌。书圣文化节每年9月举行一次，已经成为国内很有影响的文化节会。2017年9月4日，第十五届书圣文化节开幕。

历届书圣文化节主题虽然略有不同，但是书法展览是必有项目。2016年举办首届书圣书法大展，2017年举办第二届书法大赛展览。

临沂的书法根脉很深，从远古走来，薪火相传，代有俊杰。春风时雨，文化复苏创新。书法文化在当代临沂走进课堂，走进民间，走进家庭，成为一道新风景。

千古一脉，永恒的黑色。变化的线条有了生命，摇曳多姿的点画有了魂魄。

沂蒙因书法而骄傲，这是临沂的品格、风范。

善书者众，传者也众。人们依然会仰望那些星子般的书法巨匠，他们的光芒永远不会暗淡。

（刘兆东 / 撰文）

第十二章　宰相家风

荀子到兰陵，使得沂蒙一度成为儒学传播中心，更使得儒家文化，或者更进一步说荀子思想，成为构成沂蒙文化的重要基因，浸润培育了无数沂蒙名人。

遗传密码

人类历史上有一个独特的现象，某个地方、某个家族常常人才辈出，代有英贤，并且绵延不绝，令人赞叹称羡。也有一些地方或家族，从未培育出什么杰出的人物，平凡普通倒也好说，更有甚者，反而出现了一些影响恶劣的人。

是什么原因造成如此不同的结果呢？

站点不同的人有不同的答案，但是有一个基本共识，是文化因素使然。

沂蒙，深受儒家文化影响。孔子的72贤徒，有13人在临沂。荀子为政、著书和寓居兰陵后，沂蒙更一度成为儒学的传播中心。

所以说，儒家文化或者更进一步说荀子思想，是构成沂蒙文化的重要基因之一。

荀子比孟子更为重视礼，著有《礼论》，论证了“礼”的起源和社会作用。在长期的历史发展中，礼作为中国社会的道德规范和生活准则，对中华民族精神素质的修养起了重要作用，成为家训家教的重要内容。

古今中外的豪门贵族，无不注重家风的传承和弘扬。孟子有言:“国之本在家，家之本在身。”而修身在于良好的家风熏陶熔炼。

临沂物华天宝，人杰地灵。从古迄今，哺育出不少文化巨星和政治英才，如诸葛亮、刘洪、王导、王羲之、颜真卿，等等，他们在中华民族历史上都占有重要位置。

在漫长的历史长河中，位极人臣，出将入相，是所有入仕官员的最高理想。临沂籍人士担任过宰相的就有 57 位之多，他们在历史上都留下了痕迹，有些宰相的作为，可以说改变了历史的进程。诸葛亮功盖三分国，王导再造东晋，宰相人群中，罕有其匹者。

是什么样的家风培育出了宰相？宰相们又留给其后人怎样的家训呢？

暗含着荀子思想的沂蒙文化，或许就是孕育宰相家风的遗传密码。

诸葛大名垂宇宙

《荀子·富国》说：“使百姓无冻馁之患，则是圣君贤相之事也。”而诸葛亮就是这样一位贤相，其智慧、风范、信义种种，家喻户晓，老少皆知。

诸葛亮出身于琅琊阳都诸葛氏家族，这个望族是我国历史上有名的“将相之家”，诸葛氏家族贡献出许多政治家和军事家，这与诸葛家族重视中国传统文化是分不开的。

诸葛亮继承了祖传的家风，执掌蜀国相权后，为兴复汉室，成就帝业，建立起一套完整的政治体系，严格约束官吏，使蜀汉吏治在三国中最为廉明，“吏不容奸、人怀自厉、道不拾遗、强不侵弱、风化肃然”，一派清平景象。

不光从政廉洁，诸葛亮的忠诚也是千古流芳。

忠诚一词，最早见于《荀子·尧问》：“忠诚盛於内，贲於外，形於四海。”意思是说人的忠诚产生于思想内部，而修饰表现于外在，传播于四海。忠诚，是诸葛亮一生的做人原则。他在《兵要》一文中说：“人之忠也，犹鱼之有渊。鱼失水则死，人失忠则凶。”意思是说一个人的忠诚好比鱼和水的关系，鱼没有水就会死，人如果没有忠诚的思想观念，就会变得凶残，没有人性。他还说：“士为知己者死，女为悦己者容，马为策己者驰，神为通己者明。”简短的几句话，就把世间的忠诚关系比喻得十分贴切。

刘备白帝城托孤，最能体现诸葛亮的忠诚。面对风雨飘摇中的蜀汉政权，刘备也知道，自己的儿子，扶不起的阿斗，迟早会在魏蜀吴三国争霸中落败，也知道以诸葛亮的能力和威望，完全可以取而代之，但他还是想赌一把。是的，刘备绝对是三国第一赌徒，他想赌一把诸葛亮的忠诚。他托孤给诸葛亮，并且有言在先，自己的儿子能辅助就辅佐，实在不是那块料，那就干脆你来干吧。

诸葛亮诚惶诚恐接受托孤，“臣敢不竭股肱之力，效忠贞之节，继之以死乎？”立誓绝对忠于大汉，忠于刘备父子。

然而三国之中，蜀国最弱，恢复汉室的成功概率微乎其微。诸葛亮明知不可而为之，是什么原因？

诸葛亮博览群书，怀命世之才，在“天命”的问题上主要继承了荀子的唯物主义自然观。比如他在《草庐对》中，就对刘备说：“曹操比于袁绍，则名微而众寡，然操遂能克绍，以弱为强者，非惟天时，抑亦人谋也。”袁曹官渡之战，如果从双方兵力对比来看，则曹操远逊于袁绍，可是战争的结果却是袁败曹胜，大大出乎人们的预料。不少人将之归于“天意”或“天命所归”，可是诸葛亮却认为这不仅仅是“天时”（指“天命”“天意”）的问题，更主要的是“人谋”，即由人的主观努力、正确谋划及正确判断所决定的。

靠着这一思想，诸葛亮倾力治蜀，南征孟获，六出祁山，征讨中原，直到病死五丈原。诸葛亮用实际行动践行了自己当初的誓言，阐释了“与人谋必忠”、事在“人谋”，直到“鞠躬尽瘁，死而后已”。

诸葛亮的家教也甚严。对儿子诸葛瞻，他专门作《诫子书》：“夫君子之行，静以修身，俭以养德。非澹泊无以明志，非宁静无以致远。夫学须静也，才须学也，非学无以广才，非志无以成学。慆慢则不能励精，险躁则不能治性。年与时驰，意与日去，遂成枯落，多不接世，悲守穷庐，将复何及！”

诸葛亮的子孙都很争气。他的儿子诸葛瞻 17 岁为骑都尉，后升为军师将军。蜀汉后主景耀六年（公元 263 年）冬，魏将邓艾、钟会率十万大军伐蜀。诸葛瞻率军队迎敌，邓艾派人招降，若投降上表举荐为琅琊王。诸葛瞻丝毫不为所动，先斩来使让邓艾死了这条心，然后跟儿子诸葛尚一同引兵出战，最后一起壮烈战死。

诸葛家族的人宁愿死也决不背主求荣，忠贞不贰。

诸葛家族在三国时期绝对是明星家族，在魏、蜀、吴都受到重用，绝无仅有。《太平御览·人事部·品藻中》记载："诸葛瑾弟亮及从弟诞，并有盛名，各在一国。于时以为蜀得其龙，吴得其虎，魏得其狗。"韦曜《吴书》载："一门三方为冠盖，天下荣之。"

诸葛瑾于东汉末年避战乱赴江东，仕东吴为大将军、左都护，领豫州牧。诸葛诞，仕魏国，为大臣。其子诸葛靓，仕吴为右将军、大司马。诸葛靓长子诸葛颐，仕东晋，官至太常；次子诸葛恢为东晋大臣。

诸葛瑾早年投奔东吴，得到孙权的赏识，逐渐受到重用，位极人臣。诸葛亮出使东吴，自始至终皆以公职身份相见，会谈结束，坚决不私约，也不多说一句话。猜想不是他们不想见，也不是他们不关心彼此，而是两人都掌握大量机密，见面就有互谋谍报的风险，即使不相互通风报信，也难免遭人嫌疑，所以二人都高度自觉，各为其主，各自尽忠。孙权想留下诸葛亮，嘱咐诸葛瑾当说客，诸葛瑾的回答很有意思，说我兄弟已经是有主公的人了，"委质定分，义无二心"，他绝对不会留下，就像我绝对不会跟他去投奔刘备是一个道理，所以您也别劝了。诸葛瑾的严谨和风骨可见一斑。

诸葛诞也是一个硬骨头。司马昭之心路人皆知，他早就有取代曹魏的想法，但是有些忌惮朝中的一些大臣，尤其是像诸葛诞这样带兵镇守一方的将领，于是就派自己的头号心腹贾充去试探诸葛诞。贾充说，京师的贤才都希望司马昭能够接受曹魏的禅让，您对这事有什么看法？诸葛诞生气地质问，你还是贾逵的儿子吗？你们父子受曹家厚恩，你怎么能说出这种大逆不道的话来？如果有人在京师捣乱，我一定以死捍卫皇室！贾充碰了一鼻子灰就回洛阳了，司马昭闻听后也就不顾及什么儿女亲家了，下决心动手。诸葛诞于是起兵反抗，结果兵败身死。战后诸葛诞手下数百人被俘虏，坚决不投降，都说："为诸葛公死，不恨。"刽子手奇怪，还有不怕死的人？行刑的时候，排成一列，每斩一人都招降下一人，看你投降不投降。结果人头一颗颗砍下，直到最后竟无一人投降，跟田横五百壮士一样。诸葛诞自己对国家忠诚，他的士兵一样对他忠诚。

诸葛兄弟虽生长在世风日下的东汉末年，仅能"苟全性命于乱世"，但却终其一生不论浮沉俯仰，依旧"出淤泥而不染"。诸葛亮位高权重，然为官清廉，不谋私利，除规定应享受的俸禄外，不另置家产、别敛民财，正如他自己对后主所说："臣在外任，无别调度，随身衣食悉仰于官，不别治生以长尺寸。若臣死之日，不使内有余帛，外有赢财，以负陛下。"史载诸葛亮死后确如所言，家无余财。其兄诸葛瑾仕吴，官至大将军，亦为官清廉，生活简朴，死时"遗命令素棺殓以时服，事从省约”。诸葛瑾、诸葛亮兄弟分仕两国，同样清廉勤勉，忠良可嘉，从现存文献推论，其优良家风的熏陶应是极为重要的因素。难怪后人一提起诸葛氏，便立即联想到“鞠躬尽瘁，死而后已”。

诸葛氏一家严格按照当时忠孝节义的主流价值取向行事，家传祖训时刻不忘。从文献来看，诸葛家族历经几个朝代皆有显官，个个为官清廉，刚正不阿，忠于职守，为国立业，公而忘私，极少出现败类，不能不说是由家传优良风尚所成就。这样的家风，就是诸葛家族弥足珍贵的传家之宝。

王与马，共天下

西晋末年，朝政败坏，迭经八王之乱、五胡乱华、永嘉之乱、衣冠南渡。晋朝政权颠覆，岌岌可危。

然而国难当头，幸有中流砥柱。以王导、王敦为代表的琅邪王氏随琅邪王司马睿南渡江左，拥立司马睿为帝，建立东晋。

没有王导，就不会有东晋。没有王氏家族的辅佐，元帝也坐不稳江山。王导对晋朝有再造之功，“王与马，共天下”是时人对王氏家族的评价。

王导王丞相的功业事迹以及为政风格，史有记载。他所达到的高峰，很少有人能够做到。

王导是琅邪王氏家族的杰出代表，这样一个人物的出现，也有赖于其家族源远流长的家风影响。

琅邪王氏家族中第一个迁居琅琊的是秦将王离（宗敬第十七世孙，秦朝名将王翦之孙）长子王元。《新唐书·宰相世系表》

云："（王）元避秦乱，迁于琅邪，后徙临沂。四世孙吉，字子阳，汉谏大夫，始家皋虞，后徙临沂都乡南仁里。"王吉是王氏定居临沂的始祖，西晋末年举族南迁，后又在不同时期回迁。

琅邪王氏的郡望为琅琊国（郡），始于西汉中期的昭、宣时期，由王离的五世孙王吉奠基。

"二十四孝"中卧冰求鲤的主人公王祥是王导伯祖，其祖王览与王祥为异母弟，二人皆有大孝行。自汉代以来，举孝廉为官，忠义孝信既是朝廷选拔人才的标准，也是时人的行为准则。王氏兄弟孝友仁爱，好品行不仅带来了好名声，也带来了好前途，兄弟二人官越做越大，尤其是王祥，位列三公，德高望重，为琅琊王氏成为中古第一望族奠定了基础。

王祥临终，留下了《训子孙遗令》："夫言及可覆，信之至也。推美引过，德之至也。扬名显亲，孝之至也。兄弟怡怡，宗族欣欣，悌之至也。临财莫过于让。此五者，立身之本。"

这则家训成为琅琊王氏的总训，对子孙产生了重大影响，史书载"其子皆奉而行之"。

出生在这样的家族中，王导不仅顶着世家的光环，自幼饱受祖父的言传身教，修养品行那是没得说，而且年纪轻轻便已名声在外，出仕为官自然不在话下。而那时王家与司马家攀了亲戚，王羲之的父亲王旷与琅琊王司马睿（后来的晋元帝）是姨表兄弟，王导与王旷、王敦又是堂兄弟，所以王导、王旷、王敦是司马睿绝对的"死党"，辅佐他南渡建立东晋王朝。

王导在东晋先后辅佐晋元帝、晋明帝和晋成帝，是不折不扣的三朝元老。东晋王朝对南方的世家大族来说就是外来户，建国初年北方的刘曜、石勒、石虎搅得中原天翻地覆，内忧外患不断，权力争斗不休。那时能如此稳坐钓鱼台，官至宰相得以善终的恐怕只有王导。

王导之所以能如此，除了出身于世家大族对东晋有拥立之功外，就是他太会做人了，处事得体且顾及所有人的感受，因而让人心悦诚服。有人说，任何人与王导交往，哪怕只是初次见面，感觉也像老朋友。这跟王祥的家训有关。

有一次，王导同时接待数百位客人，却发现一位临海来的人和几个胡人坐在角落没人搭理。在这种场合，如众星捧月般的王导忽视一两个人也很正常，但王导却很细心。他走到临海那人跟前说："您一出来，临海可就没人了。"那人一听高兴坏了，本来自己官阶不高，名声不大，不受待见也很正常。而当朝宰相、大名士王导一句"临海可就没人了"，让这人的自信心和身价陡然暴涨，无论是谁听了都很舒服。王导又走到胡人跟前，用他们信仰的佛教礼仪弹着手指打招呼说：兰阇（梵语，意为清静无烦恼）！胡人乐得不得了。东晋军事力量虽然不行，但自视华夏正统，对少数民族一向是看不上眼的。作为宰相，王导居然会说胡语，还特别尊重他们的信仰，这政治意义实在是不小。

王导不仅对活人尊重有加，连死人都想着为他们谋福利。中国人向来重视盖棺定论，尤其看重官方给予的评价，也就是谥号。自汉魏以来，大臣去世，朝廷一般按照爵位为其赐谥号，而爵位一般都是凭借军功或者为朝廷做出大的贡献才能受封，而且爵位跟官位不一样，是可以传给子孙的。有人虽然官位高，名气大，德高望重，但没有爵位，按例不能加封谥号。于是，王导上疏说："武将有爵位都能加谥号，行政文职官员没有爵位不能加谥号，这恐怕不符合加封谥号的初心吧。"一句话立刻被皇帝采纳，自此以后，公卿等文官没有爵位的也可加封谥号。这是不是王导在为自己死后谋福利呢？还真不是，王导年轻的时候就承袭祖父王览的爵位即丘子，以后又晋封始兴郡公，死后自然有谥号。王导这么做是为了笼络人心，尤其是南方的士族，得全力争取他们的支持。

更厉害的是，王导不仅会做人，还特别会做官，永远摆正自己的位置，绝对不搞僭越，在众臣面前给足皇帝面子。

大兴元年（318 年），司马睿在王导、王敦的拥戴下即皇帝位，建立东晋。那时候的司马睿对王导感激涕零，恨不得把天下分一半给王导。他明白没有王导兄弟哪来自己的今天，要知道一起南渡的晋室皇族可有五位，"五马渡江，一马化龙"说的就是他。百官朝贺时，司马睿再三邀请王导同坐御床受贺。王导也不糊涂，尽管自己出了很多力，又跟司马睿有多年的友谊，但毕竟是臣子，哪里敢跟皇帝平起平坐，就一再辞让。最后，王导说："若太阳下同万物，苍生何由仰照！"这话说得让人听着舒服，还没有任何理由拒绝。司马睿心里高兴地作罢，而王导也稳稳地成为东晋第二号人物。

东晋二号人物王导一向谦虚、低调、谨慎，但东晋三号人物王敦，也就是王导的堂哥，脾气秉性与王导简直是千差万别，多年来他一直在外统领军队。王敦本事超强，但心术不正，歹毒异常，早就有反叛之心。一次他跟下属密谋造反的时候还差点杀了十岁的王羲之，要不是王羲之机智，卖傻装睡，小命早就不保了，这是题外话。王敦早在渡江的时候，就曾建议王导拥立年幼的皇室子弟当傀儡，自己也学曹操和司马懿，当个权臣，最后取而代之，可王导没答应。等司马睿地位巩固后开始削弱王氏兄弟手中权力时，王敦慌了，就有了取代司马睿的野心。永昌元年（322 年），他找了个“清君侧”的借口就造反了。

当时大臣刘隗力劝司马睿尽诛王氏家族，王导得知后，立即率族中兄弟子侄二十多人，脱了朝服每天天不亮就到朝廷等候议罪领罚，表示王氏家族甘愿受皇帝处罚，绝不敢谋反。王导是明白人，他知道尽管王敦造反跟自己没有关系，但自己毕竟位高权重，难免受到司马睿猜忌。王敦这时造反，正好给了司马睿借口，可以一举铲除王氏家族。怎么办呢？这会儿在皇帝的眼皮底下跟着造反肯定是死路一条，按兵不动也会招来杀身之祸，不如主动请罪，兴许司马睿念旧情，王氏家族还有一线生机。

果然，司马睿一向敬重王导，他也觉得王导不可能参与谋反，于是把朝服还给他，并召见他。王导叩首答谢说：“叛臣贼子，哪个朝代没有呢？但没有想到会出在我们王家。”司马睿赤着脚走下来拉着王导的手说：“茂弘（王导的字），我正要托付一国之命与你，你怎么说这样的话呢。”于是司马睿下诏说：“王导大义灭亲，可以把我任安东将军时的符节授予他。”王导当然并未真正持安东将军的符节，但皇帝这一番话显然是给王导吃了定心丸：我知道你是忠臣，我不仅不杀你，还要重用你。司马睿也知道，无论从感情上还是政治上，他都离不开王导，想想还是算了吧。

王敦打仗还是有两下子的,几仗下来居然拿下了首都建康。见到王导，他狠狠地说：“那时不听我的话，非要立他，现在差点被灭族。”言外之意，现在废了他还来得及，可王导始终不答应。王敦也没办法，孤掌难鸣，连自己的家人都不支持，要是真废了司马睿，那可就惹下大麻烦了，于是自封个丞相就领兵退回武昌了。

司马睿的命和皇位暂时保住了，可经历这一番屈辱，他又气又恼又惊又怕，第二年就死了，遗命晋明帝司马绍继位，王导辅政。依照曹魏时司马懿辅佐魏明帝的先例，王敦觉得有机可乘，又加紧图谋篡权。王导依然坚决拥护晋室，决不做叛臣贼子。不过王敦折腾这几年，尽管权力欲望旺盛，可身体已经不行了，想造反却连床都下不来，于是派儿子王应和部将再次造反。

不过这次王敦可没那么幸运，司马绍可不像司马睿那样窝囊，有勇有谋，充分信任王导，主动让他假节节制诸军。王导也让这位堂兄伤透了脑筋，早就与之决裂。为了打击叛军，瓦解士气，王导率王氏子弟大张旗鼓地为王敦发丧，让大家都以为王敦死了。于是，官军士气大振，叛军节节失败，把王敦活活给气死了。王敦之乱被讨平后，王导被晋封为始兴郡公，食邑三千户，赐绢九千匹，进位太保，特许他剑履上殿，入朝不趋，赞拜不名，但王导坚决推辞不接受。王导知道，发生这么大的事，皇帝不计前嫌就不错了，哪里还敢要封赏啊。

王导的忠诚、仁厚、智慧，不仅保全了自己，也保全了整个王氏家族，有惊无险，使家族平安度过了渡江后最大的危机。

萧氏八叶宰相

兰陵，这个楚国最早命名设置的县，在荀子之后的几百年间，成为一个家族的郡望，提到兰陵，人们自然就会想到萧氏。

兰陵萧氏在永嘉南渡之前籍籍无名，南渡以后很长时期也一直都是寒门庶族。东晋毕竟门阀等级森严，寒门要想翻身，那简直比登天还难。不过士族在军事上的懦弱与文化上的清高，再加上东晋末年的动乱，给了庶族机会。等出身草根的刘裕抓住机遇，翻身做了皇帝，兰陵萧氏也跟着转运，因为刘裕的皇后姓萧。

萧氏靠着姻亲逐渐走向权力中心，经过几代人，趁刘宋末年大乱，萧道成靠军功果断称帝，建立齐朝，萧氏一跃成为皇族。当然萧氏称帝不止这一次，过了没几年，另一位萧氏成员萧衍，跟萧道成还没出五服，在齐末也趁乱起兵称帝，建立梁朝，过程也几乎是萧道成称帝的复制。

萧氏飞上枝头变成凤凰，成为皇族，这可不得了，家族为了得到广泛的拥护，广施仁政，重用庶族，起用了一大批寒门，使其成为新贵，光临沂的老乡就不少，琅琊颜氏、东海郯徐氏也在那时候发展壮大。当然为了能与琅琊王氏、陈郡谢氏这样的世家大族比肩，萧氏空前地重视家族教育，并成为当时的文化引领者。梁武帝萧衍与昭明太子萧统、简文帝萧纲、元帝萧绎父子四人，在文学上合称“四萧”，与“三曹”齐名。家族

萧氏兰陵堂（兰陵堂为萧氏堂号之一，另还有沂南堂、定汉堂、制律堂等众多的堂号）

还先后诞生了以萧氏成员为首的10个文学集团，并创立了永明体、宫体诗，对唐诗影响极大。可以说，齐梁时期的萧氏家族是历史上权力与文化结合得最好的家族。

有如此深厚的家风、家学积淀，子孙想不出名都难。果然到了隋唐时期，萧氏又大放异彩。与大多数改朝换代后没落、消亡乃至被灭族的皇族相比，萧氏可谓一朵奇葩，居然丝毫未受影响。不仅如此，家族依然显赫，终唐一代，竟然出了八位宰相，人称“八叶宰相”。连北宋欧阳修都忍不住称赞：“梁萧氏兴江左，实有功在民，厥终无大恶，以浸微而亡，故余祉及其后裔。自瑀逮遘，凡八叶宰相，名德相望，与唐盛衰。世家之盛，古未有也。”

一句话，这都是祖上修来的。没有祖上的好家风，哪有子孙的兴旺。

“八叶宰相”同出一脉，他们的先祖就是梁武帝萧衍长子昭明太子萧统，这一支人中先后有8位后嗣，即萧瑀、萧嵩、萧华、萧复、萧俛、萧仿、萧寘、萧遘，自唐初至唐末相继出任宰相。

武德年间，萧瑀任中书令长达五年。此时唐朝帝业初建，制度未备，高祖李渊对萧瑀委以重任，常有诏敕制书下到中书省后被萧瑀扣押，不能及时下达。李渊深为不满，责备萧瑀办事拖沓。萧瑀却说：“臣于隋大业年间，在内史省任职，宣布诏令时，常常会发现有的诏令前后相抵牾，执行起来，不知所从。因此就会出现诏令发布容易，执行困难的情况。如今皇基初建，所谓牵一发而动全身，国家的安危、社稷的稳定全部系于诏令之上。所以臣每接受一道敕诏，一定要仔细勘察核审一番，使其和前面诏敕的内容不冲突，然后才敢宣行，所以有时颁布得较为缓慢。但臣认为，总体上而言，这样做可以达到事半功倍的效果。”李渊听后称赞地说：“爱卿能如此尽心，我还有什么好忧虑的呢？”

萧瑀为人耿直，眼里容不得沙子，经常直言进谏，得罪唐太宗。李世民也知道他忠贞不贰，屡次罢他的官，又屡次复他的官，并常对房玄龄等人说：“武德六年以后，太上皇有废立之心而犹豫不定，朕当时不为兄弟所容，很担心地位不保。萧瑀没有被重利所诱，也没有向刑戮屈服，始终忠心地支持着朕，真是社稷之臣啊。”所以，唐太宗赐萧瑀五言诗一首：“疾风知劲草，版荡识诚臣。勇夫安知义，智者必怀仁。”李世民对萧瑀的评价是很高的，不仅如此，在贞观十七年（643年），还命绘制功臣画像悬挂于凌烟阁，其中就有萧瑀。

萧复可以说是含着金钥匙出生的。他生于开元盛世，这盛世的缔造者就是外祖父唐玄宗，母亲是新昌公主，舅舅是后来的唐肃宗，爷爷是太子太师萧嵩，父亲萧衡官至太仆卿。萧氏是货真价实的皇亲国戚，地位异常显赫。

虽然出身于显赫的家族，但是萧复从小就能保持清苦的节操。当时，他的兄弟们大都崇尚侈靡，相互攀比服饰、舆马、吃穿用度。萧复则不同，他穿着朴素，天天在房里读书、习字，平常绝不与豪门纨绔子弟们交往，只与骚人墨客以及儒士们往来。伯父萧华常夸赞他："这孩子将来会有大出息，能够继承我们萧氏家族大业！"

萧复的外祖父开创了一个盛世，随即也开启了一个乱世。安史之乱后，灾荒不断，百姓的日子更加难过。广德年间（763—764 年），由于连年歉收，谷价暴涨，京城小米甚至贵如油。萧氏家族虽然显贵，但因为家族人口众多，早就入不敷出。为了全家人的生计，萧复决定卖掉当年外祖父唐玄宗赐给母亲新昌公主的一套别墅。当时，宰相王缙贪鄙喜财，听说萧复有栋别墅，环境幽雅，是玩耍的好地方，就想霸占它，便使人许下高官厚禄，诱导萧复把别墅献给自己。萧复却说："因为家境拮据，我才变卖祖业，上以供奉年老，下以抚养童幼，倘若用来换取美职，让家人冻馁挨饿，我不敢有这样想法！"王缙因为不能得到昭应别墅而深感遗憾，同时也为萧复不买自己的账而怨恨。不久，王缙进谗言，罢去萧复的官职。萧复因此赋闲在家数年，但他却始终不后悔，坦然自若。

建中元年（780年）四月，萧复任同州（治今陕西大荔）刺史。正值天旱歉收，百姓饥饿无食。同州境内有京畿观察使所设的粮仓，萧复为赈济饥民，在没有上奏的情况下擅自开仓，被有司弹劾，诏令削阶停职。萧复的朋友对他的遭遇表示同情，萧复却高兴地说："只要有利于百姓，我就不会在乎、惧怕这轻微的处罚。"直到建中三年（782年）七月，萧复才再次被起用为兵部侍郎。

萧俛居相位期间，刚正廉洁，疾恶如仇。西川节度使王播，早年本来官声不错，晚年却横征暴敛，晚节不保。他用重金贿赂宦官和权臣，打算入朝过把当宰相的瘾。萧俛对此深恶痛绝，在朝堂上公开揭露王播的邪恶及纳贿行为，并指出，不可以让这种人来玷污宰相的位子。然而王播钱用得到位了，连皇帝都被收买了，丝毫听不进劝告。既然这样，萧俛说那他不愿与这种人同朝为相，于是三上章奏，请求罢相。唐穆宗却始终不肯，他也不糊涂，像萧俛这样的忠臣还是要留下的，就命萧俛改任吏部尚书。

萧俛崇尚简洁，爱惜自己的名声。他做宰相时，穆宗诏令其撰《故成德军节度使王士真神道碑》。这个王士真，是个军阀，对朝廷的命令也不听，萧俛不愿意为这种人写墓志铭，就对皇帝说，我这个人心胸狭窄，王士真是个叛臣贼子，我要是秉笔直书，那也没什么好话，就算写了您也不会满意；但是如果直接拒绝，那就是驳您的面子，您还是别难为我了。结果穆帝非但没有怪罪他，还因其重名节嘉奖了他。

咸通年间，萧遘考中进士，王铎是主考官。等到僖宗逃奔到蜀后，萧遘与王铎并居宰相位。有一次，僖宗召集宰臣，王铎年事已高，攀登阶梯时不小心摔到，萧遘在一旁搀扶他起来。僖宗看到了，高兴地说："辅弼之臣如此和睦，是朕的幸福啊！"他对萧遘说："刚才见爱卿扶王铎，朕高兴爱卿善事长者。"萧遘回答说："臣扶王铎不单独是善事长者。臣参加科考那一年，王铎为主考官，臣有幸中第，我是他的门生。"僖宗高兴地说："王铎选进士，朕选宰相，没有辜负爱卿你吧！"

宦官节度使朱玫想废掉唐僖宗，另立新主，找宰相萧遘商量。萧遘一听一百个不同意，劝朱玫说，圣上自登基十余年以来，没有犯什么过错。这些年都是宦官田令孜掌权，皇帝也是受害者，你应该讨伐田令孜，迎回圣上，要是改立新主我肯定不答应。朱玫听不进劝告，反问道，李家王子多了，凭什么只能他僖宗一人当皇帝？萧遘进一步劝导说，废立皇帝是一件很危险的事，即使伊尹、霍光那样的贤臣都没有善终，你也不会有好下场。朱玫一听倔劲就也上来了，我就要立个皇帝，不从命者斩。等朱玫立襄王后，就请宰相萧遘起草书写册文。萧遘说我自小得了一种慢性病，文思衰退，在朝廷当官后都是找人代笔，实在写不了。如果非让我写，一定会让人笑话，你另请高明吧。朱玫气得牙痒痒，只好让别人来写，回到长安后，就将萧遘罢相。萧遘于是称疾病缠身，告老还乡。朱玫果然没有好下场。叛乱平定后，僖宗回京，宰相孔纬曾与萧遘不和，便上书弹劾萧遘立场不坚定，请求重惩萧遘，僖宗不问是非曲直，将萧遘赐死于永乐县。

作为臣子，萧遘的操行无可挑剔，只是生不逢时，被奸人玷污，不能寿终正寝，士人无不叹惜。萧遘是萧氏家族在唐朝的最后一个宰相，他死后 20 年唐朝就灭亡了，萧氏家族也随之衰败下去。

宰相们的家训家规虽然不同，却都源远流长，具有一些共同的属性，这就是忠字当头，孝字为先，志学修身，勤俭持家，八德之风盛行，因此才造就家族众多的英杰人物。唯其人才辈出，才使得家族文化璀璨夺目，与日月齐辉。而荀子修身劝学、隆礼忠君的思想不断被临沂名门望族吸收、继承与发展，并形成浓厚家风，对沂蒙地区影响深远。

（王建 / 撰文）

第十三章　荣辱之道

“荣者常通，辱者常穷；通者常制人，穷者常制于人。是荣辱之大分也。”荀子是真正把荣、辱联系在一起，明确提出荣辱观的第一人。

国有四维

中华文明是发源于厚重黄土地上的农耕文明，具有农耕文明特有的坚忍不拔、重义轻利的文明品质。在这种迥异于商业文明和游牧文明的文明品质影响下，中华民族从其文明原生之时起，就特别重视作为人与人之间关系纽带的伦理道德。道德观念、廉耻观念，深深镌刻于中华民族的心灵之上，成为文明运行的核心规范与全民族价值判断的坚强基石。

《诗经》中就有廉耻之说。《风·相鼠》有“相鼠有皮，人而无仪；人而无仪，不死何为”的句子，大意是说老鼠都有一张皮，人怎么能没有尊严廉耻呢？

成书于管仲和稷下后学之手的《管子》，开篇就指出，礼、义、廉、耻是治理国家的四种纲纪准则，礼、义、廉是正面的，是荣；耻是反面的，是辱。在管子看来，社会的安定与进步，要靠道德的引领。人一生不做坏事，不是慑于法律，而是出于人的良知，当这样的教育成为大众的普遍意识时，国家才会长治久安。因此，治理国家乃至治理天下，最重要的就是知荣辱，也就是让人民树立"以荣为荣""以耻为耻"的观念。

那么，怎样让人民树立正确的荣辱观呢？

"仓廪实则知礼节，衣食足则知荣辱。"（《管子·牧民》）百姓粮仓充足，丰衣足食，才能顾及礼仪，重视荣誉和耻辱。

在世界历史上，阐释道德荣辱观、研究经济规律与原理的均大有人在，但是将荣辱观念与经济原理结合在一起，揭示二者之间深层次联系的，管仲是第一人。从人类曲折的文明发展历程来看，经济的发展促进文明的进步，文明的进步依仗经济的发展，是大趋势、大规律、大方向。从宏观上讲，二者水涨船高、相生相随的关系无可争议；从经济基础对上层建筑的决定作用上讲，管子的至理名言依然对现实有重要的指导作用。

海洋大国齐国的思想家将荣辱观与经济原理紧密结合，而一山之隔的邹鲁之地，当地的儒家学者们，却将荣辱观念过滤为一个纯粹道德伦理概念，并对历史进程产生了更加深远的影响。

"信近于义，言可复也；恭近于礼，远耻辱也。"（《论语·学而》）

儒学"圣经"《论语》里的这句话，深刻地揭示了荣辱与个人道德修养之间的密切关系。在儒家看来，诚信，有礼，自然就远离耻辱了；反过来说，没有信誉，无礼，当然要徒自取辱。

子贡问曰："何如斯可谓之士矣？"子曰："行己有耻，使于四方，不辱君命，可谓士矣。"曰："敢问其次？"曰："宗族称孝焉，乡党称弟焉。"曰："敢问其次？"曰："言必信，行必果，硁硁然小人哉！抑亦可以为次矣。"曰："今之从政者何如？"子曰："噫！斗筲之人，何足算也。"（《论语·子路》）

在孔子看来，若能做到"行己有耻"，则便可谓之"士"矣！而且在他看来，当时那些所谓的"从政者"，其实不过只是一些胸无大志、鼠目寸光之徒，是不屑一顾、不足挂齿的。

到了战国初期，儒家学派一代豪杰孟子，将这种观念更加纯粹化，使荣与辱完全成为一个道德概念，并用儒家理论中处于核心地位的"仁"，作为判断一个行为是荣是辱的绝对标准。

"仁则荣，不仁则辱。"（《孟子·公孙丑章句上》）

在孟子看来，荣辱是与道德相互依存的。道德高尚者，如孔子所说，"志于道，据于德，依于仁，游于艺"（《论语·述而》），有坚定的理念，为万人所敬仰，自然会有荣光。即使在世时不得志，为权势所压抑，但也会有身后之荣。相反，悖逆仁道，多行不义，即使得逞于一时，但终究要受辱于世。

"人不可以无耻。无耻之耻，无耻矣。"（《孟子·尽心上》）

孟子认为，一个人固然不可以"无耻"，但若能知道自己"无耻"似乎并不可怕；而最可怕的是，明明自己已很"无耻"了，同时自己却又根本没有意识到。这样的人，才真正是所谓的"无耻”；或者说，是其中最大、最可悲 、最要命的那种“无耻”。

相对于孔子以至孟子一脉相承的“荣辱道德化”倾向，作为战国后期儒学集大成者的荀子，却吸收融合稷下学派和儒家学派的观点，提出了崭新的论断，成功扭转了儒家对荣辱的研究方向，为中华荣辱观的构建，做出了巨大贡献。

先秦诸子中第一个以整篇的篇幅来阐释荣辱观的，荀子是第一人。

“憍泄者，人之殃也；恭俭者，偋五兵也：虽有戈矛之刺，不如恭俭之利也。故与人善言，暖于布帛，伤人以言，深于矛戟。故薄薄之地，不得履之：非地不安也，危足无所履者，凡在言也。巨涂则让，小涂则殆，虽欲不谨，若云不使。”（《荀子·荣辱》）

荀子开宗明义，从人我利害关系的角度，指出待人傲慢轻薄会给自己带来祸殃（即一定会遭到别人的反对），谦恭有礼，行为检点，则可预防别人的攻击。在他心中，光荣与利益联系在一起，耻辱同世俗利益的损失不可分割，所以追求荣誉实为保全利益，决不纯粹是所谓道德情操、精神境界、人格水平的问题。

事实是“荣”“辱”原本就是与“义”“利”密切相关的一对思想理念：“先义而后利”，就是“荣”；反之，若“先利而后义”，甚至于见利忘义、唯利是图，就是“辱”。“义”与“利”孰先孰后，直接决定了一个人德行的高低，也直接决定了一个人的荣辱。

所谓“物类之起，必有所始；荣辱之来，必象其德”（《荀子·劝学》）；所谓“荣者常通，辱者常穷；通者常制人，穷者常制于人。是荣辱之大分也”（《荀子·荣辱》）；所谓“善择者制人，不善择者人制之；善择之者王，不善择之者亡。夫王者之与亡者，制人之与人制之也，是其为相悬也亦远矣”（《荀子·王制》）。

“荣者常通”，毋宁说是通明豁达，知足常乐；至于“辱者常穷”，便不啻为物所累，郁郁寡欢。而且在荀子看来，这种“荣辱之大分”，不仅只是“制人之与人制之”间的分别，更关乎于“王者之与亡者”，关乎于人的“安利”与“危害”，“乐易”与“忧险”以及“寿长”与“夭折”，关乎于人的生与死。这就是所谓“安危利害之常体也”。如此看来，“荣辱”之事，岂可小觑？得之失之，可无慎乎？

义利之取舍与荣辱之分别，有时甚至可以决定生死存亡。一千六百年前，发生在临沂境内的一场著名战役，正好可作为荀子观点的注脚。

骄泄者，人之殃

荀子很看不起对人傲慢轻薄者，他在《荣辱篇》中说，骄泄者，人之殃也，这样的人必定会给自己带来祸殃，免不了失荣取辱。

荀子更看重谦恭。他曾讲过一个孔子论谦恭的故事，说有一天，子贡问孔子人为什么要谦恭，请老师给出解释。孔子对这个问题很感兴趣，称赞子贡问得好，说“深挖土地可获甘泉，勤耕土地可获五谷，丰厚广袤的土地上草木茂盛，禽兽健壮；

人活着在土地上生活，死了在土地里安息。土地对万物无私付出却从不居功。谦恭的人是不是就这样呢”？

老子也曾用“水利万物而不争”，赞美谦恭的人就像水总是流向卑下的地方。

历史上，因骄傲自大自取灭亡、留下耻辱的人太多了。

举个例子，东晋时期，北方有许多大大小小的割据政权，历史上称为“五胡十六国”，南燕国就是其中一个。南燕是鲜卑贵族慕容德在后燕灭亡之际建立的一个政权，建都广固（今山东青州西北），据有今山东省之地，北与北魏为邻，南与东晋相接，在北方诸国中，属于比较弱小的一个。

虽然疆域狭小，国力较弱，但南燕君主慕容超却骄傲自大，十分膨胀。他经常不自量力，举兵南下，侵扰淮北一带，使彭

朗公寺

城以南的百姓深受其害。

义熙五年（公元409年）二月，不胜其扰的东晋朝廷决计一劳永逸地解决南燕问题，遂以大将刘裕统兵北伐。

刘裕采取筑城留兵，巩固后方，长驱北进，直趋腹地的方略，于四月率大军10万自建康出发，舟师自淮入于泗水；五月进抵下邳（今江苏邳州市西南），舍舟从步，留下辎重，取道琅琊（今山东临沂）北进。所过之处，皆筑城留兵，以防敌军切断后方的运粮之路。

南燕君主慕容超，闻晋军将至，乃召集群臣，商讨对策。征虏将军公孙五楼认为：晋军轻装而进，利在速战，不可与之争锋，应扼守大岘，使敌军不得深入，牵延时日，挫其锐气，然后精骑2000人，沿海南行，绝其粮道，再命驻守在梁父（今山东泰安南）之师，缘山东下，腹背夹击晋军，此为上策。公孙五楼的建议，正是刘裕所担心的。然而骄泄自大的慕容超并未采纳。他傲慢地宣称："晋军远来疲惫，势不能久。我据五州之地，国富兵强，无须示弱。不如纵敌入岘，然后以精兵击之，何忧不克。"于是，他下令撤回莒县及梁父守军，修筑广固城垣，厉兵秣马，以待晋军。

是年五月，刘裕不战而过大岘，不禁喜形于色，对左右说：兵已过险，将士必有死战之志，粮食遍野，军无匮乏之忧，胜券已稳操我手。六月，当晋军已到达东莞（今山东沂水）时，慕容超乃遣公孙五楼等率步骑4万，进屯临朐；后闻晋军已入大岘，又亲率步骑四万，增援临朐；为了切断晋军的水源，复命公孙五楼率精骑进据巨蔑水（今弥河），及至，为晋军前锋孟龙符所败，只好退回。

晋军过了大岘，进入平原，为了防范南燕骑兵的突袭，刘裕以战车4000辆，分为左右两翼，双车并进，缓缓而行，车上悉张帷幔，以防敌之箭矢。步兵夹在车兵之间，骑兵则在两翼及车后，负责警戒掩护。晋军进至临朐南数里时，南燕派铁骑万余前后夹击，双方展开了激战，天已过午，仍未分胜负。

此时，晋参军胡藩向刘裕献计说：燕军悉兵出战，临朐必然空虚，请以奇兵从间道袭取临朐，此乃韩信破赵之策。刘裕采纳了这个建议，命胡藩、植韶、向弥等潜师出燕军之后，直取临朐，诡称自海道至此。临朐防守空虚，被晋军一举攻克，慕容超单骑南逃至段晖营。刘裕得知晋军已占据临朐，截断了敌军的归路，便纵兵奋击，燕军大败，段晖等10余名将领被杀，慕容超率残部逃回广固。

刘裕紧追不舍，乘胜进攻广固，夺其大城（外城）。慕容超退据小城（内城），先后派尚书郎张纲和尚书韩范去后秦求援。刘裕命战士筑长围以困燕军，同时，“抚纳降附，采拔贤俊”，分化瓦解敌人。后闻张纲善制攻具，乃命部下于张纲出使归途中将其截获，让其绕城大呼：夏主赫连勃勃已破后秦，后秦军已无力救援。城中兵民闻知，一片惊恐。慕容超见救兵无望，只得请和，遭到刘裕的拒绝。

后秦君主姚兴，得知晋军已围广固，乃遣使对刘裕说：秦已派铁骑10万进屯洛阳，若晋军不退，当长驱而进。刘裕识破其为虚声恫吓，斥退了秦使。十月，张纲已制成各种攻城器具，上覆牛皮，使燕军的矢石难以奏效。广固攻守战相持到第二年的一月，南燕尚书悦寿开门迎晋军入城，慕容超突围时被俘，南燕灭亡。

南燕虽然疆域较小，国力较弱，但如果君主虚心采纳正确意见，秉持恭俭务实的政策，刘裕也没有这么容易就灭亡南燕。在整个灭燕之战中，南燕君主慕容超的傲慢一直是刘裕最大的帮手。这种自大傲慢，正是荀子所说的耻辱，慕容超的“辱者常穷”，实在是咎由自取。

美德皇冠上的宝石

在人类美德的皇冠上，勇敢无疑是一颗光芒璀璨的宝石。在各国的文化传统中，勇敢往往同“荣誉”结合在一起。在几乎所有文明看来，唯有勇者才有资格获得成功、享受荣誉；懦弱胆小之辈，为人所不齿和鄙视，是各民族共同的耻辱，哪里还有什么荣誉可言！

如果简单定义，有胆量果敢去做，就是勇。

然而勇也是分等级的，有低级之勇，有中级之勇，也有高级之勇。

低级之勇，指原始欲望激情爆发，忘记恐惧而产生的勇。荀子把这种勇分为三类：狗猪之勇、贾盗之勇、小人之勇。

“争饮食，无廉耻，不知是非，不辟死伤，不畏众强，恈恈然惟利饮食之见，是狗彘之勇也。为事利，争货财，无辞让，果敢而振，猛贪而戾，恈恈然惟利之见，是贾盗之勇也。轻死而暴，是小人之勇也。”（《荀子·荣辱篇》）

猪狗之勇，是肠胃之欲、情色之欲、嗜好之欲刺激出的勇气，它让人忘记危险，胆大妄为。如狗见了肉骨头，扑过去叼在嘴里，谁抢就跟谁拼命；如野猪发情争交配权，相互之间拼死而争。

有一次，楚王大宴群臣，入夜不散。楚王乘着酒兴，让自己宠爱的许姬给官员们敬酒。其中有个将领，痴迷于许姬的美丽，竟然趁着阵风吹灭灯烛、帐内一片黑暗之际，色胆包天，去扯抱许姬，完全忘记可能招来的杀身之祸。此楚将的勇，便属猪狗之勇。

贾盗之勇，指物质利益刺激出的勇气。爱财是人的天性，古语所谓“人为财死，鸟为食亡”，所谓“重赏之下，必有勇夫”，皆属此类。

马克思曾讽刺资本家之勇：“一有适当的利润，资本就胆大起来。如果有10%的利润，它就保证到处被使用；有20%的利润，它就活跃起来；有50%的利润，它就铤而走险；有100%的利润，它就敢践踏一切人间法律；有300%的利润，它就敢犯任何罪行，甚至冒绞首的危险。”

小人之勇，源于血气冲动。因一些日常琐事，一言不合，一念不顺，便暴筋发怒，拔刀相向，不计后果，不避生死。俗语所谓：“横的怕愣的，愣的怕不要命的。”横的，指流氓地痞；愣的与不要命的，指的便是小人中的勇者。

中等之勇，是人克服恐惧而产生的勇气。

美国心理学家普特曼，笼统地把勇分为三类：心理之勇、生理之勇和道义之勇。

生理之勇，指克服对死亡或痛楚的恐惧的勇气；心理之勇，指克服成瘾、恐惧等心理定式的勇气；道义之勇，指为保持道德正义，而克服内心诱惑或外界威逼的勇气。

孟子论这类勇，举过两个例子。

“北宫黝之养勇也，不肤桡，不目逃，思以一豪挫于人，若挞之于市朝，不受于褐宽博，亦不受于万乘之君；视刺万乘之君，若刺褐夫，无严诸侯，恶声至，必反之。”（《孟子·公孙丑上》）

“孟施舍之所养勇也，曰：视不胜犹胜也；量敌而后进，虑胜而后会，是畏三军者也。舍岂能为必胜哉？能无惧而已矣。”（《孟子·公孙丑上》）

像北宫黝敢于拿刀自刺肌肤和孟施舍战场上藐视敌人，皆是中等之勇，即人克服恐惧而产生的勇气。

其实，人依仗自己的某项才能，或者依仗某种工具，也可以克服恐惧，生出勇气。譬如面对猛狮，即便勇士也会胆怯；可一个瘦弱的人，依仗手中的半自动步枪，便能克服恐惧，横行于狮群面前。此即所谓“器壮人胆”“艺高人胆大”是也。

荀子从另一个角度定义中等之勇，他说：“礼恭而意俭，大齐信焉，而轻货财，贤者敢推而尚之，不肖者敢援而废之，是中勇也。”（《荀子·性恶篇》）

以上所说，只是低级之勇与中级之勇，算不得大勇，真正的大勇，是超越自身利益的存在。

高级之勇，称大勇，称士君子之勇。士君子之勇，是道义之勇，包括三个方面。

一个方面，为自胜之勇。这种勇，敢于直面自己的缺点，敢于斗自己的心魔，敢于与自己的私欲做斗争。孔子云："好勇疾贫，乱也。"（《论语·泰伯篇》）又云："知耻近乎勇。"（《礼记·中庸》）一个人管不住自己的欲望，不能知耻守底线，算不上士君子。

荀子深受孔子的影响，他对士君子之勇定义道："义之所在，不倾于权，不顾其利，举国而与之不为改视，重死、持义而不桡，是士君子之勇也。"（《荀子·荣辱篇》）

另一方面，仅仅敢于去做，还称不上士君子之勇；士君子，能够以道义为准绳，区别应当恐惧的事物与不应当恐惧的事物。遇到应当恐惧的事物，即便对方是老幼妇孺，即便只是一丝一毫的钱财，也害怕退避；遇到不应当恐惧的事，即便赴汤蹈火，去闯鬼门关也在所不惜。

通俗地说，就是该死时从容去死，眉头都不皱一下；该活时谨慎地活着，一发一肤都不舍得损伤。

孔子所谓："见义不为，无勇也。"（《论语·为政》）

荆轲好读书击剑。早年他游历榆次，与当地一个叫盖聂的人论剑，两人发生争论，盖聂怒目瞪他，荆轲胆怯避出，甚至乘车离开了榆次。

荆轲漫游邯郸，与一个叫鲁句践的人博戏，发生了争执，鲁句践发怒呵斥他，荆轲害怕而退，悄无声息地逃走了，从此不敢再见鲁句践的面。

荆轲到燕国，燕太子丹赏识、厚待他，请他去刺杀暴虐的秦王嬴政，荆轲慨然应诺。太子丹从燕国挑选了一名叫秦舞阳的勇士给荆轲做副手。秦舞阳十三岁就杀过人，别人见他都不敢正视。

荆轲到了秦国，上殿接受秦王的召见。荆轲捧着秦国叛将樊於期的首级，秦舞阳捧着地图匣子，按照正、副使的次序前行，走到殿前台阶下时，秦舞阳惊恐色变，浑身发抖，秦国的大臣们感到奇怪。荆轲镇定自若，回头朝秦舞阳笑了笑，上前谢罪说："他是个北方藩属蛮夷之地的粗野人，没有见过天子，所以心惊胆战。"

秦王对荆轲说："递上舞阳拿的地图。"

荆轲取过地图献上。秦王展开地图，图穷而匕首露了出来。荆轲左手抓住秦王的衣袖，右手拿匕首直刺。秦王反应敏捷，挣断衣袖，抽身跳起，逃过一劫。

荆轲行刺不成，倚柱而笑，箕踞而骂说："事所以不成者，乃欲以生劫之，必得约契以报太子也。"随即从容赴死，全无惧意。

在这个妇孺皆知的《荆轲刺秦》故事里，秦舞阳之勇，只是匹夫之勇，而荆轲之勇，才算是士君子之勇。

第三个方面，即便是基于道义，如果该讲策略而不讲策略，做无谓的牺牲，那也只能算打折扣的士君子之勇。

一个人跑到战场上阵亡，非常容易；但勇敢地冲锋陷阵，却还能尽力保住自己的生命，却不容易。

有一次，孔子夸赞颜回，子路听了不服气。子路自恃勇猛，有军事才能，问孔子说："如果让您统率三军，您愿意找谁共事？"

孔子一直担忧子路蛮勇莽撞，故意折他说："那种空手搏虎，徒步过河，至死不知悔悟的人，我是不会找他共事的。我喜欢与那种遇事谨慎、善谋而成的人共事。”

后来，子路在卫国大夫孔悝府上当家臣，卫国发生驱逐国君的叛乱，孔悝被胁迫参与其中，子路有事在城外，事先并不知道。当听说事情的本末后，他义愤填膺，忙往城里跑。城门将要关闭，一个叫子羔的人告诉他，形势已定，出公已逃，你不要进城白白送死。

子路回答：“食其食者，不避其难。”他冲进城去见蒯聩与孔悝在高台盟誓，请求新君主蒯聩杀孔悝，蒯聩不听，子路放火焚台，蒯聩派人与子路决斗，子路寡不敌众，冠缨被击断。子路知不能免死，便说：“君子死而冠不免。”遂结缨而死，被乱刃砍成肉泥。

子路义不避死，壮烈感人；他的勇虽可称为士君子之勇，但总有些缺憾。

孔子听说卫国发生内乱，预感到子路要出事，说：“哎呀，子路肯定要死了！”子路的死得到证实后，孔子非常悲伤，从此不再吃肉羹。

为了满足自己的欲望，而敢于拼命的人，是小勇；为了名誉、事业而敢于拼命的人，是中勇；为了正义与真理，而敢于拼命的人才是大勇。

正如荀子所谓：“天下有中，敢直其身；先王有道，敢行其意；上不循于乱世之君，下不俗于乱世之民；仁之所在无贫穷，仁之所亡无富贵；天下知之，则欲与天下共乐之，天下不知之，则傀然独立天地之间而不畏，是上勇也。”（《荀子·性恶篇》）

牛贩子的义荣

荀子的荣辱观是对先秦儒家荣辱思想比较系统的总结，然而他不是效仿先哲单单讲荣辱，而是将荣辱再加细致区分，这在当时的诸子百家中，可谓独树一帜。

荀子认为，在现实生活中，荣与辱可以分为两种不同的形态："有义荣者，有势荣者，有义辱者，有势辱者。志意修，德行厚，知虑明，是荣之由中出者也，夫是之谓义荣。爵列尊，贡禄厚，形势胜，上为天子诸侯，下为卿相士大夫，是荣之从外至者也，夫是之谓势荣。流淫污僈，犯分乱理，骄暴贪利，是辱之由中出者也，夫是之谓义辱。詈侮捽搏，捶笞膑脚，斩断枯磔，藉靡舌绁，是辱之由外至者也，夫是之谓势辱。是荣辱之两端也。"（《荀子·正论》）

由个人道德高尚而获得的荣誉为义荣，由个人不道德的行为而遭到的耻辱为义辱，这都是"由中而出"，取决于己。而由权势地位带来的荣誉为势荣，外界强加于己的侮辱为势辱，这都属于"外至"，与个人的善恶无关。

荀子进一步说明，在实际生活中，不同的人在荣辱的获得上是不同的："故君子可以有势辱而不可以有义辱，小人可以有势荣而不可以有义荣。有势辱无害为尧，有势荣无害为桀。义荣势荣，唯君子然后兼有之；义辱势辱，唯君子然后兼有之。是荣辱之分也。"（《荀子·正论》）

也就是说，无德的小人虽有可能享受到势荣，但却永远得不到义荣；有德的君子虽然往往得不到势荣，但却能取得义荣，且部分君子尚可兼得二荣。小人虽可逃避势辱，但却无法摆脱义辱；君子虽有时会蒙受势辱，但却不会有义辱，且小人还有可能兼受二辱。荀子进而又认为，势荣虽然也是荣，但这种荣与德行、才智无关，它并不能改变其小人的性质、面目；势辱固然为辱，但这种辱并非由自身无德所招致，它并不能改变其君子、贤圣的评定，无损其为君子、贤圣。

这里需要强调的是，荀子虽然将势荣、势辱也同样称作荣辱，但他所看重的乃是义荣和义辱，认为这才是与个人德行有关的真正的荣辱。因此，荀子的这一荣辱观与其他儒者“由义为荣，背义为耻”的荣辱观并不矛盾，甚至是对它的进一步充实和更深入的说明。因此，荀子指出：“好荣恶辱，好利恶害，是君子、小人之所同也，若其所以求之之道则异矣。”（《荀子·荣辱》）

义利所至，荣辱随焉。个人的荣辱，是由其行为所决定的，与职位高低、身份贵贱并无关系。有时地位微贱的人，只要能够在关键时刻，慨然担当，伸张大义，也会受到人们的崇敬，享有义荣之大名。明朝后期临沂人孙镗，就是义荣的代表人物。

孙镗是明代后期莒州大铁牛庙村人（今山东省临沂市临港区坪上镇），年轻时善骑射，“为人负气不羁”“有四方志”；后到莒州做吏员，因在选拔官吏时未能升迁，按惯例得一“省祭”称号回乡。

明嘉靖年间，孙镗到苏杭一带经商。适值倭寇掠犯苏、松地区，官军屡战屡败。松江知府张贴告示，招募义兵，抗御倭寇。孙镗谒见郡守，力陈投军平倭忠心报国之志，当即献出经商的钱财，以助军饷。郡守为他的爱国热情所感动，答应他的请求，并将他推荐给松江府参政翁大立。翁大立命孙镗比试刀马武功。镗所用双刀，常人不能举起，而他却运刀如鸟翼搏空，骑马射箭更是“超绝异伦”。翁大立喜出望外，连喊“壮士”，并亲自为孙镗斟酒，勉励他拼力平倭。

不久，苏松兵备副使任环率军平倭，寡不敌众，部下向府中告急，孙镗奉命救援，杀退倭寇，救出任环。此一战使孙镗名闻吴中。后孙镗派人回到故里，将家中的钱财拿出来资助军饷，并招募乡中豪杰从军平倭，壮大了抗倭力量。一时倭不敢犯，民得安居乐业。

嘉靖三十三年（1554）春，倭寇突犯松江府西，烧杀掳掠，直逼松江府。孙镗闻讯而起，高喊：“是可蹙而擒也。”遂率兵数名，飞驰倭营，苦战一天，箭尽弓断，援兵不至，只好撤退。当退至石湖桥时，倭寇伏兵突起，孙镗不幸坠马落水，被倭寇用长矛刺中腹部，壮烈殉国。

敌退后，人们用战车把孙镗的遗体运往松江府城。途中，道旁站满了为这位抗倭民族英雄送行的群众，人群中一片哭泣之声。孙镗为国捐躯后，嘉靖皇帝于三十四年敕赠孙镗为光禄寺署丞。其父孙子孝封署丞，母朱氏封太安人，妻郭氏封儒人。赐孙镗御葬于大铁牛庙孙氏祖茔，建祠祭祀。

当倭寇内犯、天下兴亡之际，孙镗慨然以民族大义，散财募军，勇抗倭寇，乃至为民族之生存而牺牲自己的生命，是中华儿女的光辉代表，不愧“义荣”之名！

道虽迩

荀子在继承先贤荣辱思想的基础上，第一次对荣辱观问题做出了较为全面系统的论述。吸收荀子荣辱观的有益经验，对树立和践行社会主义核心价值观，推进社会主义道德建设具有重要的现实意义。

"荣"和"辱"作为一种道德情感，其产生离不开人的道德心理基础。在荀子看来，追求荣誉，憎恶耻辱，是人的自然本性，他的荣辱观是以"人性论"为逻辑起点的。在人的本性方面，荀子提出了"人之性恶"的观点："今人之性，生而有好利焉，顺是，故争夺生而辞让亡焉；生而有疾恶焉，顺是，故残贼生而忠信亡焉；生而有耳目之欲，有好声色焉，顺是，故淫乱生而礼义文理亡焉。"（《荀子・性恶》）

在荀子看来，人的本性主要是指人的动物性本能，是生而俱有的。这种本性是恶的，是与人的社会道德要求相对立的。同时荀子还进一步指出："凡人之性者，尧禹之与桀跖，其性一也；君子与小人，其性一也。"（《荀子・性恶》）"好荣恶辱，好利恶害，是君子小人之所同也。"（《荀子・荣辱》）

正是人的这种"好荣恶辱，好利恶害"的本性，成为荣辱观产生的道德心理基础。人"好荣恶辱"的本性包含着辩证统一的两个方面，一方面促使人渴望荣誉，追求荣誉；另一方面促使人厌恶耻辱，避免耻辱，这就为全社会的价值观教育提供了现实可操作性。

虽然荀子认为“人之性恶”，但同时他认为：“欲虽不可尽，可以近尽也；欲虽不可去，求可节也。所欲虽不可尽，求者犹近尽；欲虽不可去，所求不得，虑者欲节求也。”（《荀子·正名》）

欲望是无穷尽的，人们在一定程度上的利欲是合理的，一定程度上的利欲是不能舍弃的，只能用“义”来节制“利”，荀子由此提出了养成荣辱思想的重要途径。荀子指出，人们只要遵循礼法，重视师教，行仁义道德，就能够获得尊重荣耀；否则，就会得到卑贱耻辱。

荀子荣辱观中的“义利”思想，“义荣”“势荣”“义辱”“势辱”思想，对今天我们树立社会主义核心价值观具有重要意义，特别是他提出的“趋荣避辱”的途径，对当前我们进行价值观教育具有深刻的启示。

在处理国家利益、集体利益和个人利益三者之间的关系上，我们要坚持“义”的主导地位，把国家和广大人民的利益放在首位，个人利益不得损害国家利益，短期利益不得危害长远利益。

推进全社会核心价值观教育，要做到知行合一，“道虽迩，不行不至；事虽小，不为不成”（《荀子·修身》）。真正的智慧不仅在于学习的内容，更在于付诸实践。我们要用先贤的教诲，指导自己的行为，将传统美德化为实际行动，在实践力行中实现自己的理想抱负，实现中华民族的伟大复兴！

（诸葛祥途 / 撰文）

第十四章　终结贫穷

荀子认为，包括贫穷在内的所有问题，都是人的问题。

事实上，在荀子寓居的沂蒙大地，几千年后同贫穷落后抗争的节节胜利，也确实印证了荀子眼光的窈远而犀利。

古老的话题

贫穷是个古老的话题，贫穷也是一个世界性的难题！

上帝关注着贫穷，如同古往今来那些思想家、政治家、博爱者们一样，目光从来都没有游移。

孔子曾说：“百姓足，君孰与不足；百姓不足，君孰与足。”（《论语·颜渊》）

他的后继者荀子，在晚年客居兰陵时撰写的《荀子·富国篇》中，更是对为政者一针见血地指出，“王者富民，霸者富士，仅存之国富大夫，亡国富筐箧，实府库。筐箧已富，而百姓贫，夫是之上溢下漏”，“下贫则上贫，下富则上富”。为此，他还指出了富国强国的路径："足国之道，节用裕民而善臧（同"藏"）其余。节用以礼，裕民以政。彼裕民，故多余。裕民则民富，民富则田肥以易，田肥以易则出实百倍。上以法取焉，而下以礼节用之，余若丘山，不时焚烧，无所臧之，夫君子奚患乎无余？故知节用裕民，则必有仁义圣良之名，而且有富厚丘山之积矣。此无它故焉，生于节用裕民也。不知节用裕民则民贫，民贫则田瘠以秽，田瘠以秽则出实不半，上虽好取侵夺，犹将寡获也。而或以无礼节用之，则必有贪利纠譑（音 jiǎo，通"挢"）之名，而且有空虚穷乏之实矣。此无它故焉，不知节用裕民也。《康诰》曰：'弘覆乎天，若德裕乃身。'此之谓也。"

荀子的观点，在后世曾引起过一些统治者的重视，更多的时候则是被遗弃在历史的尘埃里。于是，盛世的荣华与富足，乱世的动荡与悲惨，正如人类与贫穷饥饿的斗争，一路走来。

每年的 10 月 16 日是"世界粮食日"，10 月 17 日是"国际消除贫困日"，设立这两个纪念日，其主题当然是为了消灭贫困和饥饿。这也告诉我们，整个世界都还没有爬出贫困的陷阱。

千古长恨是饥饿

一个幽灵，饥饿的幽灵，在中国大地上徘徊了几千年。

翻开中华民族厚重的史册，映入眼帘的是饥饿几乎在每一页上都留下了挥之不去的阴影——文献记载中公元前 18 世纪至 20 世纪 30 年代的 3700 年间，几乎无年不遭灾。仅从汉代至 1936 年的 2142 年间，中国即遭到水、旱、蝗、雹、地震等灾 5150 次，平均每 4 个月就遭灾一次，触目惊心。

这也难怪在西方哲学家黑格尔的眼中，中国是个“灾荒大国”，英国科学家李约瑟则称中国为“饥荒大国”。

历史上，每当发生自然灾害，老百姓食不果腹时，就有三种现象出现：一、因财政拮据，官府无力赈灾，流民演变为“土匪”，造成社会动荡；二、为了抚平动荡，官军“剿匪”，人民负担加重，造成更大的动乱；三、卖儿卖女，甚至“人相食”——饥饿达到了人吃人的地步。

《临沂市志》记载：1852 年，清咸丰二年，八月二十七日，幅军张雪等入境，杀死兰山把总。清廷命山东巡抚李惠派干员四处搜捕。1853 年，清咸丰三年，三月十五日，清廷加赈被水灾民一月口粮。春，大饥。是年境内幅军活动日盛。1854 年，清咸丰四年，一月，江苏徐海幅军首领朱广田等乘太平军北伐之时入境……至七月，清兵共打死幅军 100 余人，捕 70 余人。

贫穷是如此深重，由它点燃的混乱烈火是如此猛烈。

中国人并非特别能吃，也不是肚子特别大，然而饥饿如一头饿狼，始终紧跟在中国人的脚后，随时准备狠狠地扑过来咬上几口。

那么，面对贫穷饥荒，人们又是怎么应对的呢？除了那些多是扬汤止沸的政府救灾赈济，历史上也留下了一些看上去有趣但其实令人伤感的记载。

朱元璋的第五个儿子朱橚，也就是那个周王，自幼不喜上层生活，而深爱医学和植物学。在被流放到云南期间，他体察民生疾苦，写了一本叫《救荒本草》的书，这算是中国救荒史上最著名的一本著作。书中记述了能救人饥馑的野生植物 414 种，分草、木、米谷、果、菜五部，逐一绘图说明，以备荒年按图索骥而求之。这本书当时在日本也有很大影响，跟着出现了类似的基本著作。

当然，类似的史书记载和救饥方还有很多。在中国古代，每当饥荒之年，就会有人配制各种救饥方，布施救济饥民，成本虽低，也曾活人无数。比如《文堂集验方》中记载的“许真君救饥方”：“黄豆（7 斗）、芝麻（3 斗），水淘净即蒸，不可浸多时，恐去元气。蒸后即晒，晒干去壳，再蒸再晒，共三次，捣极熟，丸如核桃大。每服一丸，可耐三日饥。”清代医书《医方拾锦》中记载的救饥方：“芝麻、江米炒研细末，煮枣为丸，如弹子大，每服一丸，一日不饥。”

古人笔记中还有记载灾年吃芋艿墙度岁的，人们将平日多种的芋艿，也就是平时所说的芋头晒干后捣成芋泥，和上少许土筑成墙，这种墙经久不坏，饥荒时捣碎此墙，食之度荒。据说福建圆楼（土楼）中的墙壁有些就是用面粉加土做成的，以备应急之需。

这些方子当然好，但是对于饥民来说，大饥之年，得到这些配方的原料本身何尝又不是一种奢侈？所以更多的时候，实在没有充饥物，人们只好吃土。

古人在灾年所食观音土，也就是高岭土、皂土、陶土、白泥等，富含硅、锌、镁、铝等矿物质，其化学成分相对稳定，被誉为“万能石”。由于不易消化，吃了观音土以后容易引起腹胀，难以大便，多了则会胀腹而死。现在看来，食观音土仅是心理“疗法”罢了。

近世以来，给人们留下深刻而沉痛记忆的，则非“三年困难时期”莫属。随着 1958 年春“大跃进运动”的全面展开，“粮食高产卫星”频频上天，似乎吃粮问题已经完全解决。然而到了次年春夏之交，大面积的饥饿到来。中共中央于 1960 年 6 月发出“积极采集和储备代食品，必要时粮食部门应当收购一部分代食品储备起来”的指示。到 11 月，随着《中共中央关于立即开展大规模采集和制造代食品运动的紧急通知》的下发，一场由中央发动、各级代食品领导小组指挥、全民参与的代食品运动，在全国大张旗鼓地开展起来了。

“三年困难时期”的代食品主要分为四类：第一类为农作物类代食品，包括各种非灾难年份人们不曾食用的农作物秸秆、根、叶及壳类，如水稻、小麦、大麦、玉米、高粱等的叶、秆、根及玉米皮、玉米芯、稻谷壳等；第二类为野生代食品，如榆树叶、树皮、橡子、芭蕉芋、蘑芋、石蒜、土茯苓、大百合、野苋菜、洋槐叶、沙枣、鸭跖草之类；第三类为小球藻、红萍等浮游植物；第四类指合成类代食品，如“人造肉精”“人造肉”、叶蛋白等，它们相对于前三类有较高的营养价值，而且有一定的技术含量，因此也被称作精细代食品。

1959 年 12 月，《人民日报》文章《小球藻——可作精饲料》报道说：浙江省温州专区农业科学研究所用人粪尿代替化学肥料培养小球藻成功；小球藻具有繁殖快、产量高、营养好的特点，“用一斤浓缩小球藻喂猪，每日体重可增加 0.95 斤；用来喂牛、鸡、兔等，体重也都有显著增加，效果相当于二斤豆饼”。随后，《人民日报》连续报道了小球藻，围绕它的研制、繁殖、作为饲料的营养价值等问题做了详细介绍。

很快，全国掀起了生产小球藻的热潮，农村、城市纷纷建池、沤人畜粪便以培养小球藻。仅据《人民日报》报道，1960 年下半年就有一系列加速培育小球藻的新方法、新技术被研制成功，如宁夏石嘴山市使用咸水培养法、浙江杭州市留下公社利用水田挖池培养法、华南师范学院生物系小球藻研究组关于适当搅拌能促使小球藻加速繁殖的发现、北京农业大学防治小球藻害虫的方法、浙江省瑞安县和北京中德公社让小球藻在严冬也能正常生产的技术等。

陈海儒在《三年困难时期代食品运动探微》中说：“且不说代食品有没有营养、是不是有食用价值，有一点是可以肯定的：代食品在一定程度上缓解了人们的饥饿感，对人们从精神上战胜饥饿起到了不可忽视的作用。经历过严重饥饿的人都知道，腹中无物的空荡荡的感觉使人心慌神乱，可以为了任何一丁点能够入口的东西去拼命。代食品的使用对处于饥饿中的人们来说，似乎看到了一线战胜饥饿的希望，有助于缓解因饥饿而导致的精神上的极度紧张。”

茨威格说过：从来没有例子证明好话能安慰饥饿的胃。人不吃饭是不行的，这才是颠扑不破的真理。

今天，我们回过头来，“反躬自省”看看那些“饥饿”的岁月，最让我们感到沉痛的应该是：中国人从来没有填饱自己的肚子，更没有解决好自己的脑子，技术上是因为没有种好麦子，本质上是没有找到发展农业的路子。于是，饥饿与贫穷成为中国人几千年里的一种生活方式。这就涉及中国人的世界观与方法论，涉及制度性体制性的局限。当然涉及的问题很多很多，远非一句话能够说清楚的。

德国著名经济学家李斯特曾说：生产力比财富重要。

整体脱贫不是神话

“物之已至者，人祅则可畏也。楛耕伤稼，耘耨失薉（同“秽”），政险失民，田薉稼恶，籴贵民饥，道路有死人，夫是之谓人祅。政令不明，举错不时，本事不理，夫是之谓人祅。礼义不修，内外无别，男女淫乱，则父子相疑，上下乖离，寇难并至，夫是之谓人祅。祅是生于乱，三者错（同“措”），无安国。”（《荀子·天论》）

从荀子的这段话里可以看出，荀子认为，包括贫穷在内的所有问题，都是人的问题。

事实上，在荀子寓居的地方，在几千年后同贫穷落后抗争的节节胜利中，也确实印证了荀子眼光的窈远而犀利。

改革开放初期，中国大地上还有一些极端贫困地区。沂蒙山区同秦巴中高山区、陕北白于山区、黄河沿岸土石山区、中西部山区和丘陵地区等 17 个集中连片区，被视为最贫困的地方。

我们看看一组关于临沂的统计数字：1967 年到 1974 年的 7 年中，粮食产量只增长了 4.8%，大大低于人口增长，也就是说，人越来越多，粮食越来越少。1967 年，全区农民人均年收入——包括粮食、蔬菜、现金等全部收入，是 46.70 元；到 1974 年，这个数字为 46.74 元。1978 年全区农村社员人均年收入 53 元，口粮 419 斤，等于每天每人收入一毛五分钱、一斤二两粮食，而这些粮食主要是红薯干子，细粮甚少。至于副食品，更谈不上了。

“文革”十年中，临沂地区财政有六年出现赤字，总额达到 2046 万元。这种情况使得政府无力作任何支持经济发展、改善人民生活的事情，工业基本建设投资只有 2.37 亿元，这个数字，大体等于现在一座不大的楼宇建筑费用。

向饥饿宣战，向贫穷宣战，这是改革开放初期全国的大合唱，也是临沂的主旋律。

1985 年到 1995 年，是临沂人民摘掉贫困帽子的发展阶段。沂蒙人民在沂蒙精神的指引下，励精图治，艰苦奋斗，战天斗地，改造自然，靠着勇立时代潮头，永不懈怠的劲儿，沂蒙老区在全国 18 个连片扶贫地区中率先整体脱贫。也是靠着这股劲儿，山东临沂甩掉了贫穷落后的帽子，成为多项指标排在全国前列的城市，实现了整体解决温饱这一伟大的历史任务。

回顾这一历程，九间棚也许具有“样本”意义。

昔日的平邑县九间棚村穷得远近闻名，1983 年人均收入还不到 180 元，男光棍队伍成了排。1985 年，刘嘉坤担任村支书后，毅然带领群众向贫困宣战，5 年整山治水，生产生活条件得到彻底改善，接着他们选准突破口，下山进城办企业、创办农业科技园，开始了第二次创业，把一个贫穷落后的小山村变成了远近闻名的小康村、富裕村。

临沂的脱贫有这么几个创新亮点。

第一是以工代赈，实现村村通路。临沂从前道路不好，大多数地方甚至没有像样的路。平原区乡镇村庄道路狭窄曲折，山区的路就更差，蒙阴岱崮素有“舟车不通，外货不入，内货不出”之称。即使像芍药山乡那样的低丘陵区，也只有一条土路，进城很麻烦。东部的莒南临沭，大多数河流沟汊没有桥梁，直到 1990 年中期都没有改变。

扶贫地区的道路建设，基本依靠四种因素：会战形式、就地取材、以工代赈、沂蒙精神。会战形式，就是统一规划，各级政府总动员，全民上阵，设计一条路就修起一条路，不能今天你修一段明天他修一段，要共同行动，一气呵成。就地取材，就是利用山区的自然资源，用石子铺路，用石头护坡，用水泥

抱犊崮

硬化路面。这样既可以刺激当地的建材工业，也减少了修路的投入。所谓以工代赈，就是政府把扶贫资金变成修路投资，不是发到个人，不够的话，村镇再出一点钱，农民出工，交通部门出规划，三而合一。沂蒙精神主要是奉献精神。

第二是解决吃水难题。也是从四个方面采取措施：一是打井，打深井；二是拦截水源，不让水白白流走，“雁过拔毛”；三是加固水库塘坝，像是一个个皮笊篱，盛得满满的；四是节水，省俭着用，不浪费。这样四种方法一起上，彻底解决了老百姓的吃水问题。临沂地区光打井就有三万多眼，浅的几十米，深的几百米。

把小型水利工程卖给农民是一个创新，解决了资金和人员的大难题。第一炮是1993年在费县打响的，后来推广到山区县。临沂的这个经验很快得到中央的支持，人民日报、中央电视台、新华社都报道了。2001年，在全国推广临沂的经验，由水利部牵头，在临沂召开了全国小流域治理现场会。

有个创新还赢得了德国人的赞叹。德国对山东无偿援助5亿元用于引水，临沂前后用了三亿。德国人对项目都非常认真，要求科学，无腐败。这些临沂都做到了，他们尤其对承包小水利工程大力赞赏，说我们的做法有大智慧。

第三是调整农业种植结构，培养商品基地，进行规模化经营。山东南菜园兰陵县大规模蔬菜种植走在全国前列，并且培育了一支善于并勇于闯市场的销售队伍。

经过十年扶贫开发，社会最根本的部分——农村发生了史无前例的大变化。这个变化意味着，临沂农村已经基本完成了经济转型，一个新时代开始了。

“应之以治则吉”，这不错的。那么临沂整体脱贫的解法是什么呢？著名作家王兆军说：“首先，每个家庭都有一份土地，农民的温饱能够得到保障。这一政策确保了复兴时期的基本经济结构。其次，政府一直不停顿地扶持农村，从修路到治水，从治山到调整种植结构，都是政府推动的。第三，一系列的创新措施保证了扶贫开发的深入和成功。封建时代的社会变革之所以屡屡失败，不仅仅是执政理念问题，也和缺乏民众参与有关。临沂地区十年扶贫开发的成果，除了地面上的果树、道路、蓄水池、小塘坝，更重要的是那些从实际产生的、从民间汲取的改革措施以及催生这些好办法的思想方法。”

这是一个很有特点也很重要的视角。

返贫的怪圈

中国农村在艰难走出自给自足的自然经济状态后，迅速步入市场经济条件下的新环境。这期间，农民个人的生活同样被毫不留情地卷入整个经济社会环境和时代大潮。

然而，一个事实是，逐步富裕的社会仍存在大量的贫穷人口，这是个严重问题。这种现象也可以称之为平均值阴影里的冰冷映像。

“传统穷人”与“现代穷人”的生存方式、生活条件截然不同。“传统穷人”有自给自足的生存方式，“现代穷人”别无选择地要支付必要的生存成本：上路要“留下买路钱”，别无他途；

在城里必须买煤气做饭，因为不能烧柴草；吃水要钱，不能掘井而饮……这不能不说是悖论。

2011 年 9 月 8 日，中国首部人权蓝皮书发布。该蓝皮书分析指出，中国农村的最大人权问题是大量绝对贫困人口的温饱问题。30 多年来，中国 2.5 亿农村贫困人口成功脱贫，但中国农村减贫面临的压力和挑战仍然很大。蓝皮书建议应尽快制定《反贫困法》，实现由政策扶贫向侧重制度扶贫转变。城乡差距、地区差距和居民人均收入差距，联系着“三大透支”——一是对历史的透支，不惜破坏文物，破坏传统文化，破坏自然风景；二是对现实的透支，工人低酬，安全事故多，工作环境差，职业病高发；三是对未来的透支，过量消耗资源，严重污染环境，破坏存量财富，把问题甩给子孙。

农民自身的努力程度已经不能决定其富裕抑或贫困，外力作用的大小成了决定他们贫富的关键。一方面外力拿走的太多——农民的土地、资源和劳动力成为现代工业“虹吸”的对象，在国家宏观战略和马太效应的双重影响下，资源、资金、人力等生产要素均向相对发达地区流动，形成对农耕经济掠夺式的挤压；另一方面，外力给予的太少——贫困地区成为被现代文明冷落、遗忘的角落，与“备受优待”的城市相比，面对的是恶劣的生存环境、落后的基础设施和欠缺的公共服务。外力造成的严重不公与巨大失衡，使贫困地区的农民在现代社会的博弈中总是处于不利的地位，他们为摆脱贫困而付出的努力，往往比非贫困地区还要大得多。

正如舒尔茨在《改造传统农业》一书的开篇所言：一个像

其祖辈那样耕作的人，无论土地多么肥沃或如何辛勤劳动，也无法生产出大量食物。农村与城市相比，待遇存在几种缺失。一是基本权利缺失，如受教育权、健康权、就业权、社会保障，等等，而现实生活中，他们常常还陷于“失语”的尴尬境地，他们的权利诉求无法形成直达决策层的强音。其二是公共服务的缺失，集中体现在城乡公共产品供给上的“两种制度”。在城市，建学校、修桥路、供排水等公共建设，全部由政府“买单”，而在农村，农田水利、道路等各项基本建设，大多实行“民办公助”“以工代赈”等方式。贫困地区的农民只看到了国家强农惠农政策的“激光”，还没能真正享受到公共财政政策的“阳光”。三是资源承载力基本平衡，却要舍小家为大家。最典型的是库区移民，移民也还是从农村转移到农村。四是资源有限，人口与环境恶性互动。五是资源环境十分恶劣，一方水土难养一方人。从全球范围看，凡是生态脆弱的地方，都是贫困最严重的地方。由环保部编制的《全国生态脆弱区保护规划纲要》显示，我国95%以上的绝对贫困人口分布在生态环境极度脆弱的老少边穷地区。

乡村远不是过去的乡村，其瓦解颠覆程度也不是城市人想象的那么简单化。程明盛的《大国空村》、梁鸿的《中国在梁庄》、熊培云的《一个村庄里的中国》等书，给我们描绘了一个当代农村图景。

农民打工成为生存的最重要途径，1990年代后期，尤其是2000年后，中国的改革全面转向城市，工业化带动城市化的浪潮铺天盖地，单纯种地已经不负家用，经济上的获得更多需要走向城市。因此，古今中外从未有过的超大移民潮开始出现，数以亿万的农村青壮年波涛汹涌、前赴后继地拥向城市，以留守老人、留守儿童为标志的可怕的“空心村”也就无可避免地产生了。

“空心村”还不是最可怕的，问题的严重性，更在于农村人口的空心，同时伴随着自然生态的空心、社会伦理的空心、传统文化的空心。与此同时，还有千千万万的农村正在消失。2015 年两会期间，全国政协委员、中国文联副主席冯骥才在接受媒体采访时表示，2000 年全国有 360 万个古村落，2010 年是 270 万个，10 年就消失了 90 万个，现在的自然村只有 200 万个左右，就在我们开会的时候，一天 100 个村落就没有了。

“寻寻觅觅，冷冷清清，凄凄惨惨戚戚”，当下有多少农村正在这样的语境中落寞着，真让人莫名伤感。

而在城镇化浪潮中的失地农民如果不能就业，其经济上的困境也是很难突破的。

这一切，都给政府提出了挑战。

精准扶贫——一个都不能少

精准扶贫是中国的一个创举。

相对于粗放扶贫，精准扶贫是指针对不同贫困区域环境、不同贫困农户状况，运用科学有效程序对扶贫对象实施精确识别、精确帮扶、精确管理的治贫方式。从概念上来说，精准扶贫主要是就贫困居民而言的，谁贫困就扶持谁。

2013 年 11 月，习近平到湖南湘西考察时首次做出了“实事求是、因地制宜、分类指导、精准扶贫”的重要指示。2014 年 3 月，习近平参加两会代表团审议时强调，要实施精准扶贫，瞄准扶贫对象，进行重点施策，进一步阐释了精准扶贫理念。2015 年 1 月，习近平新年首个调研地点选择了云南，强调坚决打好扶贫开发攻坚战，加快民族地区经济社会发展。5 个月后，他来到与云南毗邻的贵州省，强调要科学谋划好“十三五”时期扶贫开发工作，确保贫困人口到 2020 年如期脱贫，并提出扶贫开发“贵在精准，重在精准，成败之举在于精准”，“精准扶贫”成为各界热议的关键词。

2015 年 10 月 16 日，习近平在“2015 减贫与发展高层论坛”上强调，中国扶贫攻坚工作实施精准扶贫方略，增加扶贫投入，出台优惠政策措施，坚持中国制度优势，注重六个精准，坚持分类施策，因人因地施策，因贫困原因施策，因贫困类型施策，通过扶持生产和就业发展一批，通过易地搬迁安置一批，通过生态保护脱贫一批，通过教育扶贫脱贫一批，通过低保政策兜底一批，广泛动员全社会力量参与扶贫。

2017 年 10 月 18 日，习近平同志在党的十九大报告中指出，要动员全党全国全社会力量，坚持精准扶贫、精准脱贫，坚持中央统筹省负总责市县抓落实的工作机制，强化党政一把手负总责的责任制，坚持大扶贫格局，注重扶贫同扶志、扶智相结合，深入实施东西部扶贫协作，重点攻克深度贫困地区脱贫任务，确保到 2020 年我国现行标准下农村贫困人口实现脱贫，贫困县全部摘帽，解决区域性整体贫困，做到脱真贫、真脱贫。

走进新时代，临沂不掉队。

如何做到精准扶贫呢？临沂有自己的解法。

资料显示，至2015年底临沂市尚有贫困人口44.2万人，约占山东省贫困人口的1／6。2016年，临沂市又成功减少贫困人口29.1万人，圆满完成年度脱贫任务。

目前，临沂市已有13214个志愿家庭结对9114个贫困家庭，各级慈善组织共捐助资金1018万元、物品价值2000余万元，救助贫困人口2万余人次。临沂还有8个县区建立了慈善超市，累计捐助物品10余万件、发放救助金457万元，惠及困难群众6万余人次。

临沂市许多企业也参与进来，有759家企业设立“公益特岗”4320多个，1000多家企业结对帮扶2672个经济薄弱村，累计帮扶资金8671万元。

在精准扶贫中涌现出许多典型，其中扶贫“六姐妹”是新时代沂蒙妇女的杰出代表，她们的事迹是艰苦奋斗作风和无私奉献精神的最好传承和弘扬。

牛庆花开起了网店，卖起了蜜桃、苹果等沂蒙土特产，成了远近闻名的“‘桃’宝皇后”；曹淑云在偏远山区开办3个扶贫车间，招收贫困群众在家门口打工；于学艳开起了公司，生产装西瓜的塑料网袋，远销韩国、日本等国家和地区；林西臻在农村办起了幼儿园；刘加芹在家里办起了服装加工厂；王洋建起了“快递＋电商”村级服务站，发展电商业务……历史因铭记而永恒，精神因传承而不灭。在沂蒙这片热土上，勤劳勇敢的沂蒙人民，正在熠熠生辉的沂蒙精神感召下，不忘初心，继续前进，不断书写着新时代临沂新的发展篇章。她们是中国扶贫精神的践行者。

荀子思想，沂蒙精神，中国扶贫精神，凝聚成一种思想的力量，推动精准施策“一村多业、一户多策、一人多岗”，在蒙山沂水间吹响决战脱贫攻坚、决胜同步小康的冲锋号角，让脱贫致富的阳光照耀沂蒙大地每一个贫困角落、照亮每一位贫困群众。

荀子说：“受时与治世同，而殃祸与治世异，不可以怨天，其道然也。故明于天人之分，则可谓至人矣。”

终结贫穷，是一个伟大梦想，必然映衬着中国梦的光芒，璀璨迷人。

（刘兆东 / 撰文）

附：

荀子与秦汉帝国的制度设计

东南大学中文系　刘占召

荀子生活在战国晚期，在荀子的时代，人们已经能清晰地听到结束列国纷争、实现统一的时代脚步声。即将来临的是统一的大帝国，这个大帝国的宏伟蓝图应该是什么样子？该如何设计？如何治理？儒、墨、道、法诸家在憧憬着，谋划着，激烈地论辩着。

从深厚的历史文化传统中寻找思想资源并进行整合创新，这是思想家惯常的做法。在荀子之前，是绵延800年的周王朝，这是一个分权而治、彬彬有礼的时代，我们可以称之为周制；在荀子之后，是由秦汉帝国开启且延续了2000余年的君主集权制，我们称之为秦制。荀子是周制的终结者，又是秦制的开启者，这便是荀子在中国历史上最大的贡献。

荀子之学是帝王之学，他是一个搞君主崇拜的儒家学者，秦始皇以韩非、李斯为师，韩非、李斯又以荀子为师，荀子是千古一帝的帝师之祖。尊君、集权、大一统，这是一个向心力强、行政效率高、生机勃勃、奋发图强的泱泱大国的形象。道家的小国寡民，虽然有桃花源般的诗意，和荀子相比却显得寒酸迂腐。荀子所设计的大一统，不仅是疆土统一、政令统一，而且要求思想统一，改变了诸侯异政、百家异说的局面，中国大国形象的奠定，中国人对于大国的憧憬向往、对祖国统一的渴望，在荀子的笔下得到了充分表达。

荀子的制度设计主要体现在他“王制”蓝图中，具体包括王者之政、王者之人、王者之制、王者之论、王者之法等，这所有的设想都源于他对周代制度的反思，得益于他对春秋战国以及诸子百家学说的广泛借鉴。荀子不仅集先秦的儒家思想之大成，而且将整个先秦时代的思想都进行了系统总结，并提升到一个崭新的境界。

一、审周制：从周王朝的政治制度中寻找灵感

《三字经》中有句话：“周武王，始诛纣，八百载，最长久。”周朝是历代王朝中，最长久的一个王朝。它从第一任周天子分封制开始，到最后诸侯国的全部灭亡，一共经历了 30 代 37 王，持续时间达 800 年之久。周公旦是周王朝的灵魂人物，他“敬天保民”、制礼作乐，改变了殷人事事占卜、崇信鬼神的巫祝之风，让人们从蒙昧走向文明，明道德、知礼仪、识善恶、懂是非。周代的文物制度灿然大备，《礼记》云“经礼三百，

曲礼三千”，周代礼制之繁盛细密可见一斑。周王朝的长治久安和一整套完备的统治制度，无疑是后世学者设计政治制度时必须面对的政治遗产。

孔子一生的理想就是恢复周制。“郁郁乎文哉，吾从周”，这是孔子对周代制度由衷的赞美。孔子曾专程从鲁国到洛邑向老子学习《周礼》，充分吸取其精华，形成了儒家思想。关于各家对理想政治制度的设想，冯友兰先生《中国哲学简史》中有精彩的论述，他说：“孔子拥护周制，故常言及文王、周公。墨子继起，自以为法夏而不法周，特抬出一个较古之禹以压文王、周公。孟子继起，又抬出更古之尧舜以压禹，老庄之徒继起，则又有抬出传说中尧舜以前之人物，以压尧舜。在孟子时，文王、周公尚可谓为先王，周道尚可谓为‘先王之法’。至荀子时，则文王周公只可谓为后王，周道只可谓为‘后王之法’矣。荀子言法后王，孟子言法前王，其实一也。”墨家与老庄反对周制，孔子、孟子、荀子则主张效法周制。

周制是否可行？道家学派提出了反对意见。《庄子·天运》云：“夫水行莫如用舟，而陆行莫如用车。以舟之可行于水也而求推之于陆，则没世不行寻常。古今非水陆与？周、鲁非舟车与？今蕲行周于鲁，是犹推舟于陆也，劳而无功，身必有殃。彼未知夫无方之传，应物而不穷者也。”道家学派认为周道已经时过境迁，再推行周道势必如舟行陆上、车行水中，不仅劳而无功，而且必受灾殃。

在制度设计上，荀子沿袭了儒家的原则，重视对周代政治制度的汲取和借鉴。他在《非相》篇中说：“欲观千岁则数今日，欲知亿万则审一二；欲知上世则审周道，欲知周道则审其人所贵君子。”荀子主张“审周道”以立制，这个“审”字大堪玩味，表明荀子审慎而理性的态度。他不像孔子那样对周制进行全盘吸收，回到周公时代；荀子设计的大国蓝图不是周代制度的简单翻版，他只是从周制中批判地借鉴某些有益的因素。

周朝最基本的制度是封建制和世卿世禄制。所谓封建制，即封土建国的分封制，王室册封诸侯，诸侯分封卿大夫，天下共同拥戴周天子，形成了自上而下的统治格局。周天子是国家的最高元首，是“天下共主”，但周天子的地位和权力仅仅表现在朝聘会盟或者对外征战的时候，至于平时的治权，则为各封国所拥有。诸侯拥有自己的军队，并拥有分封土地的所有资源和收益，只需向周王室缴纳一定的进贡即可尽义务。从权力结构上看，周朝在保持国家统一的前提下，诸侯国具备很高的自治权，政治的中心不是一元的，而是多元的分权治理模式，每一个诸侯国就是一个治理中心。周王朝的多中心治理模式大大缓解了超大规模国家的治理所必然要求的集权压力，既实现了国家统一，也保持了社会的较大自由，而周王朝超过八百年的寿命也证明了这种制度在当时的优越性。荀子在《儒效》篇将周王朝的封建制度称为“兼制天下”的体制。封建制本身蕴含着权力下移的因素，因为再大的领地也禁不住天长日久的赏赐和分割，作为最大封国的周天子必然日趋削弱，作为诸侯其命运也同样如此。到了荀子时代，周朝王室衰微，诸侯争霸，“礼乐征伐自天子出”的局面被“礼乐征伐自诸侯出”取代，周天子已经丧失了天下共主的地位，封建制度已成为强弩之末。

再看世卿世禄制度。世卿世禄就是贵族的官职和禄田财物父死子继，世代世袭。这种制度，在西周时代已经出现，杨宽《战国史》在论及西周的官吏情况时说："在周王国和各诸侯国里，世袭的卿大夫便按照声望和资历来担任官职，并享受一定的采邑收入，这就是世卿、世禄制度。"根据史书记载，西周时期的开国元勋周公旦、召公奭的后代曾世袭过卿的职位，周公旦长子封在鲁国，"次子留相王室，代为周公"（《史记·鲁周公世家·索隐》）；召公奭其长子封在燕国，"而次子留周室，代为召公"（《史记·燕召公世家·索隐》）。春秋中后期，世卿世禄的现象更加频繁，如鲁国僖公时代，季氏担任上卿，受赐费邑及汶阳之田，季氏与孟孙、叔孙三卿"三分公室""四分公室"，完全控制了鲁国的郊地和军赋。自鲁宣公至鲁哀公六代，季氏世世为鲁上卿，专鲁国之政。晋国的六卿中，特别是赵氏也逐渐壮大，《史记·赵世家》称："赵名晋卿，实专晋权，奉邑侔于诸侯。"自赵盾至赵无恤（襄子）六代人父子世袭，都担任晋国正卿。齐国在春秋初年的齐桓公时代，高氏、国氏就各控制了一军人马，成为世卿。到春秋后期，田氏的势力后来居上。至田乞联合诸大夫击败高、国，杀其君晏孺子；其子田恒又杀其君简公而立平公。于是，田氏就"割齐自安平以东至琅邪，自为封邑，封邑大于平公之所食"（《史记·田敬仲完世家》）。自田乞以后至田和篡齐，田氏就世世执掌齐国政柄，国君形同虚设。齐、鲁、晋三国世卿世禄制的出现，是春秋时期各诸侯国内卿大夫的势力不断壮大，逐渐控制政权而形成的。

周王朝的分封制和世卿世禄制的基础是宗法制，周朝在所封诸侯中，姬姓宗族约占三分之二的比例，他们都是周朝王室的宗亲，其目的是“以屏藩周”，即作为屏障保卫周王室。周天子衰落，诸侯强大；而诸侯国中，如齐国、鲁国、晋国的权势又被田氏、季氏、赵氏通过武力所篡夺，这就是孔子哀叹的“陪臣执国命”，权力下移，征战不休，武力篡夺，不讲道义，荀子所设计的治国蓝图便要改变这种现状。

二、礼法互补，王霸并用：外儒内法政治模式的确立

不论是分封制，还是世卿世禄制，其运行的原则都是礼。周王朝的礼乐制度贯穿于国家运行的各个角落。荀子对周制借鉴最多的地方是礼——他不仅汲取周礼划分贵贱等级，而且为等级划分确立了新的标准，改变了分封制、世卿世禄制运行的原则，确立了后世郡县制、官僚制运行的原则；荀子不仅借鉴周礼作为社会规章制度、行为规范的一面，而且援法入礼，改变了周礼温文尔雅的中和气质，增强了礼的约束性，适应了君主专制体制下国家高效运转、权力高度集中的需求，这些都得益于荀子对礼的重新阐释。

《左传》说：“礼，所以经国家，定社稷，序民，利后嗣者也。”《论语·先进》篇记载，孔子称“为国以礼”。孔子的时代，周王朝的许多礼已经不合时宜，难以施行。孔子在反思周礼时，提出了“仁”这一伟大的学说。仁是制礼的内在依据，礼随着时代的变迁而需要不断地变革损益，其内在而根本的精

神——仁却是亘古不变的。孟子发展了孔子的仁的学说，提出了仁政理论，将仁进一步推展到政治领域，强调政治的内在自觉和道德自律。《孟子》一书中谈“礼”之处不多，且十分零散。章太炎在《国学概论》中评价孟子说：“孟子通古今，长于诗书，而于礼甚疏。”与孟子内转的学术理路不同，荀子非常重视礼，强调外在的、客观的规范、制约。“礼不下庶人”，孔子仅言贵族礼，孟子仅言仕礼，荀子所探讨的礼不仅普及人类全体，而且与法相结合，倡导礼治、法治。礼，不仅是贵族严格的等级、优雅的举止，也是每个人必须遵循的行为规范，是国家统治的工具。韦政通《荀子与古代哲学》说：“故荀子隆礼的历史线索，说继承孔子以斯文为己任之客观理想固可，说其直承周公制礼的精神亦无不可。”

荀子将礼提高到崇高的地位。其《天论》篇说：“人之命在天，国之命在礼。”一个人的命运决定于天数，而一个国家的命运决定于礼法。荀子认为，礼的起源，来自人类生活的需要。《礼论》篇云：“礼起于何也？曰：人生而有欲，欲而不得，则不能无求。求而无度量分界，则不能不争；争则乱，乱则穷。先王恶其乱也，故制礼义以分之，以养人之欲，给人之求。使欲必不穷于物，物必不屈于欲。两者相持而长，是礼之所起也。故礼者养也。”人类是群体生活，社会分工、等级秩序以及各自所承担的责任、所拥有的权力、所应尽的义务，必须要有一个清晰的界定，否则便呈现无序纷争、弱肉强食的状态。礼，就是人类群居生活所必需的规则规范。礼的作用是“别”和“分”。《礼论》篇云：“曷谓别？曰：贵贱有等，长幼有差，贫富轻重皆有称者也。”礼之言分。《王制》篇云：“分均则不偏，势齐则不壹，众齐则不使。有天有地而上下有差，明王始立而处国有制。夫两贵之不能相事，两贱之不能相使，是天数也。势位齐而欲恶同，物不能澹则必争；争则必乱，乱则穷矣。先王恶其乱也，故制礼义以分之，使有贫富贵贱之等，足以相兼临者，是养天下之本也。”在荀子看来，人类社会的等级分野是天经地义的，只有这种差异鲜明、等级确定的社会才是公平合理的。

“礼以定伦”，荀子用礼来重新划分社会阶层。这个阶级不是周王朝僵死的、世袭的秩序，荀子所制定的社会等级是按照人的德行、才能而可以上下流动的。《王制》篇说：“虽王公士大夫之子孙也，不能属于礼义，则归之庶人。虽庶人之子孙也，积文学，正身行，能属于礼义，则归之卿相士大夫。”阶层变革的依据不是基于血缘的世袭，也不是基于武力的争夺，而是基于个人的德行、学识、社会的担当，人人可以凭借自身的努力提高德行修养、学识来改变自身的地位，依靠知识来改变命运。《致士》云：“德以叙位，能以授官”，《正论》云：“论德而定次，量能而授官，皆使其人载其事而各得其所宜”，《富国》云：“德必称位，位必称禄，禄必称用”，这样才能“无德不贵，无能不官，无功不赏，无罪不罚”。荀子把确定等级秩序的“礼”具体落实到了“德”与“能”，这种思想已经冲破了分封制和世卿世禄制的局限，呈现出官僚制下的价值取向。

社会阶层该如何划分？《儒效》云：“志不免于曲私，而冀人之以己为公也；行不免于污漫，而冀人之以己为修也；甚愚陋沟瞀，而冀人之以己为知也：是众人也。志忍私，然后能公；行忍情性，然后能修；知而好问，然后能才；公修而才，可谓小儒矣。志安公，行安修，知通统类：如是则可谓大儒矣。大儒者，天子三公也；小儒者，诸侯、大夫、士也；众人者，工农商贾也。礼者、人主之所以为群臣寸尺寻丈检式也。人伦尽矣。”荀子将社会阶层分为“大儒”，即天子三公；小儒，即诸侯、大夫、士；“众人”，即工、农、商、贾。他划分阶级的根据便是每个个体的志行。《荣辱》云：“农以力尽田，贾以察尽财，百工以巧尽器械，士大夫以上至公侯莫不以仁厚智能尽官职……故或禄天下而不自以为多，或监门御旅、报关击柝而不自以为寡。”士农工商百官百吏各司其职、各尽其力、各安其分、各得其宜，这就是荀子所谓的“王者之政”。人们赖以竞争的依据，既不是血缘和出身，也不是暴力和诈伪，而是通过教育和个人的努力获得的德与能。社会通过爵与禄对个人的德与能予以认可和回报，这样的社会机制，和秦汉以后中国社会等级状况相吻合，历史实践论证了荀子这一制度设计的前瞻性和可行性。

礼的推行要靠以德服人，因而礼治实际上是德治。礼治的特长是以道德教化，使人自觉服从，利在长治久安。法治则当下见效。礼治依靠自觉遵守，缺乏法治的制裁功能。礼治和法治，各有其不可替代的作用，它们都是治理国家不可或缺的有效手段。可惜的是，早期的儒家和法家在此问题上各执一端，形同水火，没能将这两种基本的治国理念加以有效的优化整合。

礼治与法治的联手，形成优势互补的治国模式理论，直到统一大帝国出现的前夜，才由荀子最终完成。荀子认为礼与法并非互相排斥，而是可以互补的，应该综合运用才能达到良好的治国效果。《富国》篇说："不教而诛，则刑繁而邪不胜；教而不诛，则奸民不惩。"《王制》篇说："以善至者待之以礼，以不善至者待之以刑。"荀子援法入礼，劝惩结合，强制性的法能保障礼的推行。荀子虽然礼法并举，但以礼治为本，而以法治为补充，礼是立法的依据和指导原则。《劝学》云："礼者，法之大分，类之纲纪也。"《性恶》云："礼义生而制法度。"将礼治置于法治之上，突出了人的因素在治理国家的决定性作用，这是儒家的基本立场。荀子在《君道》中进而发挥说："有乱君无乱国，有治人无治法……法不能独立，类不能自行，得其人则存，失其人则亡。法者，治之端也，君子者，法之原也。"人能立法也能乱法，法治能否得以有效地实行，确实不在法治本身，而在于以君主为首的君子们。

在荀子的理论体系中，礼治与王道相联，法治与霸道相联，其《强国》篇称："人君者，隆礼尊贤而王，重法爱民而霸。"孔子几乎不谈霸道，孟子甚至以五霸为三王的罪人，荀子一改传统儒家轻视霸道的态度，将王道、霸道并举。当然，荀子并没有将二者等量齐观，他更尊崇礼义摆在首位的王道。《王制》云："上可王，下可霸。"《王霸》云："粹而王，驳而霸。"礼法互补、王霸并用，成为汉代以后历代王朝治理国家的基本模式。汉宣帝曾说"汉家制度"乃是"霸王道杂之"，汉代虽然"独尊儒术"，但并非纯任儒教，也吸纳了法家理念。这种"外儒内法”的政治模式，表明了儒学具有自我调整、与时俱进的内在品质，具有不断适应时代发展需要的能力。

三、帝王论：君权至上

荀子制度设计的重心是帝王之学。在君主集权政制中，君主处于等级森严的权力金字塔的顶端，拥有至高无上的权力，荀子曾热情地歌颂帝王的权势，他是儒家学派中第一位设计帝王崇拜的思想家。

荀子尊君的论述和孔、孟之学有很大的不同。孔子虽然也提出了“君君、臣臣”，“礼乐征伐自天子出”，向往周朝“天下有道”的政治秩序，但对君权并没有明确地强调。孟子重视民心，虽然不否定君权，但并不认为君权是至高无上的，他甚至有“民贵君轻”的理论。

荀子则反复论述尊君的重要性。《正论》称赞君主“势至重而形至佚”，《礼论》中说“君师者，治之本也”，君主是政治治乱的根本。君主是治国纲领的礼义的创立者，《富国》篇说：“人之生不能无群，群而无分则争，争则乱，乱则穷矣。故无分者，人之大害也；有分者，天下之本利也；而人君者，所以管分之枢要也。”其次，君主全权负责官吏的选拔和任命，《王霸》称“论德使能而官施之”，建立起天下“尊贤而王”或“爱民而霸”的良好社会秩序，这是君主的职责。

荀子关于君主集权的这一论述，借鉴了法家思想。法家致力于废除周王朝的世卿世禄制度而强化君权，打击贵族，从而使得封建制度下约束君权的社会力量被扫荡一空。法家的代表人物申不害有不少关于君主集权的理论，韩非子曾称引申不害的话："独视者谓明，独听者谓聪，能独断者可以为天下王。"（《韩非子·外储说右上》）李斯亦曾称引申不害曰："有天下而不恣睢，命之曰以天下为桎梏。"（《史记·李斯传》）申不害的君主集权理想，对荀子的政制设计有直接的影响。一种绝对权威的大一统君主理论，经由法家和荀子的共同努力而出现，可称之为"独制于天下而无所制"的君主极权。

君主的权力是否要有监督和约束？原始儒家曾经构建过对于君权的三种制约形式：天命、道统和贵族制，天命的制约就是"皇天无亲，惟德是辅"（《周书·蔡仲之命》），道统的制约就是"以道事君，不可则止"（《论语·先进》），贵族的制约体现在孟子谈到贵戚之卿时说的"君有大过则谏，反覆之而不听，则易位"（《孟子·万章》）。显然，孔孟并不主张绝对的君权。荀子在承认君主具备至高无上的权力的前提下，也设计过监督约束君主权力的方案。首先，君主要能做到道德自律，《仲尼》篇云："人主不务道而广有其势，是其所以危也。"这里的道既是儒家的道义，也是为君之道，君主如果一味追求权势而不讲道义，那他的处境就危险了。其次，注重臣子的谏诤对君主的约束作用，在《君道》篇中，他阐述了对于"忠"的理解——"逆命而利于君谓之忠"。在《臣道》篇中，他鼓励人臣在国家社稷的根本利益面前，"抗君之命"，"强君矫君"，改正君主错误，达到"解国之大患，除国之大害，成于尊君安国"的目的。再次，对君权的制约力量还有民众，《王制》曰："君者舟也，庶人者水也，水则载舟，水则覆舟。”这段话，后来成为唐太宗的理政格言。将道义的价值、民心的向背置于君主的权势之上，这是后世忠直之士以道统制约君权的思想来源。

荀子在《君道》篇中具体描述了君主治理社会各阶层的状况，他说：“至道大形，隆礼至法则国有常，尚贤使能则民知方，纂论公察则民不疑，赏克罚偷则民不怠，兼听齐明则天下归之。然后明分职，序事业，材技官能，莫不治理，则公道达而私门塞矣，公义明而私事息矣……如是，则臣下百吏至于庶人莫不修己而后敢安正，诚能而后敢受职，百姓易俗，小人变心，奸怪之属莫不反悫。夫是之谓政教之极。故天子不视而见，不听而聪，不虑而知，不动而功，块然独坐而天下从之如一体，如四肢之从心。夫是之谓大形。《诗》曰：‘温温恭人，维德之基。’此之谓也。”这里明确他的政治原则是“隆礼至法”，礼法结合，但是，礼义和修身之目的却不是孔孟式的内在德性人格的成长，而是首先对于礼法的外在敬畏顺服，使民众成为国家机器上的螺丝钉，君主支使他们就像大脑指使自己的四肢一样，这是一幅多么令天子们向往的图景！

荀子设计的君主，兼备儒家的礼义和法家的威势于一身，君主好礼义、尚贤能、无贪利，成为实现理想政治的关键。这样的君主，与民众有什么关系？《富国》篇说：“君子以德，小人以力。力者，德之役也。百姓之力，待之而后功；百姓之群，待之而后和；百姓之财，待之而后聚；百姓之势，待之而后安；百姓之寿，待之而后长。父子不得不亲，兄弟不得不顺，男女不得不欢。少者以长，老者以养。故曰：‘天地生之，圣人成之。’此之谓也。”民众不但在道德上完全依赖于君主的教化，就连人民的力量、组织、财富、势力以至于寿命，都仰赖于君主来成就，甚至父子之亲、兄弟之顺和男女之欢，这些基于人之天性的家庭人伦关系，也被荀子说成是君上的恩典。总之，荀子设计的王制是一个君权主导一切的集权社会，就连父子、夫妻和兄弟等社会性的人伦关系也被政治化了。

荀子热情歌颂君主的权势，君主甚至有了某些天神的特征。《正论》篇说：“天子者，势至重而形至佚，心至愉而志无所诎，而形不为劳，尊无上矣。衣被则服五采，杂间色，重文绣，加饰之以珠玉；食饮则重大牢而备珍怪，期臭味，曼而馈，代睾而食，雍而彻乎五祀，执荐者百人侍西房；居则设张容，负依而坐，诸侯趋走乎堂下；出户而巫觋有事，出门而宗祝有事，乘大路、趋越席以养安，侧载睪芷以养鼻，前有错衡以养目，和鸾之声，步中《武》《象》，趋中《韶》《护》以养耳，三公奉軶持纳，诸侯持轮挟舆先马，大侯编后，大夫次之，小侯、元士次之，庶士介而夹道，庶人隐窜，莫敢视望；居如大神，动如天帝，持老养衰，犹有善於是者与不？”在这一段绘声绘色的描写中，君主的威势、奢华和光芒铺陈得无以复加，他“居如大神，动如天帝”，诸侯百官尚有持轮挟舆、夹道拜瞻的机会，至于一般的庶人，只有望风隐窜的份儿了。在儒家思想史上，荀子是第一个对君主大搞个人崇拜的人，一个绝对专权的社会必然是一个个人崇拜盛行的社会，一个将凡人的君主变成神的社会。这与孔孟笔下的人君已经不可同日而语了。

四、大一统：九州共贯，六合同风

荀子主张“大一统”。“大一统”这个概念，本来是用以描述西周的封建制度的。《公羊传》在解释《春秋》“王正月”时曰：“王者孰谓？谓文王也。曷为先言王而后言正月？王正月也。何言乎王正月？大一统也。”唐代学者颜师古注释：“一统者，万物之统皆归于一也……此言诸侯皆系统天子，不得自专也。”徐彦疏曰：“王者受命，制正月以统天下，令万物无不一一奉之以为始，故言大一统也。”大一统最初描述的是西周文王时期，周天子为天下共主、诸侯国分封而治的历史画面。如前所述，分封制下，诸侯国拥有很大的自治权力，政治上，诸侯国有设置采邑地方政权和任命官吏的权力；经济上，诸侯国除了向周王室交纳一定的贡赋之外，其他的收入一律归诸侯国所有；军事上，诸侯国有组建军队、任命将帅、调遣与指挥军队的权力。因此，西周的分封制度，不同于后世郡县制基础上的中央集权政制。在中央集权制政体下，郡守、县令的任命权掌握在皇帝手中，郡县的财政归国家所有，郡县更无组建、调遣军队的权力。

荀子所设计的大一统，首先是天下疆土的统一。《荀子》中多次提到“一天下”“一四海”“天下为一”，表达了对即将来临的统一大帝国的预期和向往。《非十二子》篇中称：“县天下，一四海。”《儒效》篇称“四海之内若一家，通达之属莫不从服”“百里之地，久而后三年，天下为一，诸侯为臣”。

西周分封制下松散的政治联盟无法适应现实政治需要，以君权为中心的集权化社会才是王者之制。其次是政令统一。荀子治道的最高理想是海内之众像一个人一样供人君随意支使，这是专制集权的极致。他在《儒效》《王制》《议兵》篇屡屡强调“四海之内若一家”,其实是要消解封建制下宗族与家庭的基础地位，使之成为中央集权国家的单元。他又屡屡强调“亿万之众而抟若一人（《儒效》）”；“推礼义之统，分是非之分，总天下之要，治海内之众，若使一人”（《不苟》），因为只有这样，才有可能万众一心，“将死鼓，御死辔，百吏死职，士大夫死行列”（《议兵》）。孔孟重视的个体人格价值和人道尊严已经为集权者的强大意志所吞噬。

为了达到深层次的统一，荀子还要求思想统一。孔子曾说“民可使由之，不可使知之”。大一统体制下，除了君主政令之外的一切思想、言论、格调都是多余的。《正名》曰：“夫民易一以道而不可与共故，故明君临之以势，道之以道，申之以命，章之以论，禁之以刑。故其民之化道也如神，辨势恶用矣哉！”一切思想辩论不但无益，简直有害，甚至于连诗书这些文艺作品都在禁止之列。《儒效》篇称“隆礼义而杀诗书”，因为“诗书故而不切”，不是政治生活中迫切需要的，所以对文艺作品也要打压排斥，这种思想是片面而狭隘的。在《非十二子》篇中，荀子说：“言无用而辩，辩不惠而察，治之大殃也。”他认为世道不宁的根源于邪说混淆视听。荀子列举了六种学说，对它嚣、魏牟、陈仲、史鳟、墨翟、宋钘、慎到、田骈、惠施、邓析、子思、孟轲等十二个代表人物的学说大加挞伐。子思、孟轲都是儒家的杰出代表，荀子将他们的学术列入异端，后代学者对此多有批评。《王制》篇荀子甚至主张“才行反时者死无赦”！这是用权势高压来统一思想学说，后来秦始皇焚书坑儒，汉武帝“罢黜百家，独尊儒术”，都根源于荀子。

据《史记·李斯列传》记载，荀子弟子李斯更是明确提出：“灭诸侯，成帝业，为天下一统。”李斯的观点是消除西周封建制，消灭诸侯、贵族阶层，在君主集权体制下将所有官吏的选拔、任命权力收归君主手中。汉代琅琊王氏的代表人物王吉也曾概括大一统的内涵，据《汉书·王吉传》记载，王吉称：“春秋所以大一统者，六合同风，九州共贯也。”六合，指上下和东西南北，泛指天下。同风，指天下各处的风俗教化完全相同。九州，亦是天下；共贯亦是指政令统一。秦始皇统一后，“一法度衡石丈尺，车同轨，书同文字”（《史记·秦始皇本纪》），全国采取相同的车轨，统一文字，人的行为有同样的道德标准，这些措施有利于塑造共同的文化心理，巩固国家的统一，增强中华民族的凝聚力。

诚然，大一统是一种集权政治，表现为国家政治上的整齐划一，经济制度和思想文化上的高度集中，尤其是统一思想的做法，后世还演化为文字狱，也成为钳制思想、摧残文化的口实。不过，大一统体现为一种积极开拓、奋发向上的气魄和兼收并蓄、包容一切的胸怀，让我们的民族从分散归至凝聚，体现了强有力的民族向心力。不论我们的民族经历多少劫难，我们心中都有一个伟大祖国的轮廓。

五、改良秦制的努力及其失败

公元前264年，50岁的荀子来到秦国，进行了一年左右的考察工作，他详细考察了秦之政治、军事、自然形势及民情风俗，见秦昭王和应侯范雎，陈述其强国之道，当时的秦昭王热衷于开疆拓土的征战，对荀子的意见并没有采纳。

当时的秦国已经历过商鞅变法，国富兵强，荀子在《议兵》篇中表述了他对秦国的总体印象："秦人，其生民也陿阸，其使民也酷烈，劫之以势，隐之以阸，忸之以庆赏，鰌之以刑罚，使天下之民所以要利於上者，非斗无由也。阸而用之，得而后功之，功赏相长也，五甲首而隶五家，是最为众强长久，多地以正。故四世有胜，非幸也，数也。"荀子指出，秦国成功的关键在于使得人民要想获取利益和地位"非斗无由"，通过变法成功地将民众变成了只知道发财的经济工具，将整个国家变成了一部战争机器。

当时范雎（？—前255年）担任秦国的宰相。范雎是著名政治家、军事谋略家。在对外政策上，范雎提出了"远交近攻"的战略思想，对齐、楚等距秦较远的大国先行交好，稳住他们不干预秦攻打邻近诸国之事，好比蚕食桑叶一样，由近及远，逐步统一天下；对内实行"固干削枝"的政策，坚决剥夺亲贵手中之大权，使权力集中于以秦昭王为首的中央手中，以巩固政权。范雎上承孝公、商鞅变法图强之志，下开秦皇、李斯统一帝业之基，是秦国历史上继往开来的一代名相。范雎的封地在应城（今河南鲁山之东），所以又被称为“应侯”。在治国理念上，荀子曾与应侯范雎进行过交流，他们的对话记录在《强国》篇中：“应侯问孙卿子曰：‘入秦何见？’孙卿子曰：‘其固塞险，形势便，山林川谷美，天材之利多，是形胜也。入境，观其风俗，其百姓朴，其声乐不流污，其服不挑，甚畏有司而顺，古之民也。及都邑官府，其百吏肃然莫不恭俭、敦敬、忠信而不楛，古之吏也。入其国，观其士大夫，出於其门，入於公门，出於公门，归於其家，无有私事也，不比周，不朋党，倜然莫不明通而公也，古之士大夫也。观其朝廷，其间听决百事不留，恬然如无治者，古之朝也。故四世有胜，非幸也，数也。是所见也。故曰：佚而治，约而详，不烦而功，治之至也。秦类之矣。虽然，则有其諰矣。兼是数具者而尽有之，然而县之以王者之功名，则倜倜然其不及远矣。是何也？则其殆无儒邪！故曰：粹而王，驳而霸，无一焉而亡。此亦秦之所短也。’”秦地山川形胜，易守难攻，物产丰美，资源充足。秦地民风淳朴，奸诈不生，朴实无华，遵纪守法。秦国吏治整肃，谦恭敦厚，廉洁奉公，政治清明。这是秦国之所以能够长期称霸诸侯的原因。但是，荀子是敏锐的，他同时发现了秦制存在的一个根本的缺陷，那就是“粹而王，驳而霸”，完全实行儒者治国之道的才能称王，而驳杂以他法的只可以称霸。荀子认为秦国没有大儒，推行法治有余而儒家德治不足，这是秦政的缺陷和弱点。

秦国纯任法术而缺乏儒家德治，李斯曾为其辩解，遭到了荀子的批评。《议兵》篇说：“李斯问孙卿子曰：‘秦四世有胜，兵强海内，威行诸侯，非以仁义为之也，以便从事而已。’”

秦国经过商鞅变法后，军事力量大增，对外战争取得了重大的胜利。领导人如何对待战争问题？李斯认为非常时期使用非常手段，甚至不择手段，只要能获得胜利就行了，何必讲什么仁义呢？李斯的观点遭到了老师荀子的斥责，荀子又说："彼仁义者，所以修政者也，政修则民亲其上，乐其君，而轻为之死。故曰：'凡在于军，将率末事也。'秦四世有胜，諰諰然常恐天下之一合而轧己也，此所谓末世之兵，未有本统也……今女不求之于本而索之于末，此世之所以乱也。"荀子认为片面地追求军事强大，只是舍本逐末的表面强大，是以末世之兵吞并天下，而非以仁义之师凝天下。在《议兵》篇中，荀子称："古者汤以薄，武王以镐，皆百里之地也，天下为一，诸侯为臣，无他故焉，能凝之也。"商汤、周武王之所以能凝聚人心、赢得民意，是因为推行仁义，不得以才发动战争，他们能做到"甲兵不劳而天下服。"

一个国家制度的顶层设计需要立足长远，否则便会成为与全天下为敌的末世之兵，最终以失败和灭亡告终。在诊断了秦国政治的病症之后，荀子随即给秦国开出一服"节威反文"（《强国》）的药方，但耽于军功、踌躇满志的秦国君臣哪里还能听得进去？他们正决意将军事专制主义进行到底！荀子可以说是最早预言秦国将走向灭亡的思想家，后来汉代的政论家贾谊在反省秦朝短命而亡的原因时，也指出了其缺乏儒家德治的弊端，而荀子在此之前早已预见了这一结局。

综上所述，荀子处于礼崩乐坏、战乱纷争的战国晚期，已经预测到统一的大帝国即将来临，他为这一大帝国的治理模式精心设计，殚精竭虑，改变了诸侯异政、百家异说的乱局。秦朝是第一个以君主集权为特征的大一统帝国，但其黜儒术而任名法，荀子预见了其必然失败的结局。礼法互补，王霸并用，荀子这一理念在汉代得到了很好的贯彻，成为汉代以来历代王朝治理国家的基本模式。誉满天下，谤亦随之。谭嗣同曾评价荀子说："二千年来之政，秦政也；二千年来之学，荀学也。"梁启超也认为："二千年政治，既皆出于荀子。所谓学术者，实皆出于荀子。"对于荀子的历史贡献，或褒或贬，聚讼纷纭。但是，历史已经证明，荀子对秦汉大帝国政制蓝图的设计是符合历史发展潮流的，对于今天我们的制度建设，也有可资借鉴的地方。

悲悯的注视，缱绻的书写

南京大学文学院 张光芒

齐鲁大地被誉为礼仪之邦，蒙山沂水无疑是齐鲁大地王冠上一颗璀璨的明珠。在扬鞭催马、砥砺前行的新时代征途上，作为建构中国21世纪文化精神的一股重要力量，融合了以儒家为核心的传统齐鲁文化、以马克思主义为指导的革命文化、以启蒙精神为内核的现代文化的沂蒙文化呈现出了新的精神气质。

文学是人学，进步文化的核心指向也是人。孔孟倡导“仁者爱人”，荀子则在人如何为人、如何爱人等方面进一步提出了自己的独特见解。在他看来，人“饥而欲食，寒而欲衣，劳而欲休”（《荀子·非相》），在此基础上又具有名声、功绩等社会层面的欲求，所谓“名声如日月，功绩如天地，天下之人应之如景向，是又人情之所同欲也……”(《荀子·王霸》)，“故必将有师法之化、礼义之道，然后出于辞让，合于文理，而归于治”

(《荀子·性恶》)。

对于个体生命而言，要形成善良、勤劳、勇敢的品格，后天礼仪教化十分重要。一方山水养一方人，地域文化与民族传统文化、外来优秀文化一样，对于个体心性萌育、形成、发展都有着潜移默化的影响。

曾几何时，齐鲁伦理与江南诗意是中国士人的光荣与梦想，也是支持他们行走大地的两种生命维度，凝聚着个体记忆与民族精神的诗文书墨则是其歌吟吐纳的音符乐章，铭刻着一个时代最深刻、最清晰的精神印记。

蒙山沂水的滋养赋予了万千沂蒙儿女乐观豁达、善良勤劳、醇厚凝重、坚忍不拔的品格，其生存方式、脾气秉性、审美判断、价值立场，及其婚丧嫁娶、民风民俗等等，均蕴含着千年文脉的质素，也承传着新时代勇于创新的风情，演绎着积极入世，重视亲情、恩情、人情的醇厚、素朴、勤劳、庄严的生命格调。

在沂蒙作家王思玷、刘一梦、苗得雨、王安友、李存葆、苗长水、王兆军、陈玉霞等笔下，我们分明看到了这种沂蒙精神的外化，沂蒙文学也在这种独具特色的地方文化的滋润下关注现实人生，讴歌勤劳善良、勇于进取的人民群众的美好品格，取得了令人瞩目的艺术成就，也形成了鲜明的区域特色。

一、“水能载舟，亦能覆舟”

新文学建设不能忘记“山东军团”的奉献之功。如果说王统照是山东现代长篇小说的奠基者，杨振声在中篇小说创作上成就突出，那么1895年出生于苍山县兰陵镇的王思玷在现代短篇小说创作领域则可谓一枝独秀，更被视为“现代沂蒙文学第一人”。

《荀子·哀公》有言“水能载舟，亦能覆舟”。从1921年短篇小说处女作《风雨之下》开始，王思玷便继承了忧国忧民的民本思想传统和五四启蒙情怀，始终关注着沂蒙大地上被压迫者尤其是农民的喜怒悲欢。

以现在眼光看来，《风雨之下》的叙事技巧稍显稚嫩，情节也不复杂。寄托着老实农民黄二生存希望的庄稼被一场暴风雨摧毁了，老婆病死，儿子被卖掉，黄二陷入了生活和精神的双重危机之中。而作家用饱蘸激情的笔墨书写现实、唤醒苍生的创作初心则令人感佩，他借助人物之口给这些裸露在飘摇风雨中的魂灵点燃希望的火种：“强暴的风雨神不久就要下台了，要换上些好的风雨神，降些和风甘雨，生长你们的田苗五谷，盼望着吧！盼望着吧！”显示着凝重悲悯又不失乐观的精神气质。

作家翌年发表在《小说月报》十三卷十一期的《偏枯》，及此后发表的《刘并》《瘟疫》《归来》《一粒子弹》《几封用S署名的信》等小说引起了较大反响。《偏枯》一文更得到茅盾先生的高度评价：“使用活人的口语，用‘再现’的手法，给我们看一页活的人生图画”。

小说开篇写道：“刘四……唉，这个苦人儿！他得了半身不遂的病了……他没日没夜地，躺在他的屋子里，失却了一切举动的自由，生活的快乐……”接下来，作者用白描手法为大家描绘了20世纪20代年典型的鲁南农村生活场景：依着古老佛寺高大红色山墙而建的农家小院，“殿前顶着朵朵白花的嫩芽的大白果树，作了他的背景”。镜头推近，“屋子里的右边，土炕上，躺着刘四，二子睡在他的脚下。左边一口小锅，一个鏊子，墙上贴着灶神码子，还有杂乱的一些破盆，破罐子，破锄头，破镰刀”等。镜头再拉出，我们看到院子里有棵小槐树，大儿子哄着老三在树下玩耍，母亲则在打麦草苫子。

由于身患半身不遂病，刘四一家五口的生活被彻底打乱。对于这样一个悲惨的故事，叙事者并没有设置强烈曲折的戏剧冲突和血泪控诉，却能深深抓住读者的心，其奥秘在于作品在描摹现实生活的同时，对人物的心理波动进行了十分细腻的刻画。“从来没做过坏事”的地道庄稼汉刘四原本热爱劳动，擅长修房盖屋，疼爱自己的老婆孩子，也喜欢花花草草。石台上一个半截罐子，“满盛着黄土，像以前曾栽过草花”。可是贫寒宁静的生活小船说翻就翻，刘四患病后家里只好变卖东西，最后“终于把那可怜的白母鸡也卖了”。为了不被饿死，刘四不得不把十六岁的大儿子送到庙里当和尚，把老三送给张奶奶抚养。骨肉分离的痛苦、大厦将倾的恐惧、在爱和生存夹缝中挣扎的悲痛心理在小说中得到了生动描摹：“……刘四也凄惨地抬起来他病黄了的脸……他的两个嘴角，就酸下去了，再不能说了。”

除了男主人公刘四，小说也深入剖析了女主人公面对悲惨生活和不幸命运打击的无奈：“他的妻子，只怔着眼，看定张奶奶的脸儿，包藏着无限的恐惧，无限的忧思，好像有许多吉凶参半的问题，急待张奶奶判断出来，但是她不敢先问她。”“她极力隐藏着悲伤，不愿意让儿子们看到，只说：‘不好吗……不好？……’”“她的眼珠，一时全被泪痕包起。她极力自持，想把它收回去；但是她的鼻涕，又出来了”，就连家里的母鸡也可怜她，“临卖的那天，又给她下了这个可怜的蛋”。

在生动刻画主人公悲剧命运和心理波动的同时，小说更展现出劳苦大众善良、勤劳、隐忍的美好品格。刘四生病后不顾病体一直安慰自己的妻子不要担心，自己的病会好的；而妻子在担心、忧愁、恐慌的同时，非但没有抛弃自己的家庭和丈夫，反而用柔弱的肩膀扛起家庭的重担，对病痛中的丈夫嘘寒问暖，甚至对丈夫自责：“是我累赘你了！”慨叹生病的怎么不是自己。最后她勇敢地走出家庭，带着二儿子去地主家当奶妈，临行前还在为丈夫打草苫子，用唯一的鸡蛋再给这个风雨飘摇的家庭做一碗“煎饼汤”，显示出沂蒙母亲坚韧、善良、勇敢的精神品格。无儿无女的邻居张奶奶也是个苦命的女人，对于刘四的家庭变故十分同情，流着眼泪帮着这对不幸的夫妻跑前跑后。

在这妻离子散的人伦惨剧的结尾，作者写道：“这时的太阳，将要沉下去了。大白果树上，满含着迷漫的春烟。金日脚从大殿的红山墙映到小院子里，像一片血雾。人们愁惨的面庞，都像浴在血里。”即使隔着近一个世纪的岁月灰尘，这一片血雾也仿佛直扑到我们眼前，令人心头发酸。

二、“让小说永恒地照亮生活世界”

米兰·昆德拉说过：“让小说永恒地照亮生活世界。”

在那“浴在血里”的年代，被压迫者悲剧的制造者除了暴雨、疾病等天灾，更不乏“人祸”，就像王思玷在《刘并》中通过老实本分的庄稼人高粱被盗、地瓜被糟蹋、驴子被杀死的遭遇所揭示的：“这个社会或官而盗，或盗而官，官盗一家”，“官虎而吏狼者比比也”。相对照吟风弄月、风流雅致之作，王思玷对于被压迫者的关注和书写、对于黑暗现实和凶恶势力的鞭挞，显示出作家鞭辟入里地揭示社会生活真相、“永恒地照亮生活世界”的勇气。

在《瘟疫》《几封用S署名的信》等小说中，王思玷凭借深邃的理性精神和思考，深入揭示军阀混战的内幕，使读者亲耳聆听到军阀铁蹄下民众的声声哀吟。《瘟疫》就像一个小品，一个在乌龙、反讽中愈见真实的生活横断面：“热闹威武的村庄”由于接到招待军阀士兵的任务通告而陷入恐慌，整个村子变得“静肃肃的”，“牲畜也不拴在门的两边，也没有一个逐一个的孩子在街上乱闯，连狗都无精打采地挂着长脸，小瓦雀也唧唧啁啁的，仿佛有所议论”。屠户主动站出来帮助村人应付军队，告知他们村人得了瘟疫。但是由于不敢要当兵的买肉的钱，反而引发了当兵的怀疑：“这庄上定然都是藏着匪徒、乱党，哪来的瘟疫！”真是令人啼笑皆非。

《几封用S署名的信》则以书信的方式，叙述了一个替兄当兵，由伙夫、班长升到排长、团长位置的人，在现实的残酷教育下逐渐看清了军人、军队本质的故事。他终于明白，在黑暗年代当兵就像做买卖：“我与我的表兄相处在敌人的地位，也不是稀奇的事，也不必忧伤了。因为我们俩同是做的买卖，不过他卖的皮袄，我卖的是扇子。如果夏天战胜了，便赚了我的扇子，赔了他的皮袄；如果冬天战胜了，便赚了他的皮袄，赔了我的扇子。我们俩，总有一门赢，倒比两人同做一桩买卖，不巧就会赔得精光，强得多呢。”对军阀混战、投机取巧的真相的反讽可谓犀利透彻。

如果说儒家爱民、重民的民本思想与现代五四启蒙思想的融合使得王思玷作品呈现出朴素的人道主义情怀，那么革命烈士、“太阳社”发起人之一、曾任《济南日报》副刊《晓风》主笔的蒙阴垛庄人刘一梦则在受儒家民本思想、五四解放思想影响的同时，更深受马克思主义革命思想的启蒙。他的小说《工人的儿子》《车厂内》《失业以后》等大多以工人阶级罢工为主题，后结集为小说集《失业之后》。

《失业之后》曾被鲁迅赞为“优秀之作”。在该作品集中，刘一梦细腻而深切地描摹了工人群众身处被压迫地位的不幸遭遇和抗争精神。不同于此期不少革命作家理念化、概念化的创作模式，刘一梦以亲身革命经历为基础，凭借精深的观察力、思考力，真实记录了国民革命时期处于暴风骤雨般的工人运动中的个体生活状况，写出了工人面临的两难境地。

一方面，为了反抗资本家及其走狗的压迫、争取合理的待遇，工人展开了激情洋溢的罢工运动：

工人们便从厂里一齐拥出来，面孔都高傲地、兴奋地紧张着，激昂的空气来充满在群众里。

“打到资本家！”

“打到走狗！”

“恢复被开除工友们的工作！”

“……”

——《失业之后》

但是另一方面，因罢工导致的失业又使得他们面临缺粮断米的生存危机。工人领袖朱阿顺家里就已经断了粮食，仅锅里还剩一些米饭，只能用水泡一下，和病怏怏一直躺在家里的妻子分着吃。想去当点什么，箱子里除了一件长衫，也再没有一件较新的。小说更记录了因罢工被开除的工人妻子面对失业丈夫痛彻心扉的呐喊：“……你……你干……干得好呵！我……我已经…… 说…… 说过两次了！……你，你那里信一句？……可是，现……现在怎样了？……我……我们就……就跟着你饿死么？要是，你……你能够，可怜我们，那你也不至于……你，你就自己想想看！……”

这绝望的哭喊敞开了城市无产者深渊般的生存实况：“S纱厂里的罢工，沉闷着直到现在一天快要过去了。在这一天里，便永没有听到厂里的汽笛的叫声，高耸像纪念塔一般直竖着的烟囱，浓密的黑烟也灭绝了，满厂里的机器都静默地哑起来，显得冷凄死寂，充满着荒凉的空虚。”

在另一篇小说《车厂内》中，作家也描写了工人对罢工采取消极甚至抵制的态度：“‘罢工！’大家听到了这两个字后，仿佛受了一种意外的感觉，个个的面孔都显得有些呆怔了。他们像听到了一件突然的事情，心内都不由得跳动了一下，各人互相觑视着别个的脸上，把头项伸长，好像许多的鸭，被手捏住似的。‘我们为什么要罢工？……’有谁在低声自语着说了，在这句话的里边，似乎含着不少的迟疑和踌躇。”

与社会学、哲学、经济学等不同，文学用自己的方式拥抱生命、记录历史、揭示社会现实。正是在上述文字中，我们看到王思玷、刘一梦等文学先驱饱含热泪，用赤诚的心、无畏的灵魂、不屈服的理性精神发出了人的声音，用以抵抗欺压、遗忘与黑暗。

三、儿时明月，白发乡愁

刘一梦是一位优秀作家，同时更是一位职业革命家，1928年被中共中央派往山东任团省委书记，1931年被韩复榘杀害。先驱者没有来得及充分表达的对于八百里沂蒙大地的深情厚爱，在此后“孩子诗人”苗得雨的乡土诗、“黄钟大吕”般气势如虹的《沂蒙九章》（李存葆、王光明）、《沂蒙山的故事》（刘知侠）以及王兆军、苗长水、赵德发、陈玉霞等作家笔下得以倾吐。

沂蒙山水的风情、沂蒙精神的灵动、沂蒙赤子的情怀，在充盈着传统与现实、革命与创新交汇激情的故乡爱、乡土情，以及百折不回、坚忍不拔的沂蒙人崇高品格的铸造中得到了淋漓尽致的表达。

原籍山东沂南、1944年开始文学创作的苗得雨，在《旱苗得雨》《我送哥哥上战场等》《在振奋人心的日子里》《怀念》《沂蒙春》等表现农村生活、革命激情的诗歌中，以独具特色的沂蒙民歌情调、乡土口语化诗情，感情真挚、朴实明快的诗风，弘扬真善美，鞭挞假丑恶，喊出了对新社会、新沂蒙的热烈的爱。

其代表作之一的《山崮赞》，寄托了对故乡特有风景——“崮”的深情：

多彩多姿的崮
遍布沂蒙山。
有的像把锥，
有的像柄剑，
有的像个锤，
有的像只拳，
有的像一排战士山头站，
有的像烈马昂首待出战。
处处是前线。
…………
“七十二崮”不虚传，
昂首屹立天地间。
沂蒙风光好，
处处见奇观，

当你看见奇丽的崮，
更会爱这战斗的沂蒙山，
多少人将它赞，
多少人在怀念——
…………

在战争年代，山崮是激励中华儿女革命奋斗的刀、枪、剑、锤，而到了新时期，在刘玉堂《钓鱼台纪事》、赵德发《缱绻与决绝》等作品中，“山崮”又成为乡土母亲安慰现代追梦者的儿时明月、梦里乡愁。

如果以四季比喻中国的大地，我们有雪地冰天的严冬之北，有炽热盈盈的南部之夏，也有草长莺飞的江南之春。相比较而言，齐鲁大地则堪称中华文明最深沉、最厚重、最悠长的腹地之秋了。而集灵秀厚重、爽直淳朴于一体的沂蒙大地，则仿佛是这深秋山上火红的枫叶，耐霜抗寒，遇风雨而愈炽烈。

“为什么我的眼里常含泪水？因为我对这土地爱得深沉。”（艾青）生于斯，长于斯，任凭万水千山走遍，任凭岁月流转，这片深孕着火红的秋意总或深或浅地印在人们的心头。刘玉堂、王兆军、赵德发、苗长水等都在城里生活多年，但他们始终心怀故土，不忘初心，像沈从文、贾平凹那样，称自己是“乡下人”。

刘玉堂在其《温暖的冬天》《温柔之乡》《福地》《本乡本土》《山里山外》《乡村温柔》等诸多小说中，以沂蒙山区的一系列事件，如农业合作化、“大跃进”“文革”“联产承包”

等为背景，对这方水土养育滋润的乡民形象进行了生动刻画，透过政治经济文化的幕布，关注着一个个小人物的日常生活和喜怒悲欢，着眼于乡土民间原生态又多姿多彩的生活情趣。

比如《上水石》讲述的是“燕子崖上水石厂”的建厂故事，而小说着力的重点则是燕子崖的风景和厂长严石的爱情故事。

《水下的村庄》则以轻松幽默的笔致书写了乡村子弟、外号叫“罗马帝国”的刘良厚恋爱中的小插曲。无论由于弟弟调皮带来的小波折，还是被女朋友咬肩膀惩罚，都带来了清新爽利的阅读体验。

作家虽然也以知识分子的眼光反思了乡人保守落后的小农意识，但是骨子里的乡土依恋使得他的文笔细腻而温柔，在幽默中自嘲，于苦中作乐，以独特的喜剧化、戏谑化的叙事风格化解历史负荷的严肃沉重与“国民劣根性”批判的犀利锋芒，呈现出独特的艺术魅力。

相比之下，赵德发的《缱绻与决绝》在描写乡村生活之外，更着力于对以封氏父子为代表的沂蒙人民“恋土情结”及其背后的文化根源、人格心理生成进行较为深入的分析与探索。所谓“土生万物由来远，地载群伦自古尊”，卷首的这副对联高度概括了乡人“恋土情结”之浓郁厚重。

同样地，对于曾经在沂蒙大地工作过或者生活过的外乡人，这水这山也已经化为梦里常客、爱的峰峦。在精神认同上他们早已经是沂蒙人，其作品更流淌着浓郁的乡情乡韵。

“蒙山高，沂水长，我为亲人熬鸡汤。续一把，蒙山柴，炉火更旺；添一瓢，沂河水，情深意长……”根据河南籍作家刘知侠所写短篇小说《红嫂》改编的同名京剧的这一段唱词响彻神州大地，不仅由于歌词、唱腔优美跌宕，更缘于沁人心脾的军民情、山水爱打动了几代中国人。

刘知侠从现实中采撷炙热、浓烈的情愫，唱出了沂蒙母亲乃至中华母亲最无私、最感人的乐章：为了抢救孟良崮战役后力战群敌、身负重伤而昏迷不醒的解放军战士，如甘霖抚慰幼苗，似清泉滋润心田，红嫂毅然奉献出纯洁的乳汁，而这一幕也已经成为沂蒙精神书写的最佳剪影之一。不是对沂蒙大地深切的热爱，锤炼不出如此动人的篇章。

无独有偶，1961 年到山东临沂支援老区建设、在沂蒙山生活过二十年的著名作家王火，在临别之际也发出了“我爱沂蒙山”的慨叹：

> “我要走了！要离开沂蒙山走了！离开沂蒙的前夕，才理解到我是多么深深地爱着沂蒙大地，爱着这里的山山水水，爱着这里的同志和朋友。……哪怕是一条熟悉的小路，一株熟悉的大树，都使我依恋。人是不是常这样的呢？当得到什么的时候不稀罕，失去什么的时候却珍贵？在沂蒙山的怀抱中瞬忽生活了 22 年，何曾有过现在这样惜别的深意？如今，离情却充塞胸臆，黎明朝霞，浮云落日，处处在招惹我……”（王火《别沂蒙》）

对这方土地的热爱，使他笔耕不辍，创作了大量优秀作品。更值得一提的是，王火在沂蒙期间创作的长篇纪实小说《外国八路》展示了德国共产党员汉斯·希伯深入山东敌后抗日根据地、身穿八路军灰棉军服、脚蹬蒙山鞋，向世界报道中国敌后抗战实况的故事。在王火笔下，我们分明看到了沂蒙文化和伟大的国际主义精神的交相辉映。

四、沂蒙儿女的爱与悲

对乡土的热爱，本质上是对乡人的热爱。

在作家李存葆的眼中，无论是遥远的历史岁月，还是战火纷飞的革命年代，抑或是在改革开放的新时期，故乡人都是如此的可爱可敬："沂蒙山人，这才是沂蒙山人！山岩一样古朴，松柏一样坚韧，庄稼一样诚实，白云一样纯洁……我们在没有鲜花和镁光灯的装饰里，仍窥到了真实中的伟大，看到了民族坚韧的灵魂！"（《沂蒙九章》）

他们有着以天下为己任的责任感，"位卑未敢忘忧国"（《高山下的花环》）。

他们重视传统、尊师重道、勇于创新，"在银雀山的汉墓群中，不仅仅深埋过'孙膑兵法'的竹简，也曾深埋过一个民族的智慧和创造，那秦砖汉瓦凝固了多少年，多少代！是改革开放的春风，吹醒了蛰伏在中国大地上的智慧与创造，才有这巍巍的大厦！那华东烈士陵园里，有改天换地的一代骄子的英魂，他们在刀光剑影里，登上了人生的'制高点'，这乳白色的巍峨建筑，莫不是他们梦中的憧憬，生命的延伸？！"（《沂蒙九章》）

在经济大发展的时代巅峰，他们仍旧"在苦苦寻找他们的

腾飞之魂！”（李存葆《大王魂》）

王冠其煌，亦承其重。悠久的历史文化浸润了人们的灵魂，有时也牵绊着我们的脚步。王安友、赵德发、苗长水、刘玉堂等沂蒙作家在其创作中对于传统因袭的小农意识、保守思想对乡人的影响均做过深入探索。

王安友创作于 1955 年的长篇小说《战斗在沂蒙山区》在书写沂蒙山区对敌斗争的艰巨与复杂性的同时，也细致描绘了沂蒙人民在对敌斗争中思想成长的历程。小说通过现实革命教育激发了普通农民原本被蒙蔽的善良忠厚的本性，使得张吉福这样一个最初自私落后的农民成长为革命的中坚力量。

张吉福最初生怕掉下树叶砸破脑袋、胆小怕事，脑袋里只有种地干活，一心只想给儿子娶老婆。共产党来了之后，他家里三四年间添了一头毛驴、一窝母猪和三间房子，生活条件不断提升，可是他虽然朦朦胧胧知道共产党比国民党好，却搞不清楚国民党、共产党有什么根本不同。得知蒋介石进攻解放区的消息后，虽然他也感到紧张，小农意识作祟却舍不得为积极备战做贡献，而是把希望寄托于国民党不会打到这里，“也许等不得他来到解放军就把他打回去了”。儿子连珠被动员去抬伤员，张吉福两口子受地主的唆使把孩子叫回来藏起来。当全村人为了躲避国民党反动派从村子里撤走之后，张吉福却率领着家人回家，从而落入陷阱之中。这样的细节和情节写出了老农民糊涂自私、故步自封的一面。

然而张吉福虽然政治上不成熟，生活上有些自私自利，最终受到严峻又火热的革命形势的教育，也有感于陈亮等沂蒙英雄儿女的伟大情怀，面对大是大非不糊涂。当国民党保安队队长刘二秃子把他的命根子连珠作为人质，强迫张吉福给慰问武工队的面粉下毒时，这个此前一直糊里糊涂、不求进步的农民终于清醒了：国民党反动派一天不除，就祸害百姓一天，就凭刘二秃子的为人，即使为了自己的儿子毒死武工大队的人，他也不会放过自己，简直是害人害己。老夫妻不但下定决心讲出实情，而且根除了自私自利的本性，把武工队的队员看作是自己的孩子："好生干吧！只要你们这些人活着，总会对咱庄户人家有好处。"

赵德发的长篇小说《缱绻与决绝》则揭示了这样一种现象：农民对土地深入骨髓的眷恋使他们善良、勤劳、勇敢，同时也使得他们在现代化进程和经济大潮中显得落后累赘，步履蹒跚。挣扎在历史、现实褶皱中的农民像儿子之于母亲一样依恋着土地，也因争夺土地而头破血流，把地当作人生终极价值目标。封二临终最大的遗憾是"拼了一辈子命"而"地没添上一亩"；封大脚认为如能拥有几十亩好地人生便得以圆满。嗜土如命的老财主宁学祥甚至不惜在女儿绣绣被土匪绑票后做出舍女保地的决定。

不可否认，传统与现代的融合是一个复杂的过程。小农意识、固步自封的老思想对现代个体发展、进步的牵扯仍在，妇女解放、男女平等、女性意识的觉醒也一直是作家们关注的热点话题。

沂蒙儿女的爱与哀愁在新文学的屏幕上格外醒目。

王思玷《偏枯》中刘四的女人面对生存之难曾发出"我上了女人的当了"的呐喊，质问何时何地女性才能和男人一样有着撑起家的能力。抗日战争和解放战争年代，以“红嫂”为代表的革命母亲的形象早已深入人心。而进入经济大发展时期以后，现代沂蒙女性形象成为作家们感兴趣的新课题。

张恩娜《晚霞中》，苗长水《犁越芳塚》《染房之子》等做了勇敢的尝试。在这些作品的字里行间，我们看到了沂蒙女性在传统道德和妇女解放、个性解放之间奋力挣扎、前行的身影。

而在陈玉霞反映知识女性心路历程的三部系列长篇《心祭》《心约》《心斋》及其他作品如《爱之彷徨》《酸甜苦辣都是诗》《永远的纸条儿》中，萧天慧、珍珍、陶桃、望月、柳影等一个个现代女性形象以更为清晰饱满的姿态凸显在我们眼前，她们聪慧婉约、气质高雅、蕙质兰心、自强自立，以独特气质丰富了现代女性形象画廊。

对于出生于沂水河畔的陈玉霞来说，故乡的生活体验和记忆成为其文学创作的土壤和风格形成的催化剂：“草木往复着黄绿绿黄，月儿循环着阴晴圆缺，日子似乎总是平淡无奇。然而，那一段生活，却始终在我的心中动荡缠绕。”（《心约》前言）

她选择知识女性作为自己文学梦想的代言人，更以女性的爱情婚姻生活作为反映个体与社会、与他人关系的窗口，进而展现精深微妙的女性精神世界。

在她的笔下，传统女性无私奉献、缺少自我：比如奶奶惨遭男人抛弃，备受命运摧残却坚持从一而终的信仰；同样遭到丈夫遗弃，母亲也是一心一地地独自照顾着残腿的婆婆和幼小女儿。与母亲和奶奶相比，天慧具有鲜明的自我意识和理性精神，在婚姻中遭受丈夫冷落的她不像长辈那样听天由命，而美丽高雅的外貌、聪慧丰富的内心、利落完美的行动力使其完全具有走出不幸婚姻、获得理想爱情的能力。事实上，她也获得了一位宽厚稳健、成熟潇洒的男性的青睐，两颗寻寻觅觅的心灵擦出了爱情的火花，然而最终天慧和南岛没有走到一起，给读者留下了一份遗憾。

陈玉霞不是琼瑶，不是一厢情愿的爱情至上主义者。她崇尚独立自由的人格，希望女性获得美好的爱情；同时她也敏锐地看到了现代女性面临的现状：在现实和理想、感性与理性之间挣扎徘徊，女人就像两头燃烧的蜡烛。

> 一头的火焰是感情，一头的火焰是理性。感情流淌着来自心灵的自由呼喊，来自人类本能的对爱和美的追求，那光彩中焕发着浪漫。另一头的火焰，燃烧的是责任伦理，是牺牲精神……两只火焰一起相向燃烧……为了弥补这悠久的罗网，女人生育了新一代。可是一代又一代下来，有多少人逃出了这两头燃烧的命运呢？

《心约》里女主人公感情生活的遗憾敞开了更多丰厚的意蕴，令人在慨叹理想很丰满、现实很骨感的同时，也看到了理性精神的闪光。自主和自律是相辅相成的，两者共同构成人的自由意志，缺一不可。这不但是沂蒙儿女的自修命题，也是现代个体共同的命运。

悲悯的注视，缱绻的书写。这里有雄鹰，也有家雀；有松柏，也有野草；有革命年代的战火风雷，也有和平时代不见硝烟的商战；有英雄的大义凛然，也有小人物的平庸凡俗；有男子汉百折不回的坚韧，也有沂蒙女儿爱与忧愁的绕指柔情。

回顾所来径，苍苍横翠微。沂蒙文学就这样多角度、立体化、多声道、有血有肉地展现了沂蒙人民多元质朴、元气淋漓的生存面影。从中我们也不难看到荀子精神摇曳多姿的面影，意味深长，令人深思。

荀子生平新考

王善鹏

荀子作为伟大的思想家、教育家、政治家，他对中国的影响是深远的。在长期的社会实践中，荀子借鉴了法家和道家思想的积极成分，丰富和发展了儒家思想，成为儒家思想集大成者。今天，当我们捧读博大精深的《荀子》一书时，除了怀有一腔敬畏之心，同时对其生平履历，也多了一份疑惑和好奇。

历史文献中没有荀子的生平记载，司马迁在《史记》中只是轻描淡写地说："荀卿，赵人，年五十始来游学于齐……荀卿乃适楚，而春申君以为兰陵令。春申君死而荀卿废……序列著数万言而卒，因葬兰陵。"《史记》没有提供更详细的资料，仅介绍其年五十始来游学于齐，著数万言而卒，至于生于何年，活了多大岁数，皆不得而知，这为后世留下了诸多疑惑。

在文献资料非常有限的情况下，理清荀子的生平无疑是困难的。本文拟从不同文献资料的侧面，寻找出荀子生活的蛛丝马迹，还原一个真实的荀子。

公元前238年不是荀子卒年

考察古人的生平事迹，首先从其卒年着手，这似乎是不得已而为之的事情，因为历史给我们留下了太多的空白。

《史记》是最具权威的历史文献，假如没有司马迁，我们可能至今还在混沌中活着。而就是这位叫人仰慕的司马迁，却在荀子身上有惜字如金的嫌疑。洋洋五十多万字的《史记》，真正用在荀子身上的，只有区区一百九十二个字，确有厚此薄彼的情形。想来，司马迁也并非不想把荀子写得更详尽一些，也并非不想直言相告，但他毕竟晚荀子近二百年，一些细枝末节或许掌握不多，也只能如此轻描淡写了。

但是，司马迁透露给我们一个重要的信息：

> 春申君死而荀卿废，因家兰陵。李斯尝为弟子，已而相秦。荀卿嫉浊世之政，亡国乱君相属，不遂大道而营于巫祝，信禨祥，鄙儒小拘。如庄周等又滑稽乱俗。于是推儒、墨、道德之行事兴坏，序列数万言而卒。因葬兰陵。

之所以说它是一条重要信息，是因为在字里行间，司马迁给我们提供了荀子的死亡时间。从“因家兰陵”“嫉浊世之政”“推儒墨道德”“序列数万言”等字眼，我们推断荀子不可能与春申君同年而卒。

现有的荀子简介中，大多把生卒时间定为公元前 313 年至公元前 238 年。其他文献也各有说法，比如：

《辞海》：前 313 年—前 230 年。

焦子栋《荀子通译》：前 335 年—前 230 年。

廖名春《荀子新探》：前 336 年—前 236 年。

安小兰《荀子》：前 298 年—前 238 年。

梁涛《荀况行年新考》：前 336 年—前 238 年，

梁启雄《荀子简释》：前 334 年—前 213 年。

显然，把荀子卒年定为公元前 238 年是难以成立的，而实际情况是，多数人默认这一年为荀子的卒年。唯一能解释此说法的，只有依据司马迁的“春申君死而荀卿废”。但不要忘了，司马迁交代得很清楚，春申君死而荀卿废，只是受春申君牵连，免去了县令的职务而已，并且说了，序列数万言而卒。问题的关键就是在这里，著书万言，这是需要一定时间的，至少需要数年的时间。

《盐铁论·毁学》有这样一段记载：

> 文学曰：“方李斯之相秦也，始皇任之，人臣无二，然而荀卿谓之不食，睹其罹不测之祸也。”

这无疑又是一条重要信息。从上述叙述看，荀子对李斯效力秦国是有顾虑的，因为荀子了解自己的学生，更了解秦国的国政。他曾在《议兵》篇中说：“秦人，其生民也陋陀，其使民也酷烈，劫之以势，隐之一阨，忸之以庆赏，鳅之以刑罚，使天下之民所以要利于上者，非斗无由也。”由于秦国的政治环境十分恶劣，与儒家的仁爱思想格格不入，在听说李斯效秦之后，荀子谓之不食，惴惴不安。很可能，荀子因此忧郁而终。

那么，李斯所谓的“相秦”是那一年呢？

《史记·李斯列传》有这样一段记载：

> 于是二世乃使高案丞相狱，治罪……李斯乃从狱中上书曰：“臣为丞相治民，三十余年矣。逮秦之地狭隘，先王之时秦地不过千里，兵数十万。臣尽薄材，谨奉法令，阴行谋臣，资之金玉，使游说诸侯，阴修甲兵，饰政教，官斗士，尊功臣，盛其爵禄，故终以胁韩弱魏，破燕、赵，夷齐、楚，卒兼六国，虏其王，立秦为天子。……”

我们知道，李斯被处死的时间是公元前208年，临刑之前，他抱怨为相治民三十余载，立下种种功绩。由此我们上推三十年，即公元前238年。这一年，李斯拜相了吗？没有，李斯做了秦国的廷尉。

《史记·李斯列传》这样说：

> 秦王乃除逐客之令，复李斯官，卒用其计谋。官至廷尉。二十余年，竟并天下，尊主为皇帝，以斯为丞相。

李斯所谓“臣为丞相治民，三十余年矣”应该是从任廷尉算起的。

李斯的升迁过程是这样的：因建议灭诸侯，成帝业，为天下一统，“秦王乃拜斯为长史，听其计”；因离间各国君臣之计，“秦王拜斯为客卿”；因上书解除逐客令，“卒用其计谋，官至廷尉，二十余年，竟并天下，尊主为皇帝，以斯为丞相”。

可以断定，“始皇任之，人臣无二”发生的时间，应是荀卿被废的公元前238年。公元前238年，是荀子多事之秋的一年。在这一年，楚国骤然动荡，与荀子有知遇之恩的春申君突然被李园所杀，自己的政治生命走到尽头。而此时，被称为虎狼之师的秦国蠢蠢欲动，学生李斯的前程凶多吉少。晚年的荀子，在这种境况下积忧成疾，不久辞世是有可能的。

但是，有一点是肯定的，荀子不可能是在公元前238年去世的，有司马迁的“著书万言而卒，因葬兰陵”这句话，他至少又活了数年。

荀子卒于公元前236年

兰陵是我的家乡，也是荀子任兰陵令的地方，这正是我热爱和关注荀子的原因之一。 从我们兰陵镇桥头村去我的姥娘家孙庄，必然经过“坟子青”，也就是荀子墓，我在《寂寞荀子》这篇文章里曾经有过介绍。有关荀子的政绩，在兰陵民间传说甚多，他最大的功绩是在兰陵办学。至今，荀子“青取之于蓝而胜于蓝”这句话，在兰陵妇孺皆知，说明荀子对兰陵人的影响是深远的。他一生中，曾经有过三为祭酒的辉煌，也有到处碰壁、不为人赏识的黯淡。而在兰陵的晚年时光，他施展了自己的政治抱负，所幻想的“一天下，财万民，长养人民，兼利天下”的和谐愿景，曾在兰陵大地初见曙光。

兰陵人是荀子思想的传播者，也是儒家教育的直接受益者。在兰陵坊间，至今流传着关于荀子的歌谣。兰陵民俗专家王善富先生搜集整理的《兰陵歌谣》就有荀子的足迹。

> 最响名要数荀子墓，兰陵人俗称“坟子青”。
> 荀子曾任兰陵令，离任后孙庄教书当先生。

这个孙庄就是我的姥娘家，位于兰陵东南五里处，在运女河东岸，与荀子墓隔河相望。这个村子多数人姓孙。童年的时候，我常在孙庄住，听大人说，荀子在兰陵住了二十年。这个“二十年”的说法如果确切的话，那就意味着，荀子离职后又活了两年，即公元前236年。

荀子墓园

为什么孙庄人的话可信呢？很多文献显示，荀子本姓孙。《战国策》《荀子》《韩非子》《新书》《韩诗外传》《汉书》《叙录》《风俗通义》等著作均称荀子为孙卿子。兰陵一带有孙庄、孙楼、孙村等村庄，孙姓人居住密集，这能否说明与荀子有关，还需进一步考证。但廖名春先生在博士论文《荀子新探》中很肯定地说，荀子姓孙。他说：

> 荀子应该姓孙而不该姓荀。因为从先秦、两汉的文献记载看，除《史记》外，其他文献多做“孙”，鲜为“荀”，特别说《荀子》一书，都称“孙”，这即使不全是荀子亲手所写，至少也是荀子弟子所记，他们的记载较司马迁说应可靠。

如果廖名春的考察贴近事实的话，荀子孙庄教书的歌谣不是凭空而来的，兰陵附近的孙姓应该是荀子的后人。

著名荀学专家刘志轩先生对荀子的年龄也做过考证，他在《荀子籍贯考辨》中说道：

> 兰陵的孙姓，他们也是荀子的后代。笔者曾经到兰陵考察，拜访过荀子终老的地方——兰陵。它如今是山东苍山县的一个镇。荀子晚年曾经在兰陵做过十七八年县令，于公元前238年被罢官，以后仍然居住在这里教书，写文章，最后死在兰陵。兰陵东南二里许，有高大的圆形荀子陵墓。兰陵镇东南六公里有孙楼村，是荀子当年罢官以后居住和

教书的地方。

刘志轩先生的这段话，至少说明，荀子不是在公元前 238 年去世的，被罢官后仍然教书的说法，与王善富的《兰陵歌谣》是一致的。因此说，荀子在公元前 236 年去世是可能的。

对此，廖名春先生有着同样的推断。他在《荀子新探》中说："我们假设荀子在春申君死后又活了两年，即公元前 236 年才辞世，那么，在这两年里，他既见到了李斯相秦，也在兰陵写下了《成相》等著作。"荀子被废两年后去世的推断，是符合客观事实的。

钟克万先生在《荀子行历考》中说："从《史记·孟轲荀卿列传》中荀子著书数万言的记载来看，春申君死后荀子还活了数年，应不下两年。"他的推断亦是两年。

《荀子·尧问》说："孙卿迫于乱世，鳅于严刑。上无贤主，下遇暴秦。礼义不行，教化不成。仁者绌约，天下冥冥。行全刺之，诸侯大倾。"这个境况，应该与"始皇任之，人臣无二，然而荀卿谓之不食，睹其罹不测之祸也"在时间上是接近的。刘向在《叙录》中也有相近的记载：

> 如人君能用孙卿，庶几于王，然世终莫能用，而六国之君残灭，秦国大乱，卒以亡。

刘向的这句话，说明荀子卒于六国统一之前。我们知道，韩国是公元前 230 年第一个被秦国所灭的国家，是荀子逝去六年之后发生的事，这与以上的时间节点是吻合的。荀子被废之后，在担忧、恐惧中，度过了两年的时光，从民间流传到文献资料的记载，都是一致的。

荀子生于公元前333年

正如前文所说，考证荀子的年龄从确定他去世的时间开始，这是不得已而为之的办法。我们知道，现代会计核算中，有倒逼成本核算法，这与本文考察荀子的卒年有相似之处。因为在减法中，减数确定之后，影响差的因素就是被减数。下面，我们开始寻找被减数。弄清决定性因素的减数，我们首先领会《韩非子·难三》的一段话：

燕王哙贤子之而非孙卿，故身死为僇。

这句话出自荀子的学生韩非之口，也是迄今为止发现的荀子最早的社交活动。也就是说，荀子被世人关注，是参与了燕国的禅让事件。这个时间，应在燕王哙死亡之前。

燕王哙实行禅让，是公元前316年的事情，燕国发生大乱。周赧王元年（公元前314年），齐国乘燕内乱之际攻燕，杀燕王哙，擒子之。凭此史料，我们推断燕王禅让时，荀子应是弱冠之年。

我们假设荀子在禅让事件发生之后的第二年（公元前315年）来到燕国，假设荀子十八岁参与了反对燕王禅让的活动，由于年龄太小，他的话并未得到燕王的重视。有文字为证，《荀子·王制》篇说：

> 请问为政？曰：贤能不待次而举。
>
> 听政之大分：以善至者待之以礼，以不善至者待之以刑。

所谓贤能不待次而举，或许就是说，由于年轻，资历不够，对禅让所引起的政治危机的看法和建议，没有受到燕王的重视和采纳。因此他说，以善至者待之以礼，以不善至者待之以刑。

荀子反对禅让的观点，在其《荀子·正论》中可谓旗帜鲜明：

> 世俗之为说者曰："尧、舜擅让。"是不然。天子者，势位至尊，无敌于天下，夫有谁与让矣！道德纯备，智惠甚明，南面而听天下，生民之属莫不振动从服以化顺之。天下无隐士，无遗善，同焉者是也，异者焉非也，夫有恶擅天下矣？

燕王哙禅让发生的第二年（公元前315年），我们假定荀子十八岁的结论成立的话，那就断定荀子生于公元前333年。

我们把荀子的生年定为公元前333年，是基于一个重要原因，那就是从韩非子那里知道，荀子与燕王哙生活在同一个时代。作为荀子的学生，韩非子的话是可信的。他说："燕王哙贤子之而非孙卿，故身死为僇。"这是不能有任何怀疑的。在荀子离去两千三百年后，寻找他的足迹，唯有其身边亲近者的话最贴近历史的真相。也只有确立了荀子参与了燕王哙的禅让事件，才能确定司马迁“年五十始来游学于齐”的正确性，有关年十五游学于齐的说法就不攻自破了。

确定了荀子的生卒年之后，可以计算出荀子的年龄是九十七岁（公元前333—公元前236）。

荀子行迹

现在，我们跟随荀子的行迹，开始验算以上结论是否正确。

按照荀子公元前333年出生来推算，到齐闵王十七年，即公元前284年，荀子正是四十九周岁，古人按虚岁计算年龄是惯有的事。这一年，荀子首次来到齐国。

刘向在《叙录》中曾说：

> 孙卿，赵人，名况。方齐宣王、威王之时，居天下贤士于稷下，尊宠之。若邹衍、田骈、淳於髡之属甚众，号曰列大夫，皆世所称，咸作书刺世。是时孙卿有秀才，年五十，始来游学，诸子之事，皆以为非先王之法也。

这个齐宣王、威王的说法显然是有误的，按照先后顺序应是宣王、闵王，而荀子五十岁时，正是闵王十七年。如果这个说法成立的话，东汉应劭的话在此就可以推翻了。应劭在《风俗通义·穷通篇》中说：

齐威宣之时，孙卿有秀才，年十五始来游学。

现在看来，东汉人应劭大胆否定司马迁的说法，将年五十改为年十五，完全是为了附和刘向的宣王、威王之说。即便按照威王末年计算，荀子也要活到一百三十四岁。他不得不将年五十改成年十五，但这个修改是不够严谨的。再说，年十五是难有游学资格的。

清人汪中《荀卿子通论》说：

荀子，赵国人，名况。年五十始来游学于齐，年闵王之季。

汪中（1744—1794），字容甫，江都（今属江苏扬州）人，祖籍安徽歙县。清朝时期著名的哲学家、文学家、史学家，与阮元、焦循同为“扬州学派” 的杰出代表，以治学严谨著称。他的“年五十始来游学于齐，年闵王之季”的说法，与司马迁、刘向是一致的。

我们继续向下验算。

司马迁在《史记·孟子荀卿列传》中说：

田骈之属皆已死齐襄王时，而荀卿最为老师。齐尚修列大夫之缺，而荀卿三为祭酒焉。

我们知道，荀子第一次游学于齐，是在齐闵王末年，荀子立足未稳，便遇上燕上将军乐毅率五国之师伐齐，结果七十余座城池失陷，齐闵王逃至莒国，荀子也离开齐国。至公元前279年，田单收复失地，齐襄王复国，不久，“修列大夫之缺”，田骈等老资历学者已死，荀子再次来到齐国，时年五十五岁。至齐襄王死（公元前265年）的十四年间，荀子凭其学问、资历，成为“最为先生”“三为祭酒”。

考烈王八年，即公元前255年，也是齐王建三年，荀子适楚，来到春申君的封地兰陵做了县令，这一年，荀子七十八岁。

荀子任县令的时间里，文献几乎没有记载，只是在上任不久，受人谗言，春申君曾免去其县令。刘向在《叙录》中说：

> 人或谓春申君曰：“汤以七十里，文王以百里，孙卿贤者也，今与之百里地，楚其危乎？”春申君谢之。孙卿去之赵，后客或谓春申君曰：“伊尹去夏入殷，殷王而夏亡，管仲去鲁入齐，鲁弱而齐强。故贤者所在，君尊国安。今孙卿天下贤人，所去之国，其不安乎？”春申君使人聘孙卿。孙卿遗春申君书。刺楚国，因为歌赋以遗春申君，春申君恨，复固谢孙卿，孙卿乃行，复为兰陵令。

荀子离职去赵的时间文献没有交代，应该不会太长，或数月足矣。兰陵县令任上，荀子没有其他信息，我们所能猜测的是，他一边工作，一边著书教学，“道守礼义，行应绳墨，安贫贱”，终老于兰陵。

荀子年表

公元前 333 年，荀子生于赵国。

公元前 315 年，荀子十八岁入燕，反对燕王哙禅让。

公元前 284 年，齐闵王十七年，荀子年五十始游学于齐。

公元前 284 年，齐国失陷，荀子返赵。

公元前 279 年，田单收复失地，齐襄王复国，荀子返回稷下学宫，时年五十四岁。

公元前 265 年，荀子六十八岁应聘于诸侯，见秦昭王。

公元前 259 年，荀子七十四岁，与赵孝成王议兵。

公元前 255 年，楚考烈王八年，荀子七十八岁，任兰陵令。

公元前 238 年，荀子九十五岁，春申君亡，荀卿废。

公元前 236 年，著书万言而卒，享年九十七岁。

后 记

2016年齐鲁优秀传统文化传承创新工程重点项目申报中，临沂市文联申报的《荀子文化研究与传承工程》项目，获得省委宣传部立项批准。

中国传统文化博大精深，其主干或曰为儒释道，构成了中国传统文化的三大格局。儒、道两家是本土的文化，佛教是外来的文化，但是佛教在中国化的过程中融合了中国的文化质素，成为中国文化的重要组成部分。儒释道成为主流，盖过了诸子百家，其本质都特别强调道德的作用。何以至此？窃以为是中国两千年来王朝政治与社会需要的结果。

儒家文化源远流长，是中国哲学思想的精髓所在。儒家诞生于春秋末期，创始人是孔子。孔子总结了夏商周三代"尊尊亲亲"为特点的宗法制度，形成了自己的思想体系。

孔子提出了"仁""礼"观念，强调修己正身，克己复礼，中庸中和。他重视德治，尊礼崇礼。孔子晚年借天道以明人事，将仁学上升为天道，深刻影响了后世儒学。以《易传》为代表的易学派和以心性为代表的思孟学派由此产生，将儒学理论推向了新的高度。

孔子之后，孟子是儒家第五代，是孔子之后儒家最大的思想家。孟子主张性善论，认为人生来就具备仁、义、礼、智四种品德。人可以通过内省去保持和扩充它，否则将会丧失这些善的品质。在社会政治观点方面，孟子特别强调仁政、王道的理论。仁政就是对人民“省刑罚，薄税敛”。孟子认为君主必须重视人民，提出民贵君轻的主张。“诸侯之宝三，土地、人民、政事。”君主如有大过，臣下则谏之，如谏而不听可以易其位。他反对实行霸道，即用兼并战争去征服别的国家。在价值观方面，他强调舍生取义，“生，亦我所欲也；义，亦我所欲也。二者不可得兼，舍生而取义者也”。

孟子之后，荀子是战国时期百家争鸣的成果集大成者。荀子对中国文化的影响非常巨大，对沂蒙文化的影响也是多方面的。如何继承弘扬荀子思想文化传统，是一个地方的大课题。

在兰陵读荀子，自然有份亲近感，因为荀子在兰陵生活了二十多年。由于我们的学识眼界的局限，不好解决荀子思想的重大学术问题。只好贴近了沂蒙的实际，讲述荀子思想文化对临沂的各个方面的影响。《荀子在沂蒙》，不是讲荀子在沂蒙的事迹，而是讲荀子思想文化影响的痕迹。之所以用“在沂蒙”，主要想强调荀子思想文化在沂蒙文化中的“在场”，他的影响无所不在。

因此，本书的选材密切联系临沂实际，结构上大开大合。

文笔也是散文化的，而非学术气质的语言。

本书的架构经过反复讨论，主编构思布局，众人分章撰写。

王凌晓撰写《脚步匆匆》，刘兆东撰写《善书者众》《终结贫穷》《空想绝唱》，郇恒撰写《巨人的目光》《大儒与法》《学不可以已》《兰陵多善为学》，诸葛祥途撰写《荣辱之道》，王建撰写《兵道兵法》《宰相家风》《摁在兰陵大地上的手印》。李登春撰写《化人成俗》，孙杰撰写《灵魂塑造工程》。附录三篇为南京大学教授、博导张光芒先生的《悲悯的注视，缱绻的书写》，东南大学副教授、北京大学毕业博士刘占召撰写的《荀子与秦汉帝国的制度设计》，王善鹏《荀子生平新考》。

李登春、杨波、王琦、张永民先生对本书做了校对和补订。

二〇一八年十一月